古代歷史文化研究輯刊

三一編

王明蓀 主編

第13冊

輦下集
——北京史地研究初編

侯海洋 著

國家圖書館出版品預行編目資料

輦下集——北京史地研究初編／侯海洋 著 -- 初版 -- 新北市：
花木蘭文化事業有限公司，2024〔民113〕
目 2+234 面；19×26 公分
（古代歷史文化研究輯刊 三一編；第13冊）
ISBN 978-626-344-665-6（精裝）

1.CST：區域研究 2.CST：歷史地理 3.CST：北京市

618 112022528

ISBN-978-626-344-665-6

9 786263 446656

古代歷史文化研究輯刊
三一編 第十三冊 ISBN：978-626-344-665-6

輦下集
——北京史地研究初編

作　　者 侯海洋
主　　編 王明蓀
總 編 輯 杜潔祥
副總編輯 楊嘉樂
編輯主任 許郁翎
編　　輯 潘玟靜、蔡正宣　美術編輯　陳逸婷
出　　版 花木蘭文化事業有限公司
發 行 人 高小娟
聯絡地址 235 新北市中和區中安街七二號十三樓
　　　　 電話：02-2923-1455／傳真：02-2923-1452
網　　址 http://www.huamulan.tw 信箱 service@huamulans.com
印　　刷 普羅文化出版廣告事業
初　　版 2024 年 3 月
定　　價 三一編 37 冊（精裝）新台幣 110,000 元

輦下集
——北京史地研究初編

侯海洋　著

作者簡介

侯海洋，男，漢族，1985 年生，北京市人，文博副研究館員。2011 年畢業於首都師範大學歷史學院中國古代史專業，歷史學碩士。現供職於北京市文物局綜合事務中心。長期從事文博期刊的編輯出版以及文物庫房的管理與藏品研究工作。先後在《中國社會經濟史研究》《北京史學》《北京檔案》等期刊發表學術成果十餘篇。研究領域為北京歷史文獻、石刻文物等。研究特色主要為北京古代歷史地名的產生與演變、利用文物結合傳世文獻對北京史進行新的研究與探索。

提　　要

　　本書收入作者多年從事北京歷史地理與石刻文物、名物掌故等方面的研究成果共 20 篇。其中既有《金中都「玄真觀弘道悟正真人本行碑」殘石拓片考》、《元大都近郊地名叢考》等專門討論金元明清時期北京古代史人物、地名景觀等學術性較強的長篇論述；也有《菱角坑與荷香茶社》等科普性的、短小精悍的文學性作品。研究對象不僅包括北京歷代機構、地理事物的變遷沿革，也涉及歷史人物生平行實以及人物之間複雜的交往關係等方面的考證。全書根據所論時代劃分，金代兩篇、元代三篇、明代四篇、清代兩篇、晚清至民國四篇，另有跨朝代文章四篇以及人物回憶文章一篇。時間跨度從中古以迄近現代，橫亙千載。絕大多數成果已經公開發表或即將發表，整理出版過程中，對已發表內容又稍作損益。書中所刊文章，旨在利用碑刻、墓誌、晚近日記與檔案乃至老照片等多種文獻資料，力圖解決尚未重視和發現的北京史地問題。本書收入文章既體現作者長期肆力於北京史地研究的甘苦寸心，也表達了作者在首都北京生於斯、長於斯、興於斯、寢於斯、行止於斯的故鄉情懷。本人希望書中觀點即便僅為一孔之見，倘能引起學術界的關注和廣大讀者的反響，也便感到十分欣慰了。

目
次

古代幽燕地區
「清夷」觀念的演進與變遷

　　「清夷」作為中原王朝與周邊游牧民族之間的一個專有概念，大概形成於北朝時期的夷夏語境中。唐五代以降，盤踞今華北平原北部以及遼寧與內蒙古南部一帶的游牧民族主要為突厥、契丹和奚族。中原王朝不得不在幽州附近設置軍事建制——清夷軍，以對契丹、奚族二蕃侵擾構成壓力，並形成阻斷。「清」為動詞，有肅清、清退，消滅之意涵，而「夷」當為「清」字的賓語。唐代前期，「夷」的指代範圍比較模糊，以當時唐幽州北部邊境形勢看，至少應包含突厥、契丹、奚，三方面的游牧勢力。可見，「清夷」的思想來源在唐代前期似乎應該是專門針對契丹、奚族建立的軍事防禦力量。但「清夷」二字作為一個動賓短語，最早並不始於武周垂拱年間，至少可追溯至《水經注》成書的六世紀前期。本文有鑒於「清夷」一詞自北魏出現以來，中經唐代成為軍事建制之名，到金代又作為城門名出現在十二世紀的金中都，是值得重視的邊疆史地概念，遂通過梳理傳世文獻與出土資料，對其源流與演變做出初步探賾，願就教於同仁。

一、清夷水得名溯源

　　清夷水之名，大概始見於《水經注・㶟水》，又名滄河。因其部分河段與今延慶區境內的媯水河相當，長期以來，學界一般將其視為今天的媯水河。王北辰先生最早將媯水河與山西永濟的媯河作了區分〔註1〕。此後的學者有的逕

〔註1〕王北辰《媯水河名考》，《北京史苑》第一輯，1983年，第270～274頁。

直將清夷水認定為媯河〔註2〕。之後，有學者提出新說並指出，整體來看二者位置相當，而單從上游分析，二者又有很大不同。媯水河可能是《水經注》時代古清夷水的一個支流。《中國歷史地圖集》中並未繪出北魏時期清夷水的確切流向。近年，田海根據地方志等資料復原了清夷水的流向與長度，並標繪了它附近的地理信息，如牧牛山、陰莫亭等等。利用 ArcGis 技術，其所繪製的《水經‧㶟水注》中的清夷水，分為兩條。一為偏西的與今媯水河重合的東北—西南走向河流；另一為偏東的西北—東南走向的水脈。二者呈「八」字形，在靈亭附近分流〔註3〕。

北朝時期，清夷水這一地理概念目前僅見於《水經注》中。酈道元是范陽涿州人，距離今延慶媯河一帶不遠。但他未交代該水脈得名的由來。清夷水作為一個歷史地理名詞，出現的時間較唐代的清夷軍早一個半世紀。儘管目前尚無直接證據說明清夷水中「清夷」二字的由來，但可以稍稍推測此概念大致濫觴於北魏遷都洛陽孝文帝領導的鮮卑漢化改革之後〔註4〕。另外，北朝時期清夷水不乏以「夷」為名的地名。如夷輿縣（城）以及太和年間在今河北赤城縣設立禦夷鎮。該古城遺址位於今北京市延慶區舊縣鎮古城村東北約250米〔註5〕，是首批延慶縣（區）文物保護單位。在近年文物普查中，仍可見百餘米殘存城垣遺跡。

為何說「清夷」思想是孝文帝太和新政之後的結果？五世紀後半葉至六世紀初，北魏北部所面臨的勁敵主要為柔然與高車。如太和年間曾有安東將軍楊椿提出理想的夷夏關係為「裔不謀夏，夷不亂華」，結合上述河北西北與今延慶地區的古地名信息，說明孝文帝之後，夷夏觀念有了新的發展，拓跋鮮卑統治者已經完全把自己當做「夏」和「華」，而把距離清夷水較近的柔然等漠北民族當做「夷」了。

關於清夷水何時改名媯水河，二十世紀八十年代，王北辰先生根據《遼史‧地理志》指出，遼志中只提到媯泉，而未提及清夷水，推測《舊唐書‧地理志》所云長安二年（702）媯州遷至清夷軍城之後不久，清夷水之稱謂就不復存在了。此後，唐宋時期大型地理志書，如《元和郡縣圖志》（幽州

〔註2〕楊程斌《〈水經注〉所記北京延慶山水地名研究》，《中國地名》2020 年第 3 期。
〔註3〕田海《〈水經‧㶟水注〉清夷水段校釋與水道復原》，《歷史地理》第三十五輯。
〔註4〕陳友冰《十六國北魏時期的「夷夏之辨」》，《史林》2000 年第 4 期。
〔註5〕徐建中《西漢夷輿縣地望考略》，《文物春秋》2012 年第 5 期。

部分亡佚）、《太平寰宇記》也未對清夷水有所述及。

二、清夷軍的得名與設立

　　儘管玄宗之後，清夷軍的作用主要為防備契丹、奚族寇邊，但其最初卻主要為對付突厥勢力而置。「垂拱二年，骨咄祿又寇朔、代等州，左玉鈐衛中郎將淳于處平為陽曲道總管，與副將中郎將蒲英節率兵赴援，行至忻州，與賊戰，大敗，死者五千餘人。三年，骨咄祿及元珍又寇昌平，詔左鷹揚衛大將軍黑齒常之擊卻之。」〔註6〕後突厥汗國可汗骨咄祿等對昌平的寇擾，無疑對幽州造成了極大的軍事威脅。清夷軍很有可能就是在這種背景下設立的，從而居於范陽節度使下轄九軍之列。據德宗貞元年間杜佑編定的《通典》載述：「清夷軍、媯川郡城內，垂拱中刺史鄭崇述置，管兵萬人，馬三百匹，南去理所二百十里。」〔註7〕

　　清夷軍所管兵馬在唐代東北邊軍中並不十分突出，但它與唐代幽州歷史的演進有一定關係。聖曆元年（698），清夷軍參與的戰鬥首次見諸史籍。這年八月，默啜「發兵襲靜難、平狄、清夷等軍，靜難軍使慕容玄崱以兵五千降之。虜勢大振，進寇媯、檀等州。」〔註8〕伴隨清夷軍的建立，在其駐紮地建成了清夷軍城。《舊唐書·地理志》載：「媯州，隋涿郡之懷戎縣。武德七年（624），討平高開道，置北燕州，復北齊舊名。貞觀八年（634），取名媯州。」懷戎與清夷，是一對含義相反的對待異族軍政勢力的地理概念，前者具有明顯的溫和的懷柔性質；後者則含有強烈的軍事清算意涵。

　　唐與突厥之間的軍事戰爭是清夷軍進入研究者視野的重要因素。二者之間的軍事拉鋸，多年來一直是唐史以及民族關係史學者多有措意的問題。程存潔先生在《唐代城市史研究初編》一書第五章「唐王朝東北邊城防禦體系的形成」中，重點論述了唐朝對檀州與媯州的經營。其中特別提到武周聖曆元年（698），突厥默啜可汗「發兵襲靜難、平狄、清夷等軍」〔註9〕。近年則有學者認為，這次軍事行動後，清夷軍不復存在，而防禦軍取而代之〔註10〕。

〔註6〕《新唐書》卷二百十五《突厥上》，中華書局，1975年，第6044頁。

〔註7〕《通典》卷一七二《州郡典二》，中華書局，1984年，第911頁中欄。

〔註8〕《資治通鑒》卷二百六，唐紀二十二「聖曆元年八月戊子」條，中華書局標點本，1982年，第6531頁。

〔註9〕程存潔《唐代城市史研究初編》，中華書局，2002年，第171～172頁。

〔註10〕楊程斌、戢征《新出土唐代白貴夫婦墓誌考疏》，《文物鑒定與鑒賞》2018年第1期。

但筆者認為這個認識是欠妥的。首先，清夷軍屬於府兵性質，在安史之亂前的武周聖曆年間設立，已如前文所述；而防禦軍屬於安史之亂後設立的募兵性質地方軍隊。其次，下逮晚唐開成、會昌年間，仍有以清夷軍為名的軍事建制在媯水一帶進行軍事防禦活動。唐代高宗、武周時期，東突厥勢力基本得到控制。但契丹、奚兩個民族的南下侵擾卻更趨嚴重，給李唐的東北邊防構成較大威脅。對唐代官制稍有瞭解即知道，唐玄宗統治時期，是唐代使職差遣制度膨脹階段。清夷軍使的設立，也表明唐廷對幽州北邊形勢的重視與堪憂。下面將對清夷軍相關的唐代各類史料做一簡要梳理。儘管關於清夷軍的記述不僅稀疏且零散，但就筆者管見，傳世史籍、詩文、墓誌以及房山石經題記資料所載涉及清夷軍的官員仍有：王詵、禰素士、柳秀誠、虞靈章、張休光、史元建、劉鈐等多人。由於清夷軍這一建制設立在唐王朝東北邊邑地區，清夷軍的軍政人員中也包含有番將。

首先是王佚，武周聖曆二年（699），此人制授壯武將軍，其年八月，仍借紫及金龜袋，檢校媯州刺史，清夷軍經略大使。其墓誌對其戰鬥過程有生動描繪：「為匈奴作梗，侵擾代州，公當奉敕，合往救援。」〔註11〕武周時期的清夷軍中官員還有百濟人禰素士。2010年，西安市文保所在長安區郭杜街道發掘出禰氏家族墓地，其中出土一方《大唐故云麾將軍、左武衛將軍、上柱國、來遠郡開國公禰府君（素士）墓誌》。禰氏家族參與了唐與新羅聯軍征討百濟的軍事行動，後歸降唐廷，並作為百濟遺民流寓長安。禰氏祖孫三代僑居中土期間，對唐人身份逐步認同。長安三年（703），墓主禰素士制充清夷軍副使。此前，他以父資入侍。曾任左豹韜衛左郎將，又授右鷹揚衛右郎將。清夷軍職務不是他的起家職位，只是長安年間，幽州西北邊事吃緊導致的臨時任職〔註12〕。這說明，武周時期的百濟遺民在大唐帝國的幽州地區加入抵禦北邊異族入侵的戰鬥中。這或許與唐統治者「以夷制夷」的統治思想有關。

開元中後期，契丹、奚頻頻寇邊，「久之，契丹可突于反，脅奚眾並附突厥。魯蘇不能制，奔榆關，公主奔平盧。幽州長史趙含章發清夷軍討破之，眾稍自歸」〔註13〕。趙含章發清夷軍討破契丹可突于與奚族的軍事行動發生於開

〔註11〕周紹良主編：《全唐文新編》卷995，吉林文史出版社，2000年，第14768頁。
〔註12〕張全民《新出百濟移民禰氏家族墓誌考略》，《唐史論叢》第14輯，三秦出版社，2012年，第52～68頁。
〔註13〕《新唐書》卷一九四《北狄·契丹》，第6171頁。

元二十年（732）。與此同時，清夷軍使虞靈章在對契丹的防禦戰中取得勝利，得到了玄宗的賞賜與嘉獎。該年，五十五歲的張九齡以玄宗的口吻完成了《敕清夷軍使虞靈章》：

> 窮寇傷殘，寄命無所。猶以遺噍，敢犯塞垣。卿義勇過人，臨
> 難無苟，親當矢石。逐此犬羊，略有梟夷，足申威武，邊寄盡節。
> 朕甚嘉之！仍聞鋒鏑既交，在卿亦有所損，神道助順，應不為災。
> 今將藥物，可以為療。〔註14〕

趙含章、虞靈章的戰績都說明了成立近半個世紀來，清夷軍戰鬥力始終尤為勳著。馳名中外的唐代隸書石刻精品——《大唐故清夷軍倉曹兼本軍總管張公（休光）墓誌銘》，現藏開封市博物館。張休光是開元二十一年（733）戰歿於對契丹的軍事防禦戰中。他最初「以良家子調補清夷軍倉曹兼本軍總管」。與張休光一同犧牲的還有其次子上柱國張遊秦。可知，張氏終身效力於唐蕃戰爭前線的清夷軍帳中。這也從側面說明開元二十年左右，唐廷與兩蕃戰事正酣，清夷軍首當其衝。

天寶九載（750），儘管兩蕃邊事已略微寧息，但仍然不容鬆懈。高適以河南封邱縣尉的身份送兵至清夷軍，歸來途中入居庸關，作《使清夷軍入居庸關三首》，表明幽燕西北地區自然環境的惡劣與征途的艱辛。

安史之亂爆發後，清夷軍一度陷於安、史亂軍之手並成為叛軍堅定的追隨者〔註15〕。安祿山被殺後，安慶緒封史思明為「媯川王」，任其為范陽節度使。其實，早在天寶元年（742），唐廷便分懷來縣置媯川縣。這是媯川首次出現於史籍，它也是媯州的州治所在。媯州在唐代諸州中屬於上州，一定程度說明其受重視程度〔註16〕。史思明的媯川王正說明了今媯水河流域是史氏活動的重要地區。但此後不久的至德二年（757），李光弼便涉計巧妙收復了清夷軍與鄰近的橫野軍，扭轉了局勢。

針對兩蕃連年入寇，肅宗以後，唐廷逐漸摸索出解決問題的羈縻之策。《新唐書》載：

> 故事，以范陽節度為押奚、契丹使，自至德後，藩鎮擅地務自
> 安，卽戍斥候益謹，不生事於邊；奚、契丹亦鮮入寇，歲選酋豪數

〔註14〕《曲江集》卷八，廣東人民出版社，1986年，第417頁。
〔註15〕黃林納《唐代橫野軍探析》，《鄭州大學學報》2016年第1期。
〔註16〕《新唐書》卷三九《地理志》，第1021頁。

十八長安朝賜與每引見，賜與有秩，其下率數百皆駐館幽州。〔註17〕「押奚、契丹使」乃是開元、天寶時期舊制。安史之亂後的中唐時期，儘管兩蕃「鮮入寇」，但幽州地區軍政長官加「押奚、契丹兩蕃經略等使」仍繼續沿用。以穆宗長慶年間的主持幽州戎務的劉總為例，《舊唐書·穆宗紀》：「（長慶元年三月）癸丑，以幽州盧龍軍節度副大使，知節度事、押奚契丹兩蕃經略等使，檢校司空、同中書門下平章事、楚國公劉總，可檢校司徒，兼侍中、天平軍節度、鄆曹濮等州觀察等使。」〔註18〕綜上，自武周時期始，下迄晚唐會昌年間，媯州刺史帶「知清夷軍使」或「清夷軍經略大使」成為常制。

我們最後一次見到有關清夷軍的相關史料，來自於晚唐的房山石經題記。知清夷軍營田團練事，幽州節度押衙，寧（守）媯州刺史史元建與妻子邢氏，施刻《如來在金棺囑累清淨莊嚴敬福經》〔註19〕開成五年（840）和會昌元年（841）連續兩年有刻經之舉。其中《金光明最勝王經》為押契丹、奚兩蕃盧龍節度史元忠所刻。史元忠為開成、會昌之際的幽州最高軍政長官，會昌元年為張仲武所取代。「元」字很有可能是輩分用字。這段時期刻經的還有幽州節度押衙史元迪。雖然我們尚不能確切搞清史元忠與史元建、史元迪等人之間的密切關係，但可以推測出這種密切關係需要刻經來鞏固與加強。近來，研究者通過梳理房山石經中保留的軍將刻經題記資料，指出這些題名表明幽州盧龍節度使府題名軍將與節度使存在密切關係〔註20〕。如果這種判斷成立的話，筆者推測晚唐時的開成、會昌時期，清夷軍仍是直轄於幽州節度使的重要且有影響力的軍事建制。

劉鈞墓誌全稱《唐故媯州刺史、清夷軍營田等使、朝散大夫、檢校尚書司封郎中、攝御史中丞、上柱國、賜紫金魚袋彭城劉公墓誌銘並序》。1982年，該志出土於北京右安門外東三條。誌主劉鈞從推巡升遷為支度，最後的職務止於媯州刺史、清夷軍營田等使〔註21〕。他去世於唐僖宗文德元年（888）

〔註17〕《新唐書》卷一九四《地理志》，第6172頁。

〔註18〕《舊唐書》卷一六，中華書局，1975年，第487頁。

〔註19〕侯旭東整理《如來在金棺囑累清淨莊嚴敬福經》認為該經初成於南北朝，至晚在唐初已經定為現在的形態。《藏外佛教文獻》第四輯，1998年。

〔註20〕張秋升、姜欣玥《房山石經題記所見幽州盧龍節度使府軍將》，《聊城大學學報》2019年第2期。

〔註21〕劉琴麗《中晚唐河北舉子研究》，劉琴麗梳理了劉鈞的遷轉情況。《史學集刊》2009年第4期。另，有學者將劉鈞納入河朔文士系統，考查其任職的地方化

四月。劉鈞的仕宦經歷表明清夷軍的設置一直持續到唐末。

通過上文對傳世文獻與出土資料的梳理，從清夷軍設立的垂拱中持續到唐僖宗文德年間，媯州刺史一般要帶知清夷軍事、清夷軍經略大使或者知清夷軍營田團練事等職銜（見附表）。這也表明媯州作為遠離唐中央政府的地方邊邑，與其他軍事建制一樣採取軍政合一的體制。

三、金中都清夷門與金代的夷夏觀

在傳統中國都城制度研究中，學界一直忽視對城門命名問題的關照〔註22〕。其實，作為城垣建築中的重要組成部分，城門的名稱，特別是古代都城城門名往往會體現出統治者某種政治思想、主張或者政治願景。唐代之後，統治幽州地區較長的政權為契丹。契丹得到石敬瑭所獻「幽雲十六州」後，在唐幽州原有基礎上建立南京，初稱幽都府，開泰元年（1012）改稱析津府。關於遼南京的城門設置，《遼史·地理志》：「城方三十六里，崇三丈，衡廣一丈五尺。敵樓、戰櫓具。八門：東曰安東、迎春，南曰開陽、丹鳳、西曰顯西、清晉、北曰通天、拱辰。」路振《乘軺錄》：「幽州幅員二十五里，東南曰水窗門，南曰開陽門，西曰青（清）音門，北曰北安門。內城幅員五里，東曰宣和門，南曰丹鳳門，西曰顯西門，北曰衙北門。內城三門，不開，止從宣和門出入。」〔註23〕遼代的清晉門或清音門，位於城西，與金代開設於城北偏西的清夷門應該沒有關係。儘管位置稍有偏離，但金中都清夷門應該與遼南京通天門存在前後承繼的關係。

臺灣學者陶晉生先生早已指出，金代文士如趙秉文之輩，稱偏安江南的南宋政權為「淮夷」或「島夷」〔註24〕。當然，這也是宋金雙方延續南北朝的舊說。近年也有學者參與到宋、金、蒙時期夷夏觀的討論中。張佳注意到金代稱漠北蒙古勢力為「夷」〔註25〕。有意思的是，十三世紀與女真政權對

問題。參見杜榮泉、馮金忠《燕趙文化史稿》，河北教育出版社，2013年，第60頁。《唐代墓誌彙編續集》，上海古籍出版社，2001年，第1151頁。

〔註22〕就筆者管見，學者主要關注帝制時代晚期的城門名問題。如葉驍軍《南京明宮城名考辨》，《中國古都研究》第二輯；李新峰《明代北京皇城城門俗稱考略》，《明清論叢》2018年第2期。

〔註23〕轉引自趙永春《奉使遼金行程錄》，商務印書館，2017年，第15頁。

〔註24〕陶晉生《金代政權合法地位的確立》，《宋遼金史論叢》，聯經出版事業股份有限公司，2013年，第466頁。

〔註25〕參見張佳《圖像觀念與儀俗：元明時代的族群變遷》第二章第一節「宋金季年的夷夏論述」，商務印書館，2021年，第51～57頁。

立的蒙古勢力，也徑稱女真人為「夷」。如中統元年（1260），元初名儒、翰林院侍讀學士郝經曾向忽必烈建言道：「金源氏起東北小夷，部曲數百人。渡鴨綠、取黃龍，便建號位。」〔註26〕蒙、金雙方互相斥對方為「夷」的現象，值得留意。宋德金先生、劉浦江先生先後指出：「自熙宗改制後，迅速走向漢化道路，海陵王時代，女真統治者已經具備大一統王朝的政治倫理觀念」〔註27〕。所以，金中都設立清夷門，位於金中都北城垣偏西的位置。出此門向西北方向延伸，可與中古時期的清夷水以及清夷軍所在地相連。正是由於金代統治者考慮到西北方面當前與日後可能面臨的蒙古軍事力量的壓力，所以在城門命名過程中，並不避諱「夷」這個字眼。且海陵王時代，儘管尚未取得大一統局面，但大一統觀念已經自上而下地在金代廟堂內外散播開來並得到前所未有的深化。

學界一般接受金中都城北城垣居中開設的城門，即通玄門，別稱清夷門。有學者研究認為，通玄門內大道，相當於今西便門內大街和北線閣、南線閣街；出通玄門則沿南、北禮士路，過高梁橋，斜向西北奔居庸關而去〔註28〕。居庸關正是自古以來聯繫京西北懷來、延慶與北京城的重要關隘。金代統治者雖然比較忌諱「華貴夷賤」之說，如建都燕京的海陵王。但「清夷門」名稱的保留，恰可說明女真統治者不以「夷」自視，而以大一統政權自居。如《正隆事蹟》載：

> 亮以漸染中國之風，頗有意於書史。……一日，與翰林承旨完顏宗秀、左參知政事蔡松年語曰：「朕每讀《魯論》，至於『夷狄雖有君，不如諸夏之亡也』。朕竊惡之。豈非渠以南北之區分，同類之彼周而貴彼賤我也。」〔註29〕

海陵王仍視西夏、高麗等藩屬政權為「夷狄」，意欲日後將這些周邊勢力納入「大一統」範圍內，種族上不分華夷，地理上不分中外的「大中國」〔註30〕。

〔註26〕郝經著，秦雪清點校《郝文忠公陵川文集》卷三十二《立政議》，山西人民出版社、山西古籍出版社，2006年，第446頁。

〔註27〕宋德金《正統觀與金代文化》，《歷史研究》1990年第1期；劉浦江《德運之爭與遼金王朝的正統性問題》，《中國社會科學》2004年第2期。

〔註28〕尹鈞科《北京古代交通》「北京城郊的街巷道路」，北京出版社，2000年，第62頁。

〔註29〕徐夢莘《三朝北盟彙編》炎興下帙卷二四二，上海古籍出版社，1987年，第1740頁。

〔註30〕熊鳴琴《金人「中國觀」研究》，上海古籍出版社，2014年，第143～144頁。

　　有些學者已經注意到金人夷夏觀的這種深刻變化。張佳通過考察金代士人詩作，如《哀王旦》中徑將蒙古軍隊稱作「胡兒」「胡馬」「胡車」「胡疊」等字眼，以及金石資料將蒙軍稱作「虜」「醜虜」，說明金代士人以儒家的夷夏觀，指斥其北部盤踞的蒙古政權為「夷狄禽獸」〔註31〕。基於以上研究與認識，我們也就不難理解，海陵王金中都城門命名上，不避諱中古以來的「清夷」觀念，因為女真政權已經完全以中原正朔自居了，外部少數族當然被其視為「夷狄」之屬，需要清剿。

　　由於清夷門（通玄門）的設置，金元時期清夷門內便形成了關廂區域，當有眾多百姓居住。元末熊夢祥所撰《析津志·名宦》載：「池水安先生，隱者也。世居燕之池水裏，今為清夷關，即此地。」〔註32〕池水裏，遼金元時期亦稱池水村、赤水村，隸屬於玉河鄉，大概位於今北京復興門外南禮士路至玉淵潭地區〔註33〕。從這個關廂地區一直向西北方向延伸，出居庸關，即可到達當時的媯州（儒州，即今延慶區）〔註34〕。儘管北魏的清夷水和唐代的清夷軍，到了金代海陵王定鼎燕京時都已成為歷史陳跡，金中都城門名稱仍取「清夷」這個歷史地名，不僅反映了金朝統治者政治態度的轉變，同時也是古代地名發展演變中存在的歷史慣性使然。

四、結語

　　本文通過對清夷水、清夷軍、清夷門等幾個不同歷史概念的考察，揭示了幽州西北部地區在北魏、唐、金等王朝夷夏觀的演進與變遷。儘管這一組概念分別代表河流、軍事建制與都城城門，三者看似風馬牛不相及，但都以「清夷」命名，反映了在六到十二世紀，轄有這一區域的統治者所產生的文化勢差心理。

　　「清夷」作為一種以往邊疆史地研究中被忽視的概念，應該被研究者考

〔註31〕張佳《胡元考：元代的夷夏觀念潛流》，此據《圖像、觀念與儀俗：元明時代的族群文化變遷》，商務印書館，第54～57頁。

〔註32〕《析津志輯佚》，北京古籍出版社，1983年，第150頁。

〔註33〕參見趙其昌《遼代玉河縣考》，載《北京史苑》第一輯，北京出版社，1983年。此據氏著《京華集》，北京燕山出版社，2014年，第134～140頁。

〔註34〕此外，遼南京安東門又稱檀州門，這也是以當時幽燕地區周邊行政建制名稱命名城門的又一典型例子。檀州門內關廂形成的街衢又稱「檀州街」，與本文所論清夷關類似。學者們對檀州街研究的成果很多，可參看趙其昌、羅保平、張天虹等先生的相關論著，此不贅。

慮寫入中國古代夷夏觀念變遷史。特別是拓跋鮮卑建立的北魏與女真建立的
金朝，二者在取得所謂中原正朔後，表達出一種強勢民族對周邊弱勢族群或
政權流露出的過度自信心理。雖然以「清夷」命名的地理概念在漫長的中國
邊疆史發展進程中並不起眼，但研究者在閱讀分析史料時，抓住這些冷僻的
概念，結合當時的歷史背景進行一番深入思考，或許也能獲得一些獨到的認
識。

附表：目前所見唐代清夷軍相關官員信息簡表

姓　名	活動時間	官　職	資料來源	備　註
王珗	武周聖曆年間	檢校媯州刺史，清夷軍經略大使	吳鋼主編《全唐文補遺》第四冊《大周故檢校勝州都督左衛大將軍全節縣開國公上柱國王珗墓誌銘》，三秦出版社，1997年，399～400頁。	程存潔《唐代城市史研究初篇》對此人有研究。中華書局，2002年。
禰素士	武周長安三年	制充清夷軍副使		參見拜根興《唐代百濟移民禰氏家族墓誌相關問題研究》，《當代韓國》2012年第2期
柳秀誠	武周垂拱至睿宗景雲年間	充營州紫蒙軍、媯州清夷軍支度大使	《秦晉豫新出土墓誌搜佚》	參見牛紅廣、王淵《唐柳秀誠墓誌及相關問題考釋》，《黃河科技大學學報》2017年第5期
張休光	開元年間	以良家子調補清夷軍倉曹兼本軍總管	吳鋼主編：《隋唐五代墓誌彙編·陝西卷》第三冊	
虞靈章	開元二十年	清夷軍使	張九齡《曲江集》卷八	
史元建及妻邢氏	開成五年、會昌元年	知清夷軍營田團練事，幽州節度押衙，寧（守）媯州刺史	《房山石經題記彙編》，書目文獻出版社，1987年	張建木、尤李、張天虹等前輩學者曾對史元建及妻邢氏題記有所研究
劉鈞	文德年間之前	媯州刺史、清夷軍營田等使	《唐代墓誌彙編續集》，上海古籍出版社，2001年，第1151頁。	

〈水經・漯水注〉清夷水段復原圖

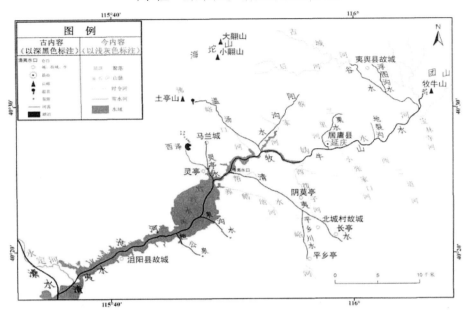

資料來源：圖中的現代水系數據來源於以下資料：侯仁之主編：《北京歷史地圖集》（二集），北京出版社，第13～14頁；星球地圖出版社編：《北京市地圖冊》，第190～191頁；星球地圖出版社編：《河北省地圖冊》，第42頁；延慶縣志編纂委員會編著：《延慶縣志》，第68～69頁；懷來縣地方志編纂委員會編：《懷來縣志》，中國對外翻譯出版公司出版2001年版，第119～120頁。

選自田海《〈水經・漯水注〉清夷水段校釋與水道復原》

「南北朝時期」清夷水附近形勢

選自譚其驤主編《中國歷史地圖集》第四冊「東晉十六國南北朝時期」

清夷門在金中都城中的位置

選自侯仁之主編《北京歷史地圖集》

原載《地域文化研究》，2023 年第 5 期

延洪寺與唐以降幽燕地區佛教的發展

引言

　　延洪寺，是一座今日北京已然消失的寺院。歷史上，延洪寺大致位於今西城區鬧市口南街的園宏胡同一帶，這個寺名存在於唐貞元年間至元代末年。進入明代以後，延洪寺大概易名為圓宏（洪）寺。該寺始建時間，要追溯到唐貞元初年，幽州節度使劉濟所建的天成院。關於該寺的早期歷史，傳世文獻極少，出土材料幾乎沒有，這就使它的研究非常艱難。以往學者多根據《元一統志》《日下舊聞考》等文獻中的少量記載，闡述延洪寺從中唐到唐末的歷史沿革。除陳家驥《圓洪寺街初探》〔註1〕、王彬《關於圓洪寺的推想與意義》〔註2〕中有簡單介紹外，尚未有論著對該寺歷史沿革、該寺與唐遼金元及之後北京地區佛教發展的關係有所指陳。何孝榮《明代北京佛教寺院修建研究》一書的第一章「明代以前北京佛教寺院的修建」〔註3〕，專門介紹了「天成院」，但也未能充分展開。筆者欲梳理相關資料，結合前人研究成果，希望通過延洪寺歷史的探究一窺北京佛教史發展變遷情況。

一、唐幽州節度使與延洪寺（天成院）

（一）會昌法難之前

　　唐以降幽燕地區延洪寺的最初歷史，始於唐貞元初年，節度使劉濟建立

〔註1〕胡玉遠主編《燕都說故》，北京燕山出版社，1996年，第15～16頁。
〔註2〕王彬《北京微觀地理筆記》，三聯書店，2007年，第33～36頁。
〔註3〕何孝榮《明代北京佛教寺院修建研究》，南開大學出版社，2007年，第83頁。

天成院。安史之亂後，以德宗貞元年間節度使劉濟大興禮佛活動為開端。地方節度使的禮佛之舉，在規模和力度上，大大超過了安史之亂以前的幽州佛教活動。前輩學者中，尤李《唐代幽州地域的佛寺及其分布》及《唐後期的盧龍鎮的佛教與社會》〔註4〕二文，提到了劉濟在幽州刻經以及捨宅為寺（崇孝寺）的情況，而關於延洪寺，則僅僅抄錄《元一統志》卷一《中書省統山東西河北之地》的內容。徐威《北京漢傳佛教史》一書中「隋唐時期北京的佛教」一章，也稍稍介紹了中晚唐延洪寺的沿革情況，但對該寺所涉人物事蹟和關係沒有更深入地展開〔註5〕。崇孝與延洪二寺均位於唐幽州城內，是幽州節度使劉濟崇奉佛教的重點場所。

唐昭宗乾寧三年（896），守薊州錄事參軍、攝幽州安次令、試大理評事閻杖所撰《唐故幽州延洪寺禪伯遵公遺行碑》（以下簡稱「遺行碑」）已經佚失不知多少歲月，但「遺行碑」所載延洪寺沿革史，大致保留在《元一統志》卷一中。清人編修《日下舊聞考》，基本全文抄錄了《元一統志》中的內容。「遺行碑」所記內容，無疑是延洪寺早期歷史最重要的資料：

> 咸通初，禪師自襄陽來延洪，開廢殿而創尊容，闢虛堂而興法席。貞元中，故相國彭城郡王劉公請凝寂大師弘法之初地也，時號其所為天成院。大中末，故忠烈清河張公又奏置延洪寺。中和四年倒廢，光啟三年興復，乾寧三年四月建碑。〔註6〕

劉濟貞元年間所請凝寂禪師，正是中唐著名的馬祖後學，主要活動於幽州地區的盤山寶積。《祖堂集》卷十五載「盤山和尚，嗣馬大師，在北京。師諱寶積，未詳姓氏」〔註7〕。《景德傳燈錄》卷七也記述了「盤山寶積」的生平事蹟。兩部燈史均稱元和十三年（807）寶積圓寂後，憲宗敕諡為「凝寂大師」「真際之塔」。〔註8〕黃春和在《隋唐幽州地區佛寺考》一文中，根據《順天府志》中內容，認為劉濟延請的是凝礙大師，其「事蹟尚待考證」〔註9〕。但筆者翻檢《光緒順天府志》，並無凝礙大師相關的內容，不知黃先生何據。筆者以為，黃先生文中的「凝礙」應是「凝寂」之訛。

〔註4〕二文分別載於《中國邊疆民族研究》第六輯、第七輯。

〔註5〕徐威《北京漢傳佛教史》，宗教文化出版社，2010年，第66頁。

〔註6〕李蘭盼等《元一統志》卷一《中書省統山東西河北之地·大都路》，中華書局，1966年，第31頁。

〔註7〕張美蘭《祖堂集校注》卷十五，商務印書館，2009年，第382～383頁。

〔註8〕道原著，顧宏義譯注《景德傳燈錄》卷七，上海書店出版社，2010年，第453頁。

〔註9〕《世界宗教研究》1996年第4期。

根據《元一統志》中保留的「遺行碑」殘文並參考《宋高僧傳》中關於懷暉的記述，劉濟與懷暉交往在前，與寶積禪師交往在後。寶積在延洪寺駐錫時間應該不長，不久他便東赴盤山，直到元和十三年圓寂。以往學者歸納出雲居寺、幽州城區、盤山三足鼎立的佛教發展布局〔註10〕。但我們仍對幽州城內禪宗的認識遠遠不足。

據《宋高僧傳》，我們知道劉濟在貞元初年，便與馬祖的弟子懷暉有交往。雖然沒有文獻表明懷暉曾經到過延洪寺，但懷暉一定是在幽州地區與劉濟接觸〔註11〕。尤李認為，劉濟與懷暉的交往是在劉濟任幽州節度使後不久。劉濟禮敬禪僧一定發生在他從事房山刻經事業之前，否則刻經便無宗教義上的指引。盤山寶積則很有可能在懷暉到了長安之後，才與劉濟接觸並到延洪寺宏教。

（二）會昌法難之後

閻栻所撰「遺行碑」中，有「大中末，故忠烈清河張公又奏置為延洪寺」的記述。這是延洪寺寺名第一次出現於史籍中。那麼，問題來了，這位「清河張公」到底是誰呢？黃春和《隋唐幽州地區佛寺考》中認為是張仲武，不確。尤李則認為是張允伸〔註12〕。筆者同意尤李的認識。因為，張允伸在咸通十三年正月去世後，朝廷贈予的諡號就是「忠烈」。「故忠烈清河張公」應是張允伸無疑。

關於更改寺名，這裡有一個問題。佛教禪宗在中唐以後得到迅速發展，這主要得益於山林宗派的繁榮以及僧侶們突破地域空間，不憚跋涉數百里乃至千里弘法興教。學界關於中晚唐幽州佛教的性質，一般認定幽州地區主要接受的是洪州馬祖道一的南禪思想。因此筆者懷疑「延洪」二字，就有延續、發展「洪州禪」的意味。如果這個認識成立，那麼延洪寺理應成為幽州城弘揚南禪佛法的根據地。

關於「遺行碑」中的所謂禪伯遵公，到底是何許人也？就目前的材料尚不能回答。我們只知道此人唐懿宗咸通初年，從今湖北襄陽到幽州延洪寺活動。咸通初年地區的襄陽，也是洪州禪的主要傳播地。進入唐懿宗時期，延

〔註10〕黃春和《唐幽州禪宗的傳播及其影響》，《法音》1994 年第 7 期；徐威《北京漢傳佛教史》之《隋唐時期的北京佛教》。

〔註11〕贊寧撰，范祥雍點校《宋高僧傳》，中華書局，1987 年，第 227 頁。

〔註12〕見黃春和、尤李前揭文。

洪寺必定是衰頹了，所以才有禪伯遵公「開廢殿而創尊容，闢虛堂而尊法席」的說法。禪伯，是對有道高僧的通稱。昭宗乾寧三年距離咸通初年已去三十年，還有人專門立下貞石，以祖述他的「遺行」。所以，這位遵公，也應該是晚唐幽州相當有影響的佛教界人物。

中和四年（884），延洪寺倒廢。光啟三年（887），旋敗旋復。閻杖撰寫碑文的年代，是在乾寧三年，此時幽州已經進入了「劉仁恭時代」。那麼中和末年，延洪寺為何會「倒廢」呢？這與當時幽州的政治軍事形勢分不開。李可舉任節度使時的幽州佛教勢力，從房山石經刻經題記記載的情況來看，是比較微末的。但是光啟二年（886），李匡威執掌幽州政權後，幽州佛教獲得了一定程度的復蘇。其中與李匡威有關的題記特別是景福元年（892），李匡威資助下刻立的《憫忠寺重藏舍利記》，也證明李匡威本人對幽州佛教發展的重視。所以，我們有理由相信距離景福元年僅五年的光啟三年，延洪寺的恢復與李匡威崇佛有關。

二、遼金時期的延洪寺

（一）關於燕京地區的刻經事業

進入遼代，延洪寺大體位於南京城的東北角拱辰門內。關於遼代延洪寺的傳世史料非常稀少，僅有《遼史·巡幸表》中記載遼道宗耶律隆緒曾於統和六年（988）到該寺參加佛教活動。《元一統志》轉引重修碑記，遼天祚帝乾統年間（1101～1110），延洪寺是當時南京城內的「甲剎」。李若水〔註13〕對延洪寺有略微的介紹，但限於史料闕如，沒有太多新見。

在石刻資料中，幽燕地區寺院集團成員的形式往往以，勒石為記，從而保留了珍貴的歷史訊息。遼金時期，延洪寺僧人主要是對《大智度論》和《瑜伽師地論》兩種佛教經典集資刊刻。這批經卷《房山石經題記彙編》第四部分「諸經題記」，記載了《大智度經論》的刊刻。其中有優秀寫經人延洪寺僧善雍在大安十年（1094）為亡母刻經〔註14〕。這裡的大安年號，應該是遼道宗在位時期的。善雍的身份，原本應該是延洪寺校勘沙門，為亡母刻經，可以說是一種臨時性的行為。

〔註13〕李若水《遼代佛教寺院的營建與空間布局》，清華大學2015年博士學位論文。
〔註14〕北京圖書館金石組，中國佛教圖書文物館石經組編：《房山石經題記彙編》，書目文獻出版社，1987年，第466頁。

此外，通理大師所刻「諸經題記」還記載了刻經數量和所費資金，如「燕京延洪寺大眾施錢一百貫文，造碑五十條，燕臺逸士張龍圖書。」〔註15〕所謂「大眾」，應該是指延洪寺的眾僧而言。同時，題記中還有一條為：「燕京左街延洪寺紫衣義學首座三綱大眾沙門守乾等施錢一百貫造施五十條」〔註16〕雖然沒有紀年，但這條題刻也應該是遼代的。因為首座，是遼代寺院中特有的職位。但遼代的首座，似乎已經不能和唐代的寺院三綱之一的「上座」等量齊觀了。義學，是宋遼時期對高僧修行方面考查的指標之一。宋遼時期，僧侶賜紫、賜師號出現了商品化的情況，僧侶可向政府購買這些頭銜、榮譽。但不管怎樣，這條題記中的沙門守乾，應該是在延洪寺中地位等級比較高的一名僧人。需要說明的是，與延洪寺有關的刻經，全部屬於通理大師所刻四千餘片經板。善雍以及守乾等義學沙門都是通理培養的。有學者指出，遼代房山刻經事業，主要還是依靠僧侶自己的力量。〔註17〕延洪寺在刻經題記中出現的頻率比較高，至少出現三次，共施錢三百貫，造施一百五十條，說明延洪寺在遼代房山刻經活動中佔有相當地位，是當時刻經活動的主力寺院之一。

（二）支持幽燕地區其他寺院的佛事活動

如果說刻經事業是僧侶們自發行動，那麼幫助其他寺院建塔、佛教戒本的庋藏便是一種有組織的佛事活動。延洪寺在遼金時期，有不少對「兄弟蘭若」建設的支持，據目前掌握的資料來看，主要是建造舍利塔和傳戒工作。

天慶九年至十年（1119～1120），天王寺（後來的天寧寺）修建中形成的《大遼天王寺建舍利塔記》。該舍利塔記碑發現於1991年對天寧寺塔的維修中。其中記載了一個龐大的，參與天王寺舍利塔修建的僧侶群體。其中延洪寺僧人善全的法名赫然在列。〔註18〕遼天王寺距離延洪寺，不過1.5公里的路程。鄰寺修建塔幢，延洪寺作為「甲剎」理應出面支持。

二十世紀七十年代，河北省固安縣于沿村金代寶嚴寺塔基地宮中，出土一舍利石函〔註19〕。盝頂函蓋頂部陰刻八字：「士誨幢佛牙真舍利」，右上方刻有小字「維天眷元年三月十一日庚辛時建」。此外，石函東側存有12行題記，其中兩處提到了延洪寺，體現了該寺與固安地區佛教團體的關係：

〔註15〕《房山石經題記彙編》，第484頁。
〔註16〕《房山石經題記彙編》，第489頁。
〔註17〕任傑《通理大師對房山刻經事業的重大貢獻》，《法音》1988年第3期。
〔註18〕孫勐著，佟洵主編《北京佛教石刻》，宗教文化出版社，2012年，第91頁。
〔註19〕《河北固安于沿村金寶嚴寺地宮出土文物》，《文物》1993年第4期。

燕京左街延洪寺英悟大師賜紫」提點寶嚴寺沙門圓停（？）」燕
京左街延洪寺總攝大德講經律」沙門　圓理　英悟大師門人　遵
該」……〔註20〕

題記中的所謂英悟大師圓停（？），生平不詳。但此僧既然提點寶嚴寺並
且賜紫，說明延洪寺與寶嚴寺關係不一般。另一來自延洪寺的僧人是總攝大
德，講經律（論）沙門圓理，以及英悟大師的門人遵該，總共三位延洪寺僧
人在場。這反映延洪寺對燕京周邊地區佛教事業發展的一種支持與提攜。

（三）傳戒活動

傳戒，是為出家僧人設立戒壇、傳授戒法的一種宗教儀式。律宗、禪宗、
天台宗所屬寺院叢林中都有傳戒制度。遼金元時期，燕京地區最著名的傳戒
歷史的文本記錄，便是《大元賜大崇國寺壇主空明圓證大法師隆安選公特賜
澄慧國師傳戒碑》（以下簡稱「傳戒碑」）。碑文詳細記述了遼至元燕京地區
的傳戒活動。〔註21〕遼道宗以金泥親自書寫了《菩薩三聚戒本》。可知從大
定十一年（1171）到承安四年（1199）近三十年時間內，延洪寺的僧人參與
了菩薩戒本的傳戒，分別由四位僧人掌管遼代傳下的戒本。

首先，遼道宗耶律洪基創作了《菩薩三聚戒本》，並一直於保大二年
（1122）傳到北遼宣帝的耶律淳手中。耶律淳死後，值遼末兵燹，該戒本傳
入京西馬鞍山慧聚寺的悟纏和尚之處。悟纏乃是遼代行均和尚的徒孫。中間
又經過弘佑寺、開悟寺等僧侶傳承，自大定十二年（1172）至金亡，延洪寺
僧侶善謙、善鑒、善興、惠應、性該相繼掌管《菩薩三聚戒本》。碑文中說，
太宗癸卯年，該戒本傳到憫忠寺圓融宣密大師祥杲處。〔註22〕太宗癸卯年，
即1243年。如果從大定十二年算起，迄於1243年，延洪寺掌管傳戒時間最
長，達70餘年之久。可見，延洪寺乃金元之際中都城內的律宗、淨土宗大
寺。為何《菩薩三聚戒本》如此受到重視？大概是這部戒本具備實際公用，
同時出自帝王之手。

〔註20〕河北省文物研究所等單位對石函題記的錄文，將其中第二個「洪」字，釋讀為
　　　「諆」，不確。另，「總」字後邊，應為攝字。
〔註21〕關於《大乘三聚戒本》的研究，有包世軒：《金元時期遼法均〈大乘三聚戒本〉
　　　在北京流傳情況考略》，載氏著《北京佛教史地考》，金城出版社，2014年，
　　　第100～118頁。黃春和：《蒙元時期燕京憫忠寺歷史考述》，《北京文博》2004
　　　年第1期。
〔註22〕《北京佛教石刻》，第213～215頁。

高僧隆安善選，是元代北京崇國寺（護國寺）開山祖師。俗姓劉，今河北香河縣人，傳律宗法脈。金代晚運，遼代的《菩薩三聚戒本》在延洪寺多位僧侶中傳戒相延，說明金代的延洪寺已經由中晚唐的禪宗性質廟宇轉變為律宗性質的梵剎。陳高華先生曾指出，戒本傳遞是元大都佛教界的大事。同樣，在金中都城中，戒本在同寺或者跨寺流轉中也是極為重要的。而延洪寺無疑在傳遞過程中發揮了重要作用。

三、元代延洪寺簡況

（一）那摩國師對延洪寺的重修

金元嬗代之際，大概是由於戰爭的原因，延洪寺一度變得凋敗。但是到了元代晚期，在熊夢祥筆下的《析津志》中，該寺規模達到了頂峰。《析津志輯佚・寺觀》稱延洪寺「別有洞房，尤為深邃」〔註23〕。這應該是元初，經國師那摩修繕增飾而成的延洪寺。那摩國師，是受到元太宗、元定宗、元憲宗三代推崇的迦什彌兒〔註24〕僧侶。20世紀60年代，在北京崇文門地區先後出土了斡脫赤、鐵可父子的神道碑、墓誌。鐵可墓誌中，「那摩」被寫作「羅麻」，是鐵可的親叔叔。

《日下舊聞考・存疑》中記元代「至大元統御之初，金人南奔兵燼之餘，此寺殿閣巋然獨存，壬子歲賜白金為香資」〔註25〕。陳高華先生利用《至元辨偽錄》中關於憲宗蒙哥賜那摩國師白金的記載，考證出壬子年，即1252年，延洪寺得以重修〔註26〕。《析津志》中所云深邃的洞房，很有可能是那摩國師在那一年修繕而來。至元二十五年（1288）中元節這天，由時任住持戒海立碑，記述那摩國師重修增飾延洪寺一事。那摩還是憲宗蒙哥時期的國師。此人次年便離開燕京，到真定府（今河北正定）的龍興寺開展重修工作〔註27〕。

〔註23〕熊夢祥《析津志輯佚》，北京古籍出版社，1983年，第68頁。

〔註24〕即今克什米爾地區。

〔註25〕于敏中等《欽定日下舊聞考》卷一百五十五《存疑》，北京古籍出版社，1981年，第2500頁。

〔註26〕陳高華《元代大都的「舊剎」》，《隋唐宋遼金元史論叢》第四輯，上海古籍出版社，2014年。

〔註27〕關於那摩國師的研究，參看黃春和：《元初那摩國師生平事蹟考》，《法音》1994年第9期；溫玉成：《中國佛教史上十二問題補正》，此據《中國佛教與考古》，北京：宗教文化出版社，2009年。

（二）元代延洪寺的地位與寺產規模蠡測

2007 年，北京市房山區文管所在房山區新街村發掘出一通石碑，即《大都大延洪寺栗園碑》（以下簡稱「栗園碑」）。該碑為元代白話聖旨碑，按照元代特有的硬譯公文文體撰寫而成。《北京考古史》收錄了《大延洪寺栗園碑》的錄文和注釋。馬順平、孫明鑒對該碑做了初步研究，對部分文字進行了釋證。該碑碑文內容為至元十八年（1281）八月，世祖忽必烈頒布的一道下令保護延洪寺寺產的聖旨。〔註28〕

值得注意的是，該碑側面還有一句小詩：「天開碑記天開寺，延洪誰道不延洪。須□聖朝無屈循，千年常住各歸宗」。這首因果報應詩，反映了由於寺方擁有皇權聖旨對延洪寺寺產的庇護，增強了僧人的自信心，不再擔心「千年常住」為他人所攫取。

碑文提到了延洪寺擁有大量寺產，包括「水土、栗園、果園、水碓、園林」等。僅房山周口店這所栗園的範圍，就「東至海神堂、南至浪疙瘩、瓦井石河、西至蘆子水東坡、北至榆嶺山窩」。根據學者研究，這方栗園碑中內容，還一定程度反映了道教勢力對延洪寺常住的褫奪。

2002 年，韓國發現《至正條格》殘本。「延洪寺的一百五十頃田內，七十五頃還官」。學者指出，元後期朝廷賜田的情況，學界目前還不是很清楚。特別是這種賜田又還田的。〔註29〕《至正條格》殘本所保留的硬譯公文聖旨，發布於元統二年（1334）四月二十八日。而條格中顯示，元代前期較大的一次賜田是在至元三十年（1293），距離順帝元統二年時隔 41 年。也就是說從世祖末年到順帝初年，僅賜田方面，延洪寺始終保持著一百五十頃的規模，直到「還官」七十五頃的聖旨下達。〔註30〕

關於元代延洪寺在大都乃至全國諸多寺廟禪林中的地位，還有兩條資料值得重視。一條是《大元混一方輿勝覽》，將延洪寺置於大護國仁王寺之後，憫忠寺之前，可見，在元代延洪寺的地位至少不低於憫忠寺〔註31〕；另一條是

〔註28〕 馬順平、孫明鑒：《元〈大都大延洪寺栗園碑〉釋證》，《故宮博物院院刊》2011 年第 1 期。

〔註29〕 中央文史研究館編：《崇文集三編——中央文史研究館館員文選》，中華書局，2011 年，第 423 頁。

〔註30〕 韓國學中央研究院：《至正條格》校注本，卷二十六《田令》，「撥賜田土」條，第 61 頁；《至正條格》影印本，第 58 頁。

〔註31〕 劉應李原編，詹有諒改編，郭聲波整理：《大元混一方輿勝覽》，四川大學出版社，2003 年，第 27 頁。

仁宗延祐二年（1315），維吾爾族航海家亦黑迷失《一百大寺看經碑》中，大都路寺廟共著錄 36 座，其中有延洪寺。1935 年，這份重要的石刻資料發現於福建晉江縣學。該碑高 3.5 米，寬 1.15 米。〔註 32〕該碑雖在明嘉靖年間被改為重修晉江縣學的碑，但從寺廟排列順序看，該碑與《大元混一方輿勝覽》不同，似乎並不是按照寺院規模、地位排列〔註 33〕。

四、元代以後的圓洪寺

幾乎很少有文獻提到明代以來，延洪寺變遷的情況。前文指出王彬在《北京微觀地理筆記》中，推測了明清的圓洪寺街的圓洪寺與明以前延洪寺的歷史承繼關係，但這在學術界尚無肯定的意見。

朱彝尊在《日下舊聞》中說：「延洪、開泰二寺，《元混一方輿勝覽》中猶載之，至明修一統志及寰宇通志無有，寺未必盡廢也，大約易其名，故跡遂不可考矣。」朱彝尊是嚴謹的史學家，他關於延洪寺寺名在明代不存的認識，應是合理的。今圓宏胡同尚存在於鬧市口街路東，該胡同 5 號據說就是圓洪寺遺存。只不過到了明代，大概音近而訛改為圓宏（洪）寺。張爵《京師五城坊巷衚衕集》中，已經將圓宏胡同稱圓洪寺街〔註 34〕，就是明季寺名改易的明證。張爵是書成書於嘉靖年間。到了清代光緒年間，朱一新所作《京師坊巷志稿》，根據繆荃孫主持的《順天府志·坊巷門》增補而成。該書「圓洪寺」條下，援引清初趙吉士所作《寄園寄所寄》中語：「王恭廠災，宣府楊總兵行至圓洪寺街，隨從七人連人馬俱陷於地。」〔註 35〕但我們考《寄園寄所寄》一書原文，則有所出入：「……宣府楊總兵行至玄宏寺街，隨從一共七人，連人和馬，俱陷入地，跡影俱無」。〔註 36〕玄宏寺，在史料中僅此一見。《寄園寄所寄》成書於康熙年間，最早有康熙三十五年（1696）刻本，民國排印本「玄」字沒有避諱。但光緒年間，還是沿用明朝的「圓洪寺」，應該有避諱的考慮。

〔註 32〕吳文良：《泉州宗教石刻》，科學出版社，1957 年，第 61～62 頁。
〔註 33〕李玉昆：《亦黑迷失與〈一百大寺看經碑〉》，《少林文化研究論文集》，宗教文化出版社，2001 年；張雪松：《〈一百大寺看經記碑〉的宗教史料價值》，《中國社會科學報》2014 年 8 月 20 日。
〔註 34〕張爵：《京師五城坊巷衚衕集》，北京古籍出版社，1982 年，第 11 頁。
〔註 35〕朱一新：《京師坊巷志稿》，北京古籍出版社，1982 年，第 70 頁。
〔註 36〕趙吉士：《寄園寄所寄》卷上，收入《清人稗錄》，大達圖書社排印，1935 年，第 171 頁。

五、結語

一、延洪寺自唐德宗貞元初年始創,至元代末年遭罹兵燹而一蹶不振,進而改易寺名,中間經歷了幾多興廢。歷代對延洪寺的重修中,以唐代咸通初年禪伯遵公的重修和蒙古國時期憲宗蒙哥來中都的那摩國師重修為顯著。

二、在唐代,延洪寺起初本為延續洪州禪宗馬祖道一系統的廟宇,得到了劉濟、張允伸、李匡威等節度使的重視。筆者通過對隆安選公傳戒碑的分析,認為經過遼、金三百年左右的發展,唐代幽州地區原有的禪宗勢力主要為律宗和淨土宗所取代。

三、從現有資料來看,遼金時的延洪寺參與了包括刻經、支持周邊地區佛教事業發展的活動。

四、元代的延洪寺無論是幽燕地區佛教界的聲譽還是硬件規模上,都延續了唐遼金時代的地位,寺產既包括大都郊區的果園、碾磑等寺院常住,也有皇帝親賜的田畝,但到了順帝時,隨著元朝國力的式微,經濟上受到一定抑制。

總之,延洪寺作為遼、金兩代燕京東北部拱辰門和崇智門方位的一處重要地標,其遺緒得以保留至今,在今天的城市發展進程中是非常不易的。延洪寺(圓洪寺)在唐至元幽燕地區佛教史上發揮了非常矚目的作用。今延洪寺故址已變為民居院落。2012 年,北京市公布了第三批老城歷史文化保護區,圓宏胡同 5 號所在的南鬧市口地區赫然在列。因此,文物部門有必要考慮今圓宏胡同 5 號院的修繕、騰退,有條件的話,還應該開展一些考古試掘工作,恢復唐遼古剎延洪寺的舊觀,為保留古都風貌做出貢獻。

大英圖書館藏乾隆年間北京古地圖中的元洪寺街

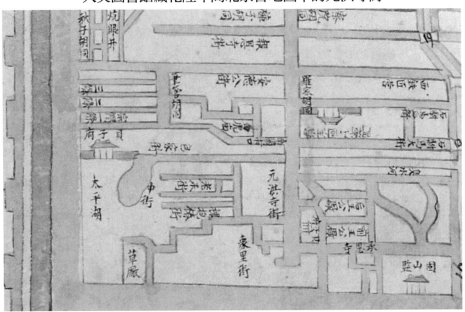

圓宏胡同西口今貌

原圓宏寺山門今貌

原載《北京佛教》，2018 年第 9 期

北京舊城弘法寺新考

　　遼、金、元、明時期，今北京西城區西南部曾存在過一個弘法寺。它的歷史可以分為前後兩段：即遼金元時期和明代中期及以後。在前一階段，弘法寺為官方刻印大藏經的機構，金代還作為政府機構秘書省。到了元代末期，曾經盛極一時的弘法寺驟然變得湮沒無聞。這種情況一直持續到明代天順年間，開啟了弘法寺發展的第二階段。該寺在宦官的努力下重建，後作為宦官的義會之所，集中收葬故去的宦官。

　　對於北京舊城弘法寺的研究，以往研究者多關注弘法寺所印大藏經的問題，對弘法寺寺史的研究還不太多〔註1〕。本文爬梳現有史籍、金石資料中與弘法寺有關的信息，重新依時間順序試對這一始建於遼代的北京舊城古剎歷史沿革做一全新考察，希冀能推進相關問題的研究。

一、遼金元時期的北京弘法寺

（一）遼南京弘法寺的始建年代

　　北京舊城內的弘法寺應始建於遼代。其在金代即作為政府的職能部門而

〔註1〕 就筆者管見，自民國以來對弘法寺與弘法藏的研究成果主要有：蔣唯心：《金藏雕印始末考》，南京支那學院，1935年；宿白：《〈趙城金藏〉與〈弘法藏〉》，載《現代佛學》1964年第2期；鄭恩淮：《遼燕京佛寺考》，載蘇天鈞主編《北京考古集成》（5），北京出版社，2000年；何孝榮：《明代北京佛教寺院修建研究》，南開大學出版社，2007年，第40頁；黃夏年：《遼金元明時代北京的弘法寺》，收入《遼金佛教研究》，金城出版社，2012年，第34～46頁。許惠利：《北京智化寺發現的元代藏經》，《文物》1987年第9期。

設立。關於該寺的最早建造時間，經多位學者研究，至今不能確指。學術界普遍相信，遼代興宗、道宗和天祚帝時是佛教的盛期，而尤以道宗時為最。目前學界相信弘法寺出現於史乘的最早時間為遼道宗咸雍十年（1074）〔註2〕。但通過筆者下文考證，該寺的創建時間至少可以提前至遼興宗重熙二十二年，即1053年。

遼代負責遼南京佛教管理的機關稱「燕京管內左右街僧錄司」，係沿用唐代舊稱。關於遼代弘法寺的管理，北京地方傳世史籍和相關的佛教典籍，都不見系統記載。今天位於憫忠寺憫忠臺內的一尊遼代石函，些微透露了弘法寺在遼代時期對弘法寺管理的情況。

《日下舊聞考》的作者已不詳該寺的歷史淵源，只是說：「宏法寺，莫詳所始，惟法源寺遼時石匣上有提點弘法竹林之名，似於遼時已有之。久廢。」〔註3〕

到了19世紀，學者朱一新在其《京師坊巷志稿》中也照《日下舊聞考》原文錄。20世紀30年代，學者許道齡在編纂《北平廟宇通檢》時，逕直抄錄的為《日下舊聞考》中對弘法寺的記載。我們可知，弘法寺的具體情況在清代中期就已經不詳於史了。這幾種書中所提到的石函，當指現藏於北京法源寺憫忠閣內的《大遼燕京大憫忠寺紫褐師德大眾等（石函題名）》。這尊石函刻於壽昌四年（1098），鐫刻著七名參與重建憫忠寺寺僧的職務和姓名（法號）。其中有一位法號惟道的僧人，職務為「提點弘法竹林」。另有三百七十名僧眾的名諱，在此不論。

案，提點某某部門是宋遼時期僧俗兩界常見的執掌、管理、負責某部門事務的說法。宋遼時期，寺院也紛紛傚仿官府中的機構而設立這一職務。「提點」一職在遼代石刻材料中多有所反映。如1992年，工人在修繕天寧寺塔中發現的刻於遼天祚帝天慶九年（1119）《大遼燕京天王寺建舍利塔記》中，有「提點大昊天寺、檢校司空、前左錄（左街僧錄）、通悟大師、賜紫沙門即圓；提點永泰寺、左街僧錄、通慧圓照大師、賜紫沙門善定」〔註4〕。提點是重要的寺院僧官。日本禪學大師無著道忠指出，寺院中的提點「掌常住金谷者」，又說「本朝廷官職名，而僧寺擬立也。提點者，提振其壅滯也。」

〔註2〕 黃夏年：《遼金元明時代北京的弘法寺》，怡學主編《遼金佛教研究》，金城出版社，2012年，第36頁。

〔註3〕（清）于敏中等：《日下舊聞考》卷五十九，北京古籍出版社，1985年，第950頁。

〔註4〕 呂鐵鋼、黃春和：《法源寺》，華文出版社，2006年，第136頁。

〔註5〕可見，提點並非一寺之主，乃是專管出納等財務方面的職務。提點與都寺、監寺這些總攬一寺庶務的職務並提，也可知提點是寺院高級管理者。

清寧三年（1057），幽州地震，破壞極大，導致憫忠寺受損嚴重。咸雍六年（1070），遼道宗下令復建憫忠寺。周紹良先生指出憫忠寺遼代石函列出了工程人員的總名單〔註6〕。提點弘法竹林的惟道和尚和另外三位僧徒，即覺晟、善制和文傑，均為憫忠寺的執事人員。因此，憫忠寺與弘法寺在當時關係密切，惟道和尚可能是燕京左右街僧錄司臨時就近派往憫忠寺協助重建憫忠寺的人員。周先生認為，憫忠寺全部修復完成至少在壽昌四年（1098）以後，所以舍利石函也應該是 1098 年刻成。憫忠寺復建始於咸雍六年，彼時惟道即參與復建工程，則咸雍六年時弘法寺應已存在。

就在憫忠寺修竣的同時，壽昌五年（1099）僧俗群眾吟詠的組詩《玉石觀音像唱和詩》刊刻於《玉石觀音像唱和詩碑》，該碑已失，賴清人繆荃孫所輯《遼文存》、清人《遼文萃》《全遼詩》及今人編著的《遼代石刻文編》等資料得以保存。該組詩內存張某某的一首詩，碑文題作「提點弘法寺，匠作監」〔註7〕。可見，這位張姓人士，既在政府諸監中擔任世俗官員，同時還兼管弘法寺的日常管理。所以他才吟唱出「禪意」甚濃的唱和之作。考慮到《玉石觀音唱和詩》刊刻於壽昌五年，距離憫忠寺修竣時間較近，但惟道和尚當時的活動於史無稽，所以我們不能斷定當時弘法寺是由張某某與惟道共同提點，還是二人前後相繼提點的。

關於弘法寺設立的最早時間，上文提到有學者定為咸雍十年之前，但據筆者分析，該時間仍非弘法寺存在的最早年份。據房山石經遼代高僧思孝《大藏教諸佛菩薩名號集序》：

> 眷化明敷至教潛合，爰有燕京弘法寺校勘、諫議大夫昌黎志德進《明咒集》都三十卷。括一大藏一切明咒。上京臨潢府僧錄純慧大師沙門非濁進《名號集》二十二卷，撮一大藏一切名號，斯集之為利也，莫可得而言之。〔註8〕

〔註5〕佛光大藏經編纂委員會主編：《佛光大藏經・禪藏・雜集部・禪林象器箋》卷七，臺灣佛光出版社，1994 年，第 489〜491 頁。

〔註6〕周紹良：《遼代大憫忠寺之摧毀與修復》，載《法源寺》，中國佛教圖書文物館編印，1981 年，第 22〜24 頁。

〔註7〕向南：《遼代石刻文編》，河北教育出版社，1995 年，第 505 頁。

〔註8〕中國佛教協會、中國佛教文物圖書館編：《房山石經》（遼金刻經），華夏出版社，2000 年，第 251 頁下欄。

案，《大藏教諸佛菩薩名號集》，又稱《一切佛菩薩名集》，乃是輯錄《大藏經》中佛、菩薩的名號而成。該作最早出於利州（今遼寧省朝陽地區）太子寺沙門德雲之手。序言中提到弘法寺校勘志德所作《明咒集》，已不詳所始，但這並不影響我們對弘法寺存在時間的探討。野上俊靜、尤李等學者多相信《大藏教諸佛菩薩名號集序》乃奉旨完成，時間是重熙二十二年（1053），因為序文落款時間有「皇朝七代歲次癸巳重熙二十有二年律中大呂寘生十葉午時序訖」的字樣〔註9〕。也就是說，燕京弘法寺在 1053 年就已經存在了。這比以往學者對燕京弘法寺存在時間的判定提前了 21 年。

遼代的民間刻經方面，還有咸雍七年（1071）刻印的《釋摩訶衍論通贊疏》。可見，弘法寺與憫忠寺、昊天寺等構成了遼南京刻印佛經的網絡。

（二）金代弘法寺的職能

到了金代，弘法寺已經由單純的佛寺上升為政府機構。于傑、于光度《金中都》一書，列表將金代弘法寺列入僅有文字記載，尚不知具體所在地的地名〔註10〕。但明代的出土材料可解決之。

關於當時弘法寺的職能作用，據《日下舊聞考》：「原秘書省。今在燕弘法寺。（《金國文俱錄》）」〔註11〕查散佚不全的《金國文具錄》載：「（弘法寺）舊在燕京，亦不設秘書省，令在燕弘法寺監少丞郎皆備。中丞唯掌誦（訟）牒，若斷獄訟法，或春水秋山（謂去國數百里，逐水草而居處）從駕在外，衛兵物故，則掌其骸骼，至國則歸其家。」〔註12〕這條史料本來出自南宋官員洪皓之手。洪皓於建炎三年（1129）使金，後被扣留北方長達 15 年，直到紹興十三年（1143）才獲准歸臨安。歸國後，他立即撰寫了《金國文具錄》進呈高宗趙構。全書一卷，略記其在「虜庭」所見所聞，蓋無虛言。可見，弘法寺設立中丞和郎官負責司法訴訟事務，且兼掌邊地將士骸骨的收葬撫恤工作。這些職能的具體運作，我們已不能詳知。但可以肯定的是，金代弘法寺承襲了遼代的宗教職能並且具有一些世俗職能。

〔註9〕　（日）野上俊靜著，金申譯：《遼代高僧思孝——房山石經介紹之一》，此據金申《佛教美術叢考續編》，華齡出版社，2010 年，第 278～282 頁；尤李《遼代高僧思孝與覺華島》，《中央民族大學學報》（哲學社會科學版）2012 年第 1 期。

〔註10〕　于傑、于光度：《金中都》，北京出版社，1989 年，第 60 頁。

〔註11〕　（清）于敏中等《欽定日下舊聞考》卷一百五十五，北京古籍出版社，1985 年，第 2502 頁。

〔註12〕　傅朗雲編注《金史輯佚》，吉林文史出版社，1990 年，第 219 頁。

對於當時弘法寺最核心的職能，前輩學者已多有指出，位於舊城的弘法寺在遼金時期乃是佛經整理與雕印的中心。金代大定年間，潞州長子縣崔進之女崔法珍在弘法寺歷時 30 年雕造了一部大型大藏經，後世稱為《金藏》。後來弘法寺中的刻板，也是由崔法珍從解州帶來，並常貯寺中。鑒於《金藏》牽涉問題多而複雜，且前輩學者多有高論，故本文在此不做深究。

除了《金藏》之外，弘法寺對金代民間私刻佛經提供了重要支持。黨寶海曾對一組吐魯番出土的佛經殘片進行了釋義和研究。根據黨先生轉譯自德國茨默教授的研究可知，當時一位名叫不顏綽黑·巴黑失（Buyancoy Baxsi）的回鶻供養人，在該佛經尾題中說他發願印造《大般若經》《法華經》《華嚴經》等，並指出印製所需印版乃據中都弘法寺的印版印製完成，有扉畫存世〔註13〕。可見，當時弘法寺不僅為官方雕印大藏經，而且為像不顏綽黑這樣流寓中都城的回鶻商旅提供印經服務。雖然，我們通過吐魯番出土佛經殘片得知了弘法寺具有刊印回鶻文佛經的職能，但弘法寺對《趙城金藏》的刊刻有力地證明某些學者認為弘法寺是專門刊印回鶻文佛經的寺院的認識是不妥的〔註14〕。值得一提的是，弘法寺不僅服務於燕京的刻經任務，而且對周邊寺院的刻經也給予支持。譬如，河北曲陽的元太祖二十二年（1227）《覺辨大師源公塔銘》載：「都城弘法寺補修藏經版以師為提領，三年雕全，師之力焉。」再如，清人張金吾所編《金文最》卷一一一《濟州普照寺照公禪師塔銘》：

> 聞京師弘法寺有藏經版，當往彼印之，即日啟行，遂至其寺，
>
> 凡用錢二百萬有畸。得金文二全藏以歸。〔註15〕

照公印經在大定二十九年（1189）。除了刻印金藏，對於當年作為秘書省的遼金弘法寺內有何建築遺跡，我們已很難確知。但通過某些遺留至今的金石文獻，仍可窺見當年弘法寺內的風物。如清人繆荃孫所輯《畿輔金石志》中，載有金章宗明昌四年（1193）的「秘書省碑」，由趙渢、黨懷英撰寫〔註16〕。

〔註13〕黨寶海《論一組吐魯番出土佛經殘片的年代》，《北大禪學》創刊號，1997年；《吐魯番出土金藏考》，《敦煌吐魯番研究》第四卷，北京大學出版社，1999年，第103～109頁。

〔註14〕周泓《魏公村研究》，中國社會出版社，2009年，第32頁。

〔註15〕（清）張金吾《金文最》卷一百十一，中華書局排印本，1990年，第1582～1583頁。

〔註16〕《石刻史料新編》第二輯，新文豐出版公司影印本，第11冊；（清）周家楣、繆荃孫等編纂：《光緒順天府志·金石三》，北京古籍出版社，1987年，第6812頁。

但繆氏僅著錄碑名和作者，可見在清末，「秘書省碑」內容已不詳。《金史紀事本末》卷三十也記述燕京弘法寺有此碑，立於明昌四年（1193），由當時秘書丞兼翰林修撰趙渢記，翰林侍講學士黨懷英篆額〔註17〕。二人均為學林翹楚，精於書法，時稱「黨、趙」。關於「趙渢碑」遺失的時間，李際寧在《〈金藏〉新資料考》一文中根據新發現的明永樂年間補刊《大寶積經》的兩通題記，考證此碑在明永樂年間還在，但明中期已不存於世〔註18〕。

（三）元大都時期的弘法寺

元代京師佛寺號稱「甲天下」，但目前能掌握到的弘法寺資料卻不及遼金時期多。在時人修纂的《大元混一方輿勝覽》中，關於大都的佛教寺院有一個詳細的列舉。其中有「洪法寺」〔註19〕。在古代，「洪」與「弘」經常相互通用，毋庸多言。所以，我們有理由相信，這裡的洪法寺就是本文所要研究的對象。大概到了元代，藏傳佛教的興盛，使傳統以印製大藏經為主的機構日漸式微。《元史》引《析津志》指出弘法寺在當時大都的舊城地區，屬於當時的「舊剎」。陳高華先生專門撰文研究了大都城內十餘座大型舊剎，惜未論及弘法寺〔註20〕。元代統治者重視弘法藏的刻印與傳播，在前代基礎上進行完善。

元代盛行喇嘛教，但帝王依然保持了對雕造漢文大藏經的興趣。1979 年在雲南圖書館發現了出自大都弘法寺的元代刻經，由僧人惠濬等編，有圖，現存十三卷。翻刻本序後有銓經講主雲澤、明辨、淨諭、德彥等四僧的署名，他們均來自弘法寺〔註21〕。

關於元大都舊城的弘法寺，還有一條史料值得注意。那就是《析津志輯佚》中對弘法寺的藏經規模有一個粗略的記載。該史料輯佚自《光緒順天府志》：

> 大德寺　法寶石經幢，法華經幢。崇仁藏經幢，弘法寺八廠，

〔註17〕關於《金史紀事本末》這條記載的史源問題，民國以來，多有學者措意，蔣唯心在 20 世紀 30 年代即撰文《金藏雕印始末考》，只謂李有棠之說源於「舊記」，宿白先生考證李有棠所據就是保存在今《順天府志》中的《析津志》佚文。見前揭宿白：《〈趙城金藏〉與〈弘法藏〉》。

〔註18〕李際寧《佛教大藏經研究論稿》，宗教文化出版社，2007 年，第 7～33 頁。

〔註19〕（元）劉應李原編，詹有諒改編，郭聲波整理《大元混一方輿勝覽》，四川大學出版社，2003 年。

〔註20〕陳高華《元代大都的「舊剎」》，收入黃正建主編：《隋唐遼宋金元史論叢》第四輯，上海古籍出版社，2014 年，第 315～328 頁。

〔註21〕童瑋、方廣錩、金志良《元代官刻大藏經的發現》，《文物》1984 年第 12 期。

法藏寺八廠。〔註22〕

廠，一般是古代存放糧食的房屋。但是這裡提到的弘法寺、法藏寺的「八廠」顯然指的是藏經之所，與糧倉無關。法藏寺在「石佛寺西北金城坊內，有藏經庫八座」〔註23〕。金城坊，在元大都的平則門一帶，即今阜成門內大街以南、復興門內大街以北地區。據學者何梅研究，弘法寺為私版經藏，法藏寺則為官版。〔註24〕對此，許惠利也持同樣的觀點〔註25〕。《析津志》中將弘法寺與法藏寺並舉，可見二寺規模相當，不分軒輊。這也不難解釋，前文所述京師周邊寺院，包括回鶻商人都可以通過弘法寺發願印造佛經，反映該寺在金元時期兼有私刻性質〔註26〕。《日下舊聞考》的作者指出弘法寺「元時尚存，至明始廢」。但是該寺由興到廢究竟經歷了怎樣的過程，我們已難詳知。

元代官方沒有大規模刊刻佛經的情況，所以，林子青先生認為，金代的弘法寺藏經，在元世祖至元年間重加校訂，形成元代的《弘法藏》，收入《弘法入藏錄》中〔註27〕。此外，前輩蔣唯心、宿白、黃夏年等學者已有深論，因本文討論範圍所限，恕不再做展開。

上文提到的發現於 1979 年、現藏雲南省圖書館的元代藏經，參與校刊的僧人一共十五人。這些僧侶來自大都及今山西、河北、寧夏等八個地區的寺院，其中弘法寺參與人數最多，達四人。這一點也體現了元大都弘法寺在當時雕造、刊印藏經的重要地位。

二、明代弘法寺的重建與新寺寺址推測

（一）舊寺新建與功能轉變

黃夏年先生指出，弘法寺到了明代已「全然不見，殊為可惜」。事實上，此話只說對了一半。最後記敘弘法寺的傳世材料應該為元代的《析津志》。筆

〔註22〕（元）熊夢祥《析津志輯佚》，北京古籍出版社，1989 年，第 84 頁。

〔註23〕（清）繆荃孫《光緒順天府志》引《永樂大典》。

〔註24〕何梅《北京智化寺元〈延祐藏〉本考》，《世界宗教研究》2005 年第 4 期。

〔註25〕許惠利《北京智化寺發現元代藏經》，《文物》1987 年第 8 期。

〔註26〕也有學者表示吐魯番出土金藏殘片中不顏綽黑刻經時間的關鍵點戊申年，當為蒙古攻佔中都之後的 1248 年。參見何啟龍《佛經回鶻文跋文的 cungdu「中都」所指的時間與地點——探討 TM36（U4791）的年代及 TIIT623（U4217）的緣起》，《元史及民族與邊疆研究集刊》第二十一輯，上海古籍出版社，2009 年，第 166～172 頁。

〔註27〕中國佛教協會編：《中國佛教》第一輯，第 104 頁。

者猜想，元明易代之際，城南弘法寺可能毀於兵燹，至少是衰敗不能進行正常的宗教事務。但是，寺院到了明英宗後期，借助宦官為自己營建「壽藏地」的因緣，弘法寺得以重建。根據明代《宛署雜記》：

> 弘法寺，在白紙坊。天順二年，太監魏俊建，請於朝，有敕賜碑。〔註28〕

白紙坊，形成於元代，在南城諸坊中最大。該坊北至善果寺（今善果胡同），西極天寧寺，南至萬壽宮（今萬壽公園一帶）。明代白紙坊面積略有縮小。《宛署雜記》雖然交代了弘法寺的重建和英宗敕賜的情況，但是其他傳世文獻資料給我們的信息還不足以認識明代北京弘法寺的功能。

如所周知，明代宦官與佛教有著不可分割的密切聯繫。但與唐、宋、元等時代不同，明代宦官對佛教的依賴更帶有功利性。出土墓誌反映弘法寺義園中最早葬入的宦官是姜林。姜林卒於成化五年（1469）十一月十六日，距弘法寺復建的1458年僅有11年。他生前曾掌管南京甲字庫。此外，埋葬在弘法寺義會的宦官還有孫洪、孫彬、蕭平、宋興等。我們可以斷定成化初年，今北京西便門內大街一帶就已經形成了集中埋葬宦官的墳場。

近年，香港學者梁紹傑輯錄了自永樂以來幾百名宦官的墓誌、神道碑等石刻文獻，匯成《明代宦官碑傳錄》一書，極大地豐富了明代宦官人物的史料庫。該書由香港大學中文系1997年出版。其中收錄的葬於弘法寺一帶的宦官，據筆者統計，至少有七位。其中還包括一名朝鮮籍人士：嘉靖二十一年（1542）七月去世的內官監太監韓錫，「墓在（京師）南城弘法禪林，乃公之義會地也」。

這條碑文明確了嘉靖年間北京南城弘法寺已發展為「義會」。上文提到的七位葬於弘法寺義地的宦官信息，現按時間順序將這些宦官的信息整理如下表所示（《北京圖書館藏歷代石刻拓本彙編》以下簡稱《彙編》）：

附表：葬於弘法寺義會的明代宦官信息

資料類別	姓名	籍貫	職務	去世年齡	去世時間	出處
墓誌	姜林	河間景州	御馬監太監	53	成化五年	《彙編》第54冊，77頁

〔註28〕（明）沈榜：《宛署雜記》卷十九「言字」，北京古籍出版社，1982年，第225頁。

墓誌	孫洪	直隸涿州	御馬監太監	65	嘉靖二年（1523）	《彙編》第 54 冊，103 頁
買地券	蕭某〔註29〕	不詳	司禮監太監	91	嘉靖七年（1528）	北京石刻藝術博物館編《館藏石刻目》，155～156 頁，館藏墓誌 6388 號
墓誌	孫彬	直隸保定府蠡縣	內官監太監	51	嘉靖十七年（1538）	《彙編》第 55 冊，39 頁
墓誌	韓錫	其先本朝鮮人	內官監太監	67	嘉靖二十一年	《彙編》第 55 冊，79 頁
墓誌	蕭平	河南開封府陳州沈丘縣	尚膳監太監	59	嘉靖二十三年（1544）	《彙編》第 55 冊，96 頁
墓誌	宋興	直隸河間府蕭寧縣	東廠總督司禮內官監太監	57	嘉靖二十五年（1546）	《彙編》第 55 冊，111 頁

儘管我們目前所掌握的葬於弘法寺義園的宦官人數還很有限，但上表基本反映出成化至嘉靖年間，弘法寺附近幾乎已經成為宦官的義冢。因為明代宦官大多為北直隸地區人士，所以籍貫也比較集中，符合同鄉宦官死後集中歸葬的特點。從宦官所在部門來講，涉及司禮監、內官監、尚膳監、御馬監等多個衙門。

為什麼明代弘法寺雖然重建，卻喪失了遼、金、元以來一貫的雕造大藏經的傳統？這與明代大藏經刊刻的特點、重建者身份及其信仰有關。首先，明代前期大藏經只刊刻過《洪武南藏》《永樂北藏》和《永樂南藏》三種，後期主要是《萬曆藏》。明中期基本沒有官方的刻經活動；其次，前文已述，弘法寺賴明代宦官得以重建，明代宦官死後鮮有歸葬故鄉的情況，而明代宣武門外地區，則成為他們長眠的集中葬地。正如明末宦官劉若愚所言：「中官最信因果，好佛者眾，其墳必僧寺也」〔註30〕。

（二）明代弘法寺寺址蠡測

關於明代弘法寺的寺址，有記載的距離弘法寺重建時間最近的文獻就是張爵的《京師五城坊巷胡同集》。但此書對宣南弘法寺的位置也語焉不詳，只說在宣北坊內。該書對弘法寺之前記載的是「歸義寺」，歸義寺為唐、遼舊剎，

〔註29〕 表中兩位蕭姓太監似並非一人，因蕭公買地券記載其去世時間為嘉靖七年，而蕭平去世時間則為嘉靖二十三年。
〔註30〕 （明）劉若愚《酌中志》卷二十二，北京古籍出版社，1994 年，第 200 頁。

歸義寺今雖難覓遺跡，但應在今西城區南部的廣義街一帶，因「廣義」為「歸義」之音轉。後面記載的是天寧寺。明代宣北坊範圍，張爵記錄為「七牌十五鋪，在新城廣寧門裏面西北角」〔註31〕。新城，即嘉靖年間增築的外城，弘法寺自應在新城之內。根據《京師五城坊巷胡同集》的體例，對街道、衙署等記載會由南往北或由西往東次第記錄，基本不會跳躍記錄。若推斷該寺大概就在今天寧寺和廣義街之間，即今天核桃園西街一帶，似應大致不誤。宣北坊是與白紙坊相鄰的城坊。今天的白紙坊街道隸屬於北京市西城區，北起棗林前街，南至南菜園，東臨牛街，西與廣安門地區毗鄰。嘉靖三十二年（1553），明廷決定加築北京外城，隨即產生了外城七坊，宣北坊即其一。儘管《宛署雜記》等文獻將弘法寺置於白紙坊內，但《京師五城坊巷胡同集》滲透到嘉靖年間京師的微觀視閾。白紙坊邊界在明人意識中似乎是個模糊概念，其範圍只是一個泛指。

王玲、齊心認為，1953年廣安門內郝井臺出土的《故司禮監太監宋公澤興螢（塋）券》，記載宋興墳冢位於「宣武門外西南之郊弘法寺之東」，遂認定弘法寺應在今郝井臺之西〔註32〕。筆者同意齊、王二先生觀點。宋興的墓誌也已出土，出土時間不詳，但在為其同年篆刻的《大明故東廠總督前司禮內官監太監宋公墓誌銘》（見附表）中則記「葬宣武關西弘法寺之左」。這說明弘法寺的確有可能位於郝井臺之西。郝井臺，有的地圖又稱郝家井，是北京外城西城牆內的一處大井臺，出現時間不詳。如今，郝井臺地名已併入西便門內大街〔註33〕，它大概位於今天的廣安門醫院以北的北方長城光電儀器有限公司一帶。筆者推測，魏俊所重建的弘法寺應該和遼金元舊剎的寺址不太遠，只是不可能再恢復遼金元時期的規模和職能。郝井臺還是遼代大昊天寺所在地，但明代時該寺早已不存。

早年，白紙坊地區出土了一方買地券，暫定名為《蕭公買地券》〔註34〕，有利於我們瞭解明代中期弘法寺的位置及周邊的自然環境：

> 宣武關外弘法寺，梵剎之原邊坐，子午二八分金，坐向安塋，

〔註31〕張爵《京師五城坊巷胡同集》，北京古籍出版社，1982年，第16～17頁。

〔註32〕齊心、王玲《遼燕京佛教及其相關文化考論》，《北京文物與考古》（第二輯），第52頁。

〔註33〕《北京市宣武區地名志》，宣武區地名志編纂委員會，1993年，第41頁。

〔註34〕北京石刻藝術博物館編《館藏石刻目》稱該地契為「一式兩份，此僅一份」。今日中國出版社，1996年，第155頁。

　　東至巽水東洋，松楸掩映，金玉輝煌，朝暮優游，億萬年長，地屬
　　順天府宛平縣。

　　墓主蕭公為司禮監太監。歷代買地券，是家屬代逝者向「陰間」購買土地的憑證。所以，其中內容多涉風水堪輿之學。我們要想通過該地券記載內容鎖定弘法寺的準確位置不易。上引券文中「子午二八分金」是古代堪輿學常見的數理表述。分金，表示古代風水學對坐山在二百四十度中的線位，以此來確定堪輿中的坐山坐度。這則買地券中提到的所謂分金，並非有效信息，對確定墳塋的實際座標位置幾無幫助。而下文中的「東至巽水東洋」六字則不同。巽位，在古代易學八卦思想中屬東南方位，「巽水東洋」即說明在弘法寺周圍有河流向東方流去。我們知道，永定河引水渠從玉淵潭流出之後，沿天寧寺、廣安門一帶形成南護城河向南流去，最終於菜戶營地區向東流去。這種河流走向，正好印證了墓券中「巽水東洋」的說法。另外，通過券文，我們還知道明代嘉靖年間的弘法寺之原，松樹、楸樹繁多，且殿宇非常壯觀、輝煌，是當時都人聚眾優游的上好之地。

　　學者已注意到明中期以降，白紙坊地區的弘法寺周圍漸次成為宦官的養老義會和墳塋葬地。宦官對寺廟情有獨鍾，並借助寺廟與民間社會發生聯繫〔註35〕。這也正是宦官魏俊在天順年間重建弘法寺的目的所在。

　　總之，將《京師五城坊巷胡同集》結合出土墓誌、墓券，我們大概能推斷出明代中期重建的弘法寺就在原郝井臺一帶，即今天的西城區核桃園西附近。

三、小結

　　經過對傳世史料和金石文獻的爬梳、分析，弘法寺的沿革情況可以歸納如下：

　　首先，弘法寺大約建於遼代佛教走向鼎盛的道宗時期，歸屬於燕京管內左右街僧錄司管轄，現知遼代弘法寺設立提點，掌管寺院中日常錢穀出納。此外，憫忠寺與弘法寺關係密切；

　　其次，通過對房山雲居寺石經中石刻史料的分析，我們將弘法寺在遼代的創立年代提前至重熙二十二年，即 1053 年之前；

　　再次，金代弘法寺除了作為朝廷秘書省，主要掌管訟獄和士兵歸葬事務，

〔註35〕趙世瑜、張宏燕《黑山會的故事——明清宦官政治與民間社會》，《歷史研究》2000 年第 4 期。

也仍具備刻印大藏經的職能，且雕印了著名的「金藏」。這已得到佛教文獻和出土文獻的雙重印證。到了元代，該寺主要是作為私刻大藏經的機構；

第四，元明之際可能由於改朝易代，經歷了遼金元三代發展的弘法寺風光不再，很可能連基本的寺院建築都不存在了。所以，到了明代天順年間，太監魏俊在原址重修該寺，還得到了皇帝敕賜的匾額。明代的弘法寺應該已無刻經職能，而主要轉為宦官死後的葬地；

最後，根據出土墓券、明代地志文獻，筆者推測弘法寺大致位於今天的西城區的核桃園西街一帶。

張爵所著《京師五城坊巷胡同集》的時間為嘉靖三十九年（1560）。這個時間點大概可以視為目前所知弘法寺存在的下限。此後，北京舊城內的弘法寺便淡出北京城的歷史舞臺，湮滅在歷史深層的記憶中。筆者通過傳世文獻和些許石刻資料將弘法寺的歷史盡可能地加以還原，但中間的缺環仍有不少，譬如元末至天順年間弘法寺復建前的情況，就難以探尋。關於未來的研究，我們只能乞靈於地下。希望本文對日後相關課題的認識有新的推進。

原載《北京文博文叢》，2016 年第 2 輯

金中都二題

一、蘭若相望——金中都的寺觀鳥瞰

2018 年是金中都營建 865 週年。北京市領導調研了金中都水關遺址，指出要把金中都遺址保護好、展示好。2019 年之後的幾年中，北京市文物研究所（後改稱北京市考古研究院）對高樓村、萬泉寺一帶的金中都城垣進行了發掘，發現了密集的夯窩、城壕、馬面以及城內道路遺址遺跡。金中都還有許多尚不為廣大公眾所知的奧秘等待我們去探索，其中金中都佛寺與道觀的分布，是金中都重要的文化景觀之一，有些寺觀至今還保留遺址，是今天我們展現北京古都風貌所需要依憑的文化資源。

首先，我們要知道，金中都的寺觀總體能達到什麼規模呢？曾出使金朝並留居十五年之久的宋臣洪皓，在其《松漠紀聞》中指出「燕京蘭若相望，大者三十有六」。金代史料中對金中都寺觀記述有限且零散。除《金史》以及元代修撰的《元一統志》與《析津志》、清人所編《日下舊聞考》等典籍中所徵引的文獻外，宋代出使金朝的使臣在他們的使金日記中也披露出一些珍貴史影。

（一）大型寺觀

我們知道，金中都是在前朝遼代南京城的規模上興修、發展起來的都城。它繼承前朝而繼續發揚光大的寺廟有很多，如昊天寺、憫忠寺、晉陽庵、大悲閣、天王寺（今天寧寺）等等。但最具代表性的要數昊天寺和憫忠寺。宋之才於紹興十四年（1144，金皇統四年）九月啟程赴金，次年回朝復命。他在《使金賀生辰覆命表》中，提到，經過今河北徐水時，詢問接待金朝大臣

阿烈,「聽說燕京的寺廟非常好,是嗎?」對方回答:「昊天寺、憫忠寺都是好寺」。昊天寺是遼清寧年間秦越大長公主所建,有寶嚴高塔,號稱「平步登青天」。該寺還是金人囚禁北宋皇親宗室的地點之一。金代昊天寺的重要文物遺存有位於今遼寧撫順元帥林的《中都大昊天寺妙行大師碑》,記錄了妙行大師的生平行實。但此寺很早已不存了,清代即已廢為農田,無跡可尋了。

憫忠寺,即今西城區東南的法源寺,長期生活在北京的朋友一般比較熟悉。靖康之變後,宋欽宗被俘,他隨同宋朝宗室押至燕京。宋欽宗在金中都憫忠寺囚居三個月,期間,他還到憫忠寺東邊不遠的延壽寺去,與囚禁在那裏的父親宋徽宗相見。憫忠寺在金代主要功能是科舉考試的場所。金世宗大定年間,憫忠寺舉行過女真進士考試,《金禮部令史題名碑》還存於寺內憫忠閣中。所以,金代的憫忠寺與唐、遼、元、明、清等時期純粹的宗教場所不同,似乎更具有政府機關的性質。今天的法源寺為中國佛教圖書館所在地。

此外,在憫忠寺東側,還有一座據稱始建於東魏的大延壽寺。遼代時,該寺「窮極大偉麗」,雖然重熙年間遇災隳壞嚴重,但皇統二年(1142),當時的中都留守鄧王對該寺修葺增建,恢復以往的規制與氣勢。但不久又罹災禍,大定二十一年(1181),金世宗親自下令另外賜地重建。與大延壽寺同樣悠久的奉福寺位於今廣外甘石橋西南。泰和四年(1204)五月,金章宗御賜「奉福寺」匾額,同年十二月,建《聖像功德碑記》與舍利千佛碑。

以上所舉都是建自前朝的舊寺。金中都新創立的大型寺院,有聖安寺、彌陀寺、資福寺、壽聖寺、廣福院等。其中最著名的要數今南橫街上的聖安寺了。它是天會年間金太宗完顏晟為佛覺大師、晦堂大師敕建的寺院。皇統初年稱大延聖寺,到了大定七年(1167),改今名。因該寺位於柳湖村旁,寺外有湖,岸邊垂柳,風景宜人,故而民間稱為柳湖寺。晦堂大師,是佛覺大師之後北京地區雲門宗的掌門人,賜號「祐國佛覺」。目前他在北京還有遺跡,如昌平區興壽村的銀山塔林中就有晦堂塔。聖安寺還供奉了金世宗、金章宗和金章宗妃嬪李宸妃的塑像。據說,民國時期,金世宗與金章宗的塑像仍存於聖安寺內。聖安寺存有明代壁畫,後不幸被毀。寺中還有瑞像亭,中華人民共和國成立後移至陶然亭公園。

稍諳歷史的人都知道,唐宋以後城隍信仰普遍發展起來。元代在今西城區金融街一帶建都城隍廟廣為人知,至今仍保留遺址。但您知道金中都的城隍廟

在哪裏嗎？據《元一統志》記載，「舊京城通玄門西有坊曰奉先，城隍大神廟據其中」，金城隍大神廟，即金代的玄真觀。

金中都不僅寺廟繁盛，道教宮觀也十分興旺。我們知道今天白雲觀的前身，可追溯至建於唐開元年間的天長觀。但此觀後來被毀。金代在其西側建立一所天長觀，又名太極宮，即後來長春真人所居長春宮。1974 年，今白雲觀西側曾出土一方殘石匾，上有一「齋」字。殘長 92 釐米，寬 40 釐米。右側草書題款「月四日遼陽瑞綸老人書徐悟真立石」。有書法界學者認為，該題款與懷素風格相近。徐悟真乃何許人也？據《十方大天長觀普天大醮瑞應記》記載，明昌元年（1190），皇太后徒單氏（孝懿皇后）身體偶感微恙，在大天長觀齋醮七晝夜，祝太后聖壽無疆。說來神奇，不到十天，「皇太后康寧如初」。徐悟真作為玉虛殿侍香道人，將齋醮始末記錄於《大天長觀普天大醮感應圖》中。可知，這塊殘匾可能與天長觀玉虛殿有關。

北京東南，今東城區南部（原崇文區內）曾有法藏寺（彌陀寺），建於金世宗大定年間；寺內有塔七級，高十幾丈，還可攀登。該塔總高約 30 多米，平面呈八角形，各層每面設明窗，每窗上置一佛像，共 58 尊。

1949 年以前出生的老北京人可能聽說過，西長安街曾經聳立過的海雲、可庵二塔，本為金元時期大慶壽寺遺存，曾是北京內城重要地標。大慶壽寺始建時間，據《金史·章宗紀》中「明昌元年六月，奉皇太后幸大慶壽寺」一句記載來看，1190 年以前，這座寺廟即建成了。二十世紀五十年代，在塔下出土了一批珍貴文物，如海雲和尚的僧帽，現藏首都博物館。

（二）中小型寺觀

此外，在西開陽坊內還有一處頭陀教的寺院——修真院。頭陀教是金元之際佛教的一個苦行派別。前文提到金中都內宮觀比較集中的地方——奉先坊。之所以稱之為「奉先」，乃是金代統治者為祭祀前朝皇室而建。皇統三年（1143），金朝皇帝曾派人祭奠。該坊內建有玄真、洞真、清真三觀，此三觀之間似乎距離不遠，互有聯繫。上文提到今法源寺及其附近存在過歷史悠久的大延壽寺附近，也形成了獨特的寺觀群。如寺後的紫峰觀、法源寺西側的綿山寺、延壽寺南側的法寶寺。另外，法源寺南側，曾經是金中都的東南隅所在，故有護城河流過。在城壕北岸，曾有靈虛觀一座。值得一提的是，金中都始創之時，還有一些僧侶離開金上京與女真皇室同來燕京。他們來到中都後，也建立了一些寺院，比如蕭花嚴就是其中的代表人物。據《中都顯慶院蕭花嚴靈塔

記》，這位蕭和尚在長（常）清坊（今麗澤橋以東地區）建有顯慶院一座，得到金皇室的重視。

二、民間信仰廟宇

　　除了佛道二教的寺觀外，金中都還建立了一些廟宇，用來祭祀一些先賢、名人或民間神祇。這些廟宇有鐵牛大力神廟、舜帝廟、武安王廟（關帝廟）、崔府君廟、白馬神君廟、樓桑大王廟、三靈侯廟等等。史籍中關於這些古廟的信息更是十分稀少，我們期待今後能有新的資料面世，進一步豐富金中都寺觀景觀的內涵。

白雲觀西側出土金代太極宮
「齋」字石刻拓片

牛街路口東的聖安寺山門

曾經矗立於北京崇文門外的金代法藏寺塔，亦稱法塔寺塔

民國時期的慶壽寺雙塔

選自《北平研究院北平廟宇調查資料彙編‧內二區》

三、金中都的街巷與城垣

以往人們對金中都的瞭解，主要停留在金代皇宮的氣勢、中都太液池、瓊華島、魚藻池、同樂園景致的認識上。由於近幾十年來，北京市文物部門對金中都宮殿基址以及大房山金代皇陵進行了考古發掘工作，所以社會上對金中都的認識主要以宮殿與陵寢的信息為主。但是這兩方面的遺存主要還是與少數女真族皇親貴冑有關。那麼現在，我們不妨眼光放寬一些，看看金中都城內與百姓生活相關的一般街道以及城垣。

（一）街巷

金中都的布局深受北宋東京城的影響，即《大金國志》所謂「制度如汴」。金中都城內的許多主幹街道連通兩座城門。這是繼承了唐宋以來的街道布局。中都城內，除了光泰門外，每邊三門相對，所以共有六條主幹街道。目前所知金中都的街衢，多連接兩座城門。如豐宜門北街、光泰門街、清夷門街（又稱通玄門）。街巷的命名也很有意思，有的依照其附近的城門定名，如上述三條街。還有的與府州行政區劃有關：如檀州街，是因為自唐代以來，稱今密雲區為檀州；化度寺街、白馬神堂街可能附近有相關寺廟等等。說起白馬神堂街，大概和白馬神君有關。該廟又稱白馬神君廟，傳說十六國時期前燕的慕容儁建立都城時，發動民夫築造羅城，有一匹白馬為前導，後來這匹白馬被封為白馬神君，為其建立祠廟，稱「白馬神堂」或「白馬神廟」。

　　金中都內以往最受重視的街道是檀州街，位於顯忠坊。該街道可能在唐代和遼代就已形成了，這在《房山石經題記》中有一些記錄。儘管目前學界對這條大道是南北還是東西走向還有一些分歧，但其位於金中都北部偏東的位置應大致不誤，相當於今天西城區南部的下斜街一帶。沿這條街道，有一些店鋪。最著名的集市位於城北，宋朝使臣許亢宗曾說：「陸海百貨萃於其中」。南城還有蒸餅市、馬市等，反映了北方城市居民的消費需求。中都市場還設有酒樓，供交易過程中洽談、簽訂契約之用。

　　正如唐長安城和北宋東京城一樣，金中都存在橫貫東西的街道，稱為「橫街」。已故著名考古學家閻文儒先生認為，從彰儀門到施仁門之間的街道即是橫街。這條街道應是金中都城內較寬的街道之一，將城市分為南北二部分。但位於城中心的皇城和宮城將橫街切斷，這與北宋東京汴梁城的布局類似。從今廣安門外大街，向東延至驛馬市大街，則大約是當年金中都灝華門到宣曜門之間的街道。

　　除了「街」外，金中都還有眾多的「巷子」。如齊相公巷、大花巷、山居北巷等等。這些巷子的得名，現在已經很難查考。有的或許與某位人物有關，有的則是和地理環境有關。樓鑰《北行日錄》中記載了南宋使者甫一入城的街巷與城壕場景：「道旁無居民，城壕外土岸高厚，夾道植柳甚整……」柳樹是中都街道廣泛種植的樹種之一。

　　街巷的日常管理離不開政府的治安與防務。首先，軍隊方面設立了「京師防城軍」，金世宗大定十七年，改為武衛軍，負責京師巡捕。除此之外，還要有里坊治安機構——警巡院，警巡院這一機構在金代五京都有設立，惟中都級別、地位最高。《金史》對警巡院長官警巡使職責概括為「平理訟獄、警察別部」。負責司法審判和治安以及戶口檢括等事務。史籍中記載了梁肅、閻公貞等在大定年間，被金世宗選拔為得力的警巡院官員，保中都一方平安。金遷都中都前，燕京的警巡使的宅邸有的並不在燕京城內。如《房山石經題記彙編》中收錄了皇統七年（1147）時，宛平縣魯郭村（今石景山區魯谷）朝散大夫，知燕京警巡使竇嗣弼的妻子楊氏鐫造《一切佛菩薩名集》的題記。我們知道，世宗大定年間，中都警巡院才分為左、右兩個機構。皇統七年距離中都興建僅4年時間，但當時應該保留的是遼南京警巡院的設置，所以，倘若這位竇長官住在魯谷的話，以當時的交通條件，他每日去燕京城內上班也是蠻辛苦的。

（二）城垣

下面我們簡單談一下金中都的城門與城垣。《大金國志》中的《燕京制度》說都城四圍凡七十五里，其實應該是三十五里。金中都近似正方形，只不過東西較南北稍長。閻文儒先生曾深入研究過金中都城郭的長度。北牆約長 4900 米，西牆約 4530 米，東牆約 4500 米，西牆約 4700 米。熊夢祥《析津志》載：「金朝築燕城，用涿州土，人置一筐，左右手排立定，自涿至燕傳遞，空筐出，實筐入。人止土一畚，不日成之。」熊夢祥是元末人，涿州取土對他來說已是難以證實的傳說，十分誇張，但短時期驟然投入大量的人力物力則是可能的。

金中都到底有多少座城門？歷代文獻記載不一。《析津志》與《大金國志》等私撰史籍中記為十二門，但元代官修《金史》中記作十三門。趙其昌先生根據元好問《東平賈氏千秋錄後記》中，賈洵負責金中都十三門營建工程，考訂《金史》中的記載是正確的。根據《金史》記載，金中都城門東垣為：施仁、宣曜、陽春；南垣為景風、豐宜、端禮；西垣為麗澤、灝華、彰義；北垣為會城、通玄、崇智。其中通玄門，又改作清怡門，崇智門後改為光泰門。這些門當中，是不是有今天北京人熟悉的地名？會城門，如今這個地方仍位於西護城河西側，木樨地西南方向；麗澤，仍位於今天的北京市豐臺區內。可見這些地名已經深深烙印在北京人的腦海中，希望作為非物質文化遺產永遠傳承下去。

我們知道元大都的城垣主要為夯土城，那麼比它要早的金中都的城垣到底是夯土城還是包磚的磚城呢？文物界前輩于傑先生根據《金史》、元代《事林廣記》以及明代文集綜合分析認為金中都為磚城的可能性是很大的。

清代以後，北京保存的遼金城垣已經變得很少。今豐臺區內的鳳凰嘴村土城是比較著名的金代城垣存留地。鳳凰嘴位於今豐臺體育中心 4.2 公里。這裡有中都城西南角的便門。這條土城從鳳凰嘴村經高樓村，忽高忽低蜿蜒至太平橋、馬連道口，全長約 2,300 米。馬連道南的殘牆後被圈入倉庫內，20 世紀 70 年代尚有土丘。倉庫南一里處，有一戶人家利用殘牆搭蓋豬圈，所以客觀上保留了一點。據說牆外還可見呈南北走向的城壕跡象。

早在民國時期，一些民間人士呼籲保護鳳凰嘴的土城。如今保存在北京市檔案館內的一份 1940 年的珍貴檔案，記錄了當年政府邀請有關人士商討保護鳳凰嘴土城事宜，具有很高的文獻價值與檔案研究價值：「呈為呈請，事竊查

本局前以研究遼金土城遺跡保存辦法，經由興亞院武田調查官、內政部王渡公局長，聯合發起遼金土城談話會，聘請考古、金石各專家共同研究。此項座談會已於六月十七日在中央公園董事會舉行，並於二十三日舉行鳳凰嘴城址實地調查。」（檔號 J001-004-00082《社會局關於調查鳳凰嘴遼金土城的呈文及市公署的指令》）1940 年出版的日文雜誌《北京景觀》中收錄了一幀珍貴的鳳凰嘴土城照片，遠處可見中都城遺址城垣土丘還十分龐大，大概攝於上引檔案所反映的調查遼金土城期間。

　　除了城墉外，中都還設有水關，以排泄積水。今天所能見到的實物就是位於右安門外玉林小區的金中都水關遺址。水關為木石結構建築，據考古人員統計，建造這樣一個水涵洞，大概要用近兩千根木樁，2,500 左右枚鐵銀錠。我們要永遠保護好這一遺址，以傳承悠久的古都文脈。

1940 年日文資料《北京景觀》中的鳳凰嘴土城遺址

20 世紀 60 年代的鳳凰嘴土城

選自于傑、于光度《金中都》

今天的高樓村金中都城垣殘狀

筆者 2016 年夏拍攝

金中都「玄真觀弘道悟正真人本行碑」殘石內容考[註1]

　　1970 年，在北京新街口豁口拆除明清城牆的過程中，曾出土若干遼金元時期碑刻殘石。部分殘石由當時的北京市文物工作隊拓製了拓片。其中有一件「玄真觀弘道悟正真人本行碑」（下文簡稱本行碑），是金中都石刻舊物，幾十年來一直沒有引起研究者注意。該殘石內容關涉金代全真道在外戚僕散家族中的傳播情況；李妃、僕散氏與全真道關係以及金中都玄真觀盛衰等問題。本行碑殘石所在地不詳，但北京市文物局藏有該殘石拓片。本人不揣淺陋，根據拓片將殘石碑文進行識讀並對內容加以考釋，希冀推進金代女真貴族的全真道信仰以及金中都宮觀等相關問題的研究。

一、殘石拓片錄文

　　本行碑拓片前半部分文字保留尚可，後半部幾乎完全殘毀。目前，從碑名、撰者、書丹、篆額到正文，大約可識讀五百餘字的內容。筆者現將殘碑拓片中可識讀文字全部轉為簡體字並加標點，由豎排改為橫排錄文（暫忽略轉行問題）：

　　玄 真 觀弘道悟正真人本行碑
　　　　佐 玄寂照大師玄學提舉兼提舉都道錄院事馮志亨撰
　　　　　　　　　　洞真子李志玄書丹
　　　　　　　　　　東萊道人楊志炳篆額

〔註1〕 致謝：本文寫作中得到中國社會科學院民族學與人類學研究所周峰先生、圓明園管理處尤李女士以及復旦大學歷史學系陳曉偉先生的指導，謹在此謝忱！

　　玄真觀弘道悟正真人，姓僕散氏，道微其名也。曾祖父金字光
祿大夫蒲速路統軍使，祖父左丞相、天下兵馬大元帥、沂國公，父
開府儀同三司，平章政事、左副元帥、上柱國、武肅公、駙馬都尉。
母，世宗皇帝韓國大長公主。真人即主之長女也。主有淑質，風骨
不凡□□□□□京統軍使。偶因六王有連及之訟，遽然歎曰：□
□富貴之□□有不測，憂□富貴□□□□主□□□日夜孜孜，
訴於父母，求出家入道。□□□□□□□許自□身，維在家潛心向
道，妝奩珠翠之物，□□而不禦，素衣□□，緘□度日。承安間，
□□令與衛□□聯伉儷之親。姑聞之泣下惶恐，固知□□□，自謂
曰：「若是，則終身不能離俗。」遂入虛□□□□□□□□面。父母
知其志不可奪。□日召而語曰：「汝果欲為方外之人，吾亦無如之何。」
乃令投禮玄真觀葆真大師，賜紫陳守元為引度師。□□□□□□□
□□□五十萬充陪堂作齋之費。京師豪貴交口稱贊。□□之後，精
心致思，纁奉香□，謙卑柔弱而無膏粱塵俗之態，道侶為□□□□
□□□□□□□□□□□秘籙一銜，次授正一盟威，終授上清大洞。
讖邪輔正，驅使鬼□感應者多。未幾，師陳守元升化，法兄高守一
主持院門。□□□□□□

　　　　□□□□□□□，後坐李妃事，守一流興州。爾後，院門蕭
疎。四駙馬僕散公，真人兄也，請權居本宅。月餘，本觀大眾□請
為宗主□□□□□□□□□□□□□□□□□□嘉，奉旨賜紫，
號希真大師，提點玄真觀事。數月，大眾雲合，修齋致供者不虛其
日。住持之功□過疇昔。掌（中缺）南遷，兄駙馬（後缺）

二、碑主僕散道微家世與入道經過

（一）碑主僕散道微及女真貴族僕散氏

　　碑主弘道悟正真人，即僕散道微，乃金代後期一位出身顯赫的女冠，來
自與完顏氏皇族數代聯姻的僕散家族。其祖父僕散忠義、父親僕散揆以及兄
長僕散安貞在《金史》中均有傳。根據僕散忠義本傳，僕散道微的高祖僕散
胡剌，為金太祖宣獻皇后之父。後者還是金睿宗之母。其曾祖僕散背魯為金
初猛安謀克，任婆速路〔註2〕統軍使，管理當地猛安謀克戶。僕散氏在軍事

────────────

〔註2〕本行碑文中稱「蒲速路」，在今黑龍江省克山縣一帶。

上也為金國立下汗馬功勞，是女真政權重要的支柱性力量。《金史》中稱與完顏氏皇族世代通婚的女真貴族為「恒族」，包括「徒單、唐括、蒲察、挐懶、僕散、紇石烈、烏林答、烏古論諸部部長之家」〔註3〕。有學者通過統計世婚家族尚主與駙馬都尉人數後認為，「在特定情況下，第二三類世婚家族勢力超過了較為強盛的徒單氏、蒲察氏家族」〔註4〕。僕散氏便屬於第二三類世婚家族。

元人姚燧《牧庵集》中所收一篇神道碑文，深刻反映了女真貴族僕散氏的另一重要支脈的發展。這一支脈似乎不及本文重點闡述的僕散揆、僕散安貞一系在政治舞臺上更為顯達，而是在十二世紀末與後者平行發展。更重要的是，碑文重點交代了僕散氏的早期演進：

> 布色氏始由普爾普以佐命功，位司空，生司徒巴爾圖。司徒生太尉和賚。連姻帝室，生世宗（祖）母宣獻皇后與金紫光祿大夫，統軍巴勒。統軍生世宗元妃與鎮國上將軍布展。鎮國生昭勇上將軍守道。昭勇生君諱長德。……〔註5〕

引文中的普爾普，即《金史》中的目前所知最早的僕散家族鼻祖斡魯補，司徒巴爾圖，即《金史》中的班睹，太尉和賚，即《金史》中的胡剌，婆速路統軍使巴勒，即《金史》中的背魯。以上人物都可以從他們名諱女真語的音轉和他們相應的職官以及所生子嗣情況中得到對應。但背魯（巴勒）之後，僕散氏似乎分為兩支分別發展繁衍。僕散背魯似乎不止忠義一子，根據神道碑文，僕散布展似乎為背魯另一子，布展之子守道、其孫長德居另一支單獨發展序列，且該支似乎仍與完顏氏皇族聯姻。

（二）「六王有連及之訟」解

本行碑文中，在述及僕散道微生母韓國公主時，稱她「有淑質，風骨不凡」。金代史籍關於這位公主的記載很少。只是在其夫僕散揆本傳中提到她。下文「……京統軍使」，因殘字較多，而無法知其詳細內容，但「統軍使」殆指代僕散揆無疑。接下來，「偶因六王有連及之訟」一句則殊為難解。此句的關鍵字是「六王」。但六王何許人？僕散家族又如何被連及？

〔註3〕《金史》卷64《后妃傳下》，中華書局，1975年，第1528頁。

〔註4〕程妮娜、彭贊超：《金朝駙馬都尉考論》，《社會科學戰線》2020年第4期。

〔註5〕姚燧《牧庵集》卷十七《南京兵馬使贈正議大夫上輕車都尉陳留郡侯布色君神道碑》，叢書集成初編本，第222頁。

據本行碑這段敘述的背景，不難斷定「六王」指金世宗第六子完顏允蹈。《金史》本傳記載：「鄭王完顏永蹈，世宗完顏烏祿子，本名銀術可，初名石狗兒。大定十一年，封滕王，未期月進封徐王。……章宗即位，判彰德軍節度使，進封衛王。明昌二年，徙封鄭王。」〔註6〕

世宗大定年間頒布的《大定格》，金代親王分為大國二十、次國三十、小國三十。從滕王到徐王，以至章宗年間進封的衛王和最終被封為鄭王。這樣的進封路徑都在「次國」範圍內，使得永蹈終其世未能躋身「大國」親王之列〔註7〕。

六王永蹈謀反時間為章宗明昌四年（1193）。其過程與結局在《金史》本傳中記載較詳，筆者在此摘錄與僕散揆有關內容並試作分析：

> 河南統軍使僕散揆尚永蹈妹韓國公主。永蹈謀取河南軍以為助，與妹澤國公主長樂謀，使駙馬都尉蒲剌覩致書揆，且先請婚，以觀其意。揆拒不許結婚，使者不敢復言不軌事。永蹈家奴董壽諫永蹈，不聽。董壽以語同輩奴千家奴，上變。是時，永蹈在京師，詔平章政事完顏守貞、參知政事胥持國、戶部尚書楊伯通、知大興府事尼厖古鑒鞫問，連引甚眾，久不能決。上怒，召守貞等問狀。右丞相夾谷清臣奏曰：「事貴速絕，以安人心。」於是，賜永蹈及妃下玉，二子按春、阿辛，公主長樂自盡。蒲剌覩、崔溫、郭諫、馬太初等皆伏誅。僕散揆雖不聞問，猶坐除名。……〔註8〕

永蹈希望借助僕散揆領導的河南軍力量達到反叛成功的目的。但他心裏沒有十足把握，遂通過駙馬蒲剌覩與澤國公主夫婦「且先請婚，以觀其意」。這裡永蹈所請之婚，應該是雙方兒女之間的婚媾，使雙方結為親家。僕散揆至少有三個子女，即僕散安貞、僕散道微與僕散寧壽〔註9〕。又據永蹈本傳可知，永蹈有二子，分別為按春、阿辛。我們推測永蹈很可能通過蒲剌覩為媒，請求僕散揆將女兒道微許配予其中一子。

《金史》對參與永蹈謀反相關人物的結局交代得比清楚，僕散家族的處

〔註6〕《金史》卷85《完顏永蹈傳》，第1901頁。

〔註7〕任文彪點校：《大金集禮》卷九「親王公主」，浙江大學出版社，2019年，第151～152頁。

〔註8〕《金史》卷85《完顏永蹈傳》，第1901～1902頁。

〔註9〕《金史》卷93《僕散揆傳》載：「宴於慶和殿……是日寵錫甚厚，特收其次子寧壽為奉御……。」

理程度可謂最輕。僕散揆雖堅拒婚請，但仍「猶坐除名」。根據僕散揆本傳記載，「明昌四年，鄭王永蹈謀逆，事覺，揆坐嘗私品藻諸王，獨稱永蹈性善，靜不好事，乃免死，除名。未幾，復五品階，起為同知崇義軍節度使事。……」之後，章宗又以「北邊之事，非卿不能辦」，在結髮之妻韓國公主居喪期間，命其築壘穿塹，建起綿亙九百里的長城屏障。有學者通過研究僕散揆除名事例指出，金代官員除名後被再次敘用的官職比除名前低或者相同〔註10〕統軍使是正三品，除名起復合，僕散揆官稍降。

六王永蹈謀反不僅牽連僕散揆，對尚在沖齡的僕散安貞也有負面影響。《金史》卷一○二《僕散安貞傳》：

> 僕散安貞，本名阿海，以大臣子充奉御。父揆，尚韓國公主，鄭王永蹈同母妹也。永蹈誅，安貞罷歸，召為符寶祗候。〔註11〕

韓國公主與謀反的永蹈為一奶同胞，亦是僕散安貞與道微兄妹之母。而永蹈為兩兄妹之娘舅。儘管安貞受永蹈影響，但畢竟是其父輩造成的禍患，沒過多久，他復任奉御。但也有學者相信，僕散安貞死因與當年六王永蹈謀逆有很大關係〔註12〕。僕散道微乃安貞胞妹，娘舅之禍發生後，其母韓國公主與喟歎富貴之家，難免遭遇不測，也是符合邏輯的。

總之，鄭王完顏永蹈謀反案對僕散家族打擊很大。僕散揆父子受到不同程度牽連，僕散道微必然會對身處皇室戚畹的出身感到恐懼與不安。而全真道在十三世紀末，經過王重陽及「全真七子」等人的傳播佈道，不斷對金代上層統治者加以滲透。僕散道微生逢全真盛期，為自己的人生道路選擇了一個出世的方向。

（三）僕散道微入道

以往學界對金代女冠的研究比較鬆散。一方面主要緣於金祚較短；另一方面則在於傳世史料相對匱乏。前人較重要的研究大體為前輩學者的道教通史性著作中，列舉了斡勒守堅、奧敦妙善等金元時期著名女冠生平經歷。其中丘處機弟子奧敦秒善與僕散道微出身頗為相似，二者均為金代貴族出身。只是前者舉家遁入道門；後者似乎只限於僕散道微一人。近年學者將金元時期女性入道歸結為三大類情況：1. 金元國家政策；2. 全真道內部因素；3. 女冠們的自

〔註10〕高雲霄：《金代官員除名製度探析》，《河北北方學院學報》2019 年第 4 期。
〔註11〕《金史》卷 102《僕散安貞傳》，第 2243 頁。
〔註12〕林碩《「金朝岳飛」僕散安貞死因考辯》，《關東學刊》2017 年第 5 期。

身情況〔註13〕。根據碑文內容分析，僕散道微入道原因顯然是其自身家族變故與個人「潛心向道」的雙重因素使然。

史載，明昌四年鄭王永蹈謀逆未遂之後，韓國公主便薨逝了。那麼僕散道微何時出家呢？碑文指出是在承安間。這樣，我們便可推測她成年的時間。因為金代婦女的成年時間大致就是其所在家庭考慮出嫁的之時。碑文云：「承安間，□□令與衛□□聯伉儷之親。姑聞之泣下惶恐，罔知□□□，自謂曰：『若是，則終身不能離俗。』遂入虛□□□□□□□□面。父母知其志不可奪。□日召而語曰：「汝果欲為方外之人，吾亦無如之何。」這段文字雖多處漫漶殘失，但仍蘊含了關於僕散道微出家時間的寶貴信息。承安年間，大約是 1196～1200 年。僕散道微此時應已經成年，家長急於為其尋找夫家。根據以往學者對金代女性初婚年齡的統計研究，金代女性初婚年齡在 13～23 歲之間，高峰集中在 18～23 歲之間〔註14〕。我們權且將僕散道微談婚論嫁時間定為 18 歲左右。從殘文看，父母似乎已經為其訂婚。但是道微堅持「離俗」，父母不再強求其出嫁。那麼，又是什麼促使一位涉世未深的妙齡少女「離俗」呢？

還是殘碑文字給出了答案，即上文「六王連及之訟」，「□□富貴之□□有不測」作為直接因素所導致。

此外，承安年間其母韓國大長公主已經離世，所以，實際上道微入道只要得到乃父僕散揆的應允即可。總之，僕散道微棄婚入道時間大概為 1200 年之前，約 18 歲左右。

三、關於金中都玄真觀的盛衰

（一）玄真觀與陳守元

僕散道微出家之地乃金中都敕建觀宇玄真觀。該觀並非金代新建觀宇，它是在城隍大神廟及廟西道院基礎上增修而成，並得到皇帝敕建的皇家宮觀。據《元一統志》：

> 舊京城通玄門路西有坊曰奉先，城隍大神廟據其中。金大定十六年正旦，道錄院準大興府奉省部符文，城隍廟及廟西道院宜命女

〔註13〕卿希泰《中國道教史》（修訂本）第三卷第八章，四川人民出版社，1996 年，第 45～47 頁；劉通《金元全真教女冠入道原因》，《樂山師範學院學報》2013 年第 7 期。

〔註14〕王新英、賈淑榮：《金代家庭人口數量考略——以金代石刻文獻為中心》，《黑龍江民族叢刊》2014 年第 6 期。

冠嚴奉住持。眾推太清觀董雲洞領門弟陳守元輩三十餘人住持。其
後增加興建，金明昌初，敕賜觀名曰玄真。承安三年，內侍齋敕授
陳守元以葆真大師，增修二十餘年工成。葆真大師精修煉，餌茯苓
六年，啖松葉十八年。金泰和三年四月，翰林待制朱瀾撰記以述創
建之由，頌其功行雲。〔註15〕

上文為中都城內玄真觀最全面的記載。玄真觀的前身為城隍廟西道院。
《元一統志》中的陳守元即道行碑文中的葆真大師陳守元。明昌初年，玄真觀
正式被皇帝賜名；承安三年（1198），「增修二十餘年」完成，時間跨度之長，
為金中都諸觀中所僅見。這段史料中，惟「太清觀董雲洞領門弟」九字殊為難
解。筆者懷疑「弟」之後脫一「子」，且董雲洞很可能是一名坤道，即指陳守
元的業師。此外，金中都城內確有一太清觀：

> 太清觀，在舊城北盧龍坊。琳宮齋館，深嚴整肅，興建已舊。

自國朝以來為祈福地，多有褒崇之旨。〔註16〕

但此處的太清觀是否與《元一統志》中所云「太清觀董雲洞」有關，筆者
尚不能遽斷，俟他日復考。

關於玄真觀的具體方位，于傑、于光度《金中都》將該觀繪製於白雲觀
以南，天寧寺以北。今北京白雲觀即中都長春宮前身，天寧寺在金代尚稱天
王寺，兩地相距大約一公里。所以，推測中都玄真觀位於今天的白雲橋一帶。
《金中都》作者依據的是《永樂大典·順天府》引《析津志》，但今天所見輯
本《析津志》與《析津志輯佚》均不見有相關記載。

除住持玄真觀外，這位「葆真大師」陳守元，在金中都還建有另一道觀：
「沖微觀，保真散人女冠陳守玄創建於舊都西南隅美俗坊。觀額乃誠明真人
之親署，太原李鼎之和為記其興建之本末云」〔註17〕。創建沖微觀的陳守玄，
顯然就是住持玄真觀的陳守元。誠明真人，則是丘處機之後掌教李志常大名
鼎鼎的弟子張志敬。

（二）高守一「坐李妃事」

本行碑殘石下文載：「未幾，師陳守元升化，法兄高守一主持院門。……
後坐李妃事，守一流興州。爾後，院門蕭疏。」我們所能獲知的信息是：高守

〔註15〕宇蘭肹等撰，趙萬里校輯：《元一統志》，中華書局，1966年，第51頁。
〔註16〕《元一統志》，第49頁。
〔註17〕徐蘋芳《永樂大典本順天府志殘本》，北京聯合出版公司，2017年，第87頁。

一繼陳守元主持玄真觀的日常宗教經營。但馮志亨所撰碑文中似乎接著又交代了一些高守一在任期間的一些事蹟。可惜因碑文磨泐殊甚，難以識讀。

高守一「坐李妃事」被流放一事，是該碑提供的一件金衛紹王大安年間發生的大事。

高守一生平不詳，在全真道傳承系統中既沒有傳世文獻留存，也沒有其他專門的碑傳、石刻資料可資瞭解。但可以肯定的是，高守一與李妃交往密邇，否則她不會在李妃被殺後被流放興州。這在當時全真道如日中天的發展進程中顯得並不光彩，也許導致高守一沒有更多文字資料存世。

按，金代興州前身為遼代北安州興化軍。皇統三年（1143），降軍置興化縣。章宗承安五年（1200），升為興州〔註18〕。金代興州大致相當於今天的河北省灤平縣大屯鄉興洲村。該地位於當時金中都的西北方向，較之有金一代著名的流放地冷山為近。

（三）僕散道微住持玄真觀

本行碑碑文云：「四駙馬僕散公，真人兄也，請權居本宅」。四駙馬，乃指僕散道微胞兄僕散安貞〔註19〕。僕散安貞事蹟已如前文所述。在高守一流放後，道微暫時回娘家居住，似乎為了避李妃倒臺可能引起的災禍。期間，她大概在觀察李妃死後的時政發展態勢，以便待時而顯。

從碑文文字的敘述經過不難感知，僕散道微入觀時間不算早，但是似乎成長很快，這或許與其出身的貴族本家有一定關係。根據碑文記述時間推定，僕散道微主持大致在李元妃被賜死事件發生的大安元年（1209）之後不久。本行碑文稱：「賜紫，號希真大師，提點玄真觀事。數月，大眾雲合，修齋致供者不虛其日。住持之功□過疇昔。」這段殘文明確表彰僕散道微在高守一因罪流放後，肆力復興玄真觀的景象。

這也同時表明，衛紹王完顏永濟對世代與完顏皇室通婚的僕散家族並無敵意。他可能只是為了清除與李元妃關係密切的高守一等道徒。究其原因，歸根到底基於僕散道微母親韓國公主與衛紹王同為世宗李妃所生。所以，衛紹王是僕散道微的親娘舅。這層親緣關係也是道微得以重返玄真觀並獲得住持地

〔註18〕《金史》卷24《地理志》，第562頁。
〔註19〕之所以稱為「四駙馬」大概是僕散家族第四位與完顏氏聯姻的人。四駙馬的稱謂還見於《宋史》卷476《李全傳》。傳云：「壬辰，與阿海戰於化陂湖。……阿海者，金所謂四駙馬也。」

位的根本原因。

金中都城內宮觀林立，其中不乏為女冠經營住持。根據《元一統志》，除陳守玄所建玄真、沖微二觀外，還有王慧舒建靜遠觀、陳慧端建玉華觀、梁慧真建玉真觀、移剌慧超建東陽觀、趙守希建崇真觀、劉慧炳與李慧休建明遠庵、張守本建玉華庵，不一而足。這些女冠不乏有貴族出身者，在全真道中頗有影響力。所以，有金一代，女冠群體絲毫不遜於男性道士在中都城內所開展的道觀經營活動。

（四）關於僕散道微的位階與修行問題

本行碑中有這樣一段關涉全真道與女真傳統宗教關係問題的記載頗值得留意：

> 秘籙一銜，次授正一盟威，終授上清大洞。讖邪輔正，驅使鬼
> □感應者多。

這段記載雖短，但蘊含信息豐富。首先，涉及全真道受籙制度。道教受籙制度在唐宋臻於完善，據《三洞修道儀》稱：「初入道儀授正一盟威籙二十四品，大洞部道士授上清大洞寶籙。」《上清靈寶大成金書》卷二十四對各種籙位等級有詳細闡述：

> 夫籙者，始於正一，演於洞神，貫於靈寶，極於上清。……進
> 道之士，先授三五都功正一盟威，修持有漸，方可進受靈寶中盟，
> 轉加上清大洞。〔註20〕

另外，產生於唐代的《受籙次第法儀信》中對此也有相應位階排序，最低等即正一法位，包括清通道士、十戒弟子、籙生弟子、正一盟威弟子等；第八等為洞真法位，包括上清弟子、上清大洞弟子等名銜〔註21〕。可見，正一盟威是最初等級，上清籙為較高等級的階位。本行碑中道微的受籙過程，印證了金代全真道上承唐宋舊制，受籙過程都是大致從正一籙，漸次升遷到上清籙。

全真教倡導儒釋道三教合一，貫徹清淨、禪修、苦行、節制的宗教實踐。碑文中，僕散道微這種驅鬼行動，反而與當時道教的另一教派——太一教所崇尚的「治病、求子、禳災、驅鬼」十分接近。元好問《紫微觀記》中對全真教修行特點有精闢的概況：

> 貞元、正隆以來，又有全真家之教。咸陽人王中孚倡之，譚、

〔註20〕胡道靜、陳耀庭《藏外道書》第 17 冊，巴蜀書社，1994 年，第 55 頁。
〔註21〕轉引自張澤洪《道教禮儀學》，宗教文化出版社，2012 年，第 215 頁。

> 馬、邱、劉諸人和之。本於淵靜之說，而無黃冠襖襘之妄；參以禪
> 定之習，而無頭陀縛律之苦。〔註22〕

我們知道，女真貴族在入主中原之前，主要信奉原始薩滿教。本行碑中所謂「鹹邪輔正，驅使鬼□」使人聯想到薩滿教包含的巫祝文化元素。要知道，這是與金代興起的全真教原初思想相悖。但僕散道微驅鬼除邪之舉源自原始道教還是女真族原始薩滿巫祝因素，尚不能遽斷。但後者的可能性更大一些。

四、李妃、僕散家族以及全真道之間關係

章宗李妃雖出身寒微，但得寵於金章宗完顏璟。郭武先生曾注意到金章宗李元妃與早期全真道的關係，如施送道經給宮觀、寵遇「全真七子」等活動。李妃與早期全真道之所以關係密切，主要在於為章宗求嗣〔註23〕。郭先生論述精湛，毋庸筆者再多贅言。與本文所論玄真觀發生直接聯繫的事件，發生在泰和二年（1202）李妃生皇子忒鄰之後三月，在玄真觀的祈福活動：

> 忒鄰，泰和二年八月生。……十二月癸酉，生滿百日，放僧道
> 度牒三千道，設醮玄真觀，宴於慶和殿。〔註24〕

這次祈福設醮的舉行應該在僕散道微入道後不久。我們知道金中都宮觀林立，唯獨選取玄真觀為新皇子設醮祈福，可見章宗對李妃母子與這座皇家道觀的重視程度。泰和二年，正值僕散道微遁入道門初期，前文所引泰和三年翰林待制朱瀾撰記一事，也說明此時玄真觀超越其他中都觀宇。儘管忒鄰兩歲便夭折，但章宗對李師兒的寵幸似乎也沒有過多地減弱。

李妃被衛紹王賜死時間為大安元年（1209）四月。此時僕散道微至少已經在玄真觀生活了將近十年，見了不少世面，包括泰和二年忒鄰百日齋醮在內等大型宗教活動。因此，無論高守一是否遭到流放，她借助「本宅」優勢都可保持並抬升自身影響力。所以，崇奉全真道的李妃敗亡只是一個「小插曲」，並不影響完顏皇室與僕散家族各自的發展軌跡與二者互為利用的關係。我們做出如下判斷的依據還來自僕散道微之兄——四駙馬僕散安貞。

論者向以貞佑二年（1214），山東楊安兒舉義，僕散安貞率軍征討。途

〔註22〕陳垣編纂，陳智超、曾慶瑛增補《道家金石略》，文物出版社，1988 年，第 475 頁。
〔註23〕郭武《金章宗元妃與早期全真道》，《宗教學研究》2009 年第 4 期。
〔註24〕《金史》卷 93《完顏忒鄰傳》，第 2059 頁。

中，安貞延請全真道掌教的丘處機出面招撫，丘處機利用全真道特有的方法，很快使叛眾倒戈降伏〔註25〕。僕散安貞與丘處機的這次互利合作應該不是偶然的，應該與十三世紀初全真教如日中天的發展勢頭以及僕散安貞本人對全真道循序漸進地熟悉與思想認同有關，而這種認同的形成勢必受到作為方外之人的妹妹——僕散道微的影響。在本行碑文記述中，李妃被賜死與玄真觀高守一流放事件發生之後，四駙馬僕散安貞令其妹「權居本宅」，也說明即便僕散道微出家之後，與本家仍保持聯繫，顯示了兄妹二人關係尤為親密，而且不排除僕散道微向乃兄輸出關於全真道的思想及其組織發展動態的可能性。所以，這些因素都為貞佑年間僕散安貞借助全真道之力降伏楊安兒叛眾提供一定的精神準備。

五、撰者、書丹者以及僕散道微年壽問題

本行碑撰者馮志亨，號佐玄寂照大師。其事蹟載於《佐玄寂照大師馮公道行碑銘》〔註26〕。碑銘作者為趙著。馮氏是全真道金元之際發展過渡過程中的一個重要人物。他協助李志常掌管教務，創立玄學教授，為全真道代替儒學行使燕京地區的文化傳播權力做出了貢獻〔註27〕。

筆者根據趙著為馮志亨所撰道行碑銘中「戊申，真常大宗師依恩例賜金襴紫服，遷充教門都道錄、權教門事，仍賜以今號，蓋嘉之也」分析認為：戊申年，即公元1248年。所謂「充教門都道錄、權教門事」與本文所研究的弘道悟正真人本行碑中對馮志亨職務中「兼提舉都道錄院事」一語相呼應。所以，馮志亨為僕散道微撰寫碑文時間必在1248年之後到1254年馮志亨去世這6年之間。因此，結合前文筆者對承安年間僕散道微拒婚入道問題的分析，可粗略判斷僕散道微大概出生在1180年之後。她的年壽大致在60歲到70歲之間。

本行碑的書丹者為洞真子李志玄。關於此人事蹟，文獻幾不足徵。但值得注意的是，在金中都城內距離玄真觀不遠處有一座清本觀，大概位於玄真觀的西南方向。古燕道人李志玄撰寫碑文闡述了清本觀改觀建觀的緣起〔註28〕。這個「古燕道人」極有可能與弘道悟正真人本行碑的書丹者李志玄為同一人。

〔註25〕陳時可《長春真人本行碑》，收入《道家金石略》，第458頁。
〔註26〕《道家金石略》，第521～522頁。
〔註27〕參見申喜萍《馮志亨與早期全真教史》，《宗教學研究》2014年第2期。
〔註28〕《元一統志》，第53頁。

六、餘論

以往學界對北京地區金代女冠鮮有措意，已經亡佚的「房山東嶽廟女冠卜道堅升雲之幢」雖然後半部幾乎完全殘缺，且真人僕散道微於史無徵，給研究工作帶來了很大困難，但我們還是可以梳理出些許認識，包括她的家族出身、入道因緣、玄真觀相關史事等等。最後，關於僕散道微的去世時間，通過佐玄寂照大師馮志亨的生平，大致確定了僕散道微卒年的區間，再根據殘碑文中一些時間節點，推測了她的生年區間，最終推算出其享年範圍。

玄真觀作為女真完顏氏皇家道觀，地位尊崇。雖然在衛紹王初期，因與李元妃賜死事件相牽連，玄真觀經歷了一個多月短暫的「院門蕭疏」，但經過僕散道微的復興工作，玄真觀恢復了往日的繁榮。筆者相信，文字信息殘缺的後半部分會以大篇幅地繼續贊詠僕散道微的功勞事蹟。至於貞佑之後，燕京陷落於蒙古軍，作為女真貴族出身的希真大師僕散道微，大概率會和金宣宗及其皇室南遷。但為其撰寫碑文的馮志亨則一直活動於燕京地區，加之這件本行碑殘石出土於今北京地區，說明僕散道微羽化於燕京並葬於燕京的可能性很大。

本文旨在透過石刻文物中吉光片羽般的寶貴信息，揭示全真道在興起半個世紀後日漸步入鼎盛階段中，完顏皇室、女真貴族與全真道之間存在的微妙關係。本研究意義在於一方面能夠增益金代道教史中的某些細節；另一方面，也使我們透過僕散道微的一生，更加深刻認識到金後期女真統治者內部互相的打擊與傾軋。

于傑、于光度《金中都》一書中《金中都城圖》所繪
玄真觀與清本觀大致位置

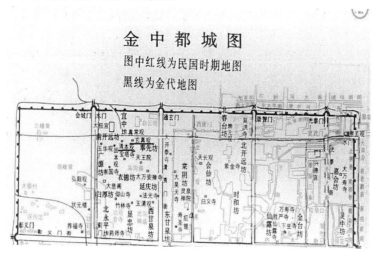

「玄真觀弘道悟正真人本行碑」殘石拓片

原載《遼金歷史與考古》，第十三輯

元代金玉局及其相關問題考述

　　金玉局，始設於元世祖中統二年（1261），是元代掌管金銀器、玉器、腰帶、冠帽等皇家用品製造的官營手工業機構，隸屬於將作院。至元三年（1266），改為諸路金玉人匠總管府（以下簡稱總管府）。古代蒙古族統治者十分重視金銀器、玉器等手工業品的製作，早在蒙古國時期，蒙古部落即設置了管理工匠人員、製作宮廷器物的機構。到了元世祖時期，官方的金銀製品製造規模得到空前發展，並且因元朝已然定鼎大都，原有的金銀器、玉器製造機構職能需要重新整合，金玉局就在這種背景成立。由於元代手工業水平較高，多年來已有不少學者從不同角度對元代工匠問題有所措意。王璞子（王璧文）在《元大都城坊考》和《元大都城平面規劃述略》注意到金玉局的重要性，但認為其位置已無考〔註1〕；魏明孔與胡小鵬在《中國手工業通史經濟通史》（宋元卷）中〔註2〕籠統闡述了元代石作工匠來源、種類以及總管府各局設立時間、職能，但沒有對金玉局所轄石作機構展開分析；尚剛則列表分析了行諸路金玉總管府的品秩、執掌等〔註3〕；曹子西主編《北京通史》〔註4〕在第七章中專闢「官營手工業的管理及工匠狀況」一節，對元大都城內的手工業，特別是工匠管理、工匠地位、生活情況以及官府對其剝削等方面予以闡述；程章燦〔註5〕在其專著中設有「元明清刻石官署及民間刻字店」一章，涉及「元代刻工的社會組織與管理」，利用其所能掌握的材料，

〔註1〕王璞子《梓業集──王璞子建築論文集》，紫禁城出版社，2007年，第77頁。
〔註2〕魏明孔主編，胡小鵬著《中國手工業經濟通史·宋元卷》，福建人民出版社，2004年，第589～603頁。
〔註3〕尚剛《元代工藝美術史》，遼寧教育出版社，1999年，第19頁。
〔註4〕曹子西《北京通史》第五卷，北京燕山出版社，2012年，第188～192頁。
〔註5〕程章燦《石刻刻工研究》，上海古籍出版社，2008年。

對元代石刻工匠的領導機構、執掌範圍等方面做了基礎性的研究。

鑒於以往學者基本上將金玉局看作元代龐大手工業體系中的一個組成部分，至於金玉局的某些直接問題，如大都金玉局的位置、局匠來源與境遇、官員遷轉途徑等情況沒有得到應有的關注，筆者深感多年來，學界囿於傳世史料與出土資料所提供的有限信息，沒能對上述問題做精細的研究，遂嘗試對這些問題進行初步的梳理、考察。不恰與不周之處，願就教於方家。

一、金玉局（諸路金玉總管府）的執掌

史乘記載金玉局的始設時間是元世祖中統二年，即 1261 年。到了至元三年（1266）改為總管府。據《元史·百官志》載述：「將作院諸路金玉人匠總管府，秩正三品，掌造寶貝、金玉、冠帽，繫腰束帶，金銀器皿，並總諸司局事……」主管人員設「達魯花赤二員、總管二員、副達魯花赤二員、同知二員、副總管二員、經歷一員、知事一員、照磨一員、管勾一員。」〔註6〕總管府下轄機構有：玉局提舉司、金銀器盒提舉司、瑪瑙提舉司、金絲子局、鞓帶斜皮局、瓘玉局、浮梁磁局、畫局、裝釘局、大小雕木局、漆紗冠冕局等 21 處單位。

如今所能見到的有關金玉局信息的石刻材料，多集中在以大都為中心的元代腹裏地區。除大都城內外，房山在元代就設立了採石場，隸屬於大都路金玉局。房山的採石匠同時也負責涿州，乃至興和路（今張家口地區）的石刻任務。關於元代金玉局的地位，大德七年（1303），元人鄭介夫向元成宗所獻的盛世危言——《太平策》頗能說明。這篇政論文章指出元代官僚機構的混亂：「衙門紛雜，政不歸一。正宮位下，自立中政院，匠人自隸金玉府，校尉自歸拱衛司，軍人自屬樞密院。」〔註7〕可見，在元人眼中，金玉府（局）就是元代所有官營手工業者的代表機構。鄭介夫將其與拱衛司、樞密院並提，也反映金玉府在元代國家機器運轉中的重要性，是管理全國工匠隊伍的中樞。

金玉局參與元代皇室的許多重要典禮、儀式所需器物準備工作，例如《元史·禮樂志》「冊立皇太子儀」條：

前期三日，右丞相率百僚至金玉局冊寶案前，舍人贊曰「鞠

〔註6〕《元史》卷八十八《百官志》，中華書局，1976年，第2265頁。
〔註7〕（明）黃淮、楊士奇編《歷代名臣奏議》卷六七，學生書局，永樂影印本，第944頁。

躬」，曰「拜」，曰「興」，曰「拜」，曰「興」，曰「平身」。〔註8〕
本條充分說明，元代宮廷禮器中，冊封儀式所用冊寶案理應為金玉局製造。
此外，某些特殊的宗教服飾也由金玉局承辦製作。黃溍《金華黃先生文集》
卷二十四《宣徽院使太保定國忠亮公神道第二碑》載：「有旨，賜一僧金襴袈
裟。金玉府言，當用絲一百二十斤，紅花、紫草各六十斤，金十八兩。公止
用紅注絲一縑，納瑟瑟五尺，而所製未嘗不如其法。」〔註9〕所謂金襴袈裟，
又稱金縷衣，比一般袈裟廢料、工序複雜。《元史·百官志》中所言金玉局的
執掌，似乎不包括袈裟的生產，但是製作金襴袈裟需要金縷絲來作為主要原
料，而金玉局下屬有金絲子局（設於至元二十四年）是這些原料的提供部門，
所以也離不開金玉局的協助。

《元史·百官志》記載很清楚，金玉局職能中並無負責金屬貨幣的鑄造。
然而一則元人筆記值得我們留意。楊瑀《山居新語》卷一載：「至元四年，
大都金玉局，忽滿地皆現錢文，視之如印成者。其中居人陶小三，嘗以有文
之土數塊遺予，數年後看之，文皆不見，今通用銅錢豈非先兆耶？」〔註10〕
此段記載看似荒誕，但也多少反映元末幣制些微事實。《山居新語》的作者
楊瑀元世祖至元二十二年生人，順帝至正十七年（1357）以浙東宣慰使致仕，
至正二十一年（1361）卒。一般認為《山居新語》是其致仕之後的作品。這
裡的至元四年應該是 1338 年。後至元年間幣制混亂，紙鈔貶值厲害，元政
府不得不重啟銅幣流通，使百姓感覺政府掌握的金屬貨幣依然充裕。金玉局
擁有大量生銅，可能也參與鑄造銅幣。可見，筆記資料有時能夠提供官方文
獻所不能盡載的信息。

元政府對民間金銀玉器使用禁錮森嚴。至大元年（1308）二月，將作院
諸路金玉人匠總管府呈報稱：「大德十一年九月八日本府達魯花赤奉別不花
平章鈞旨，欽奉聖旨：道與馬家奴，金翅雕樣排花，金翅雕樣皮帽頂兒今後
休交做，休教諸人帶者。做的人根底要罪過者，帶的人根底要奪了罪過者，
欽此。」〔註11〕這裡提到要加罪於製作、佩戴金翅雕樣的人，是元廷將金銀
飾物壟斷的體現。前文提到金玉局的執掌也包括冠帽，所以這個聖旨是由中

〔註8〕《元史》卷六十七《禮樂志》，中華書局，1976年，第1676頁。
〔註9〕李修生主編《全元文》卷九六九，鳳凰出版社，2004年，第192頁。
〔註10〕（元）楊瑀《山居新語》卷一，中華書局，2006年，第200頁。
〔註11〕陳高華等點校《元典章》卷五八《工部一·雜造》，天津古籍出版社，2011年，
　　　　第1974頁。

書札付刑部,然後呈諸路金玉人匠總管府。

二、大都城內金玉局的局址蠡測

　　元大都金玉局的歷史已經過去七八百年。關於金玉局的局址,前輩學人中有認為不可考。如王璞子《元大都城坊考》認為:「按元世倉庫及金玉局,其位置均無考,其順承門遺址約當今西單牌樓坊址既稱在門內,似屬大街之西,因街東為時雍坊也」〔註12〕。但如果結合史籍所述其他古蹟,庶幾可以判斷一個大致的位置。

　　元人熊夢祥《析津志輯佚·寺觀》:「坊之東,金玉府內有琉璃碧瓦所蓋八座藏,藏經板在內,甚為精製。」又說「文宗敕印造三十六部,散施諸禪剎,江南亦有賜者。……有大佛殿,在坊之東,翬飛棟宇,甲於他寺。」那麼這個「甲於他寺」的大型寺廟是哪一所呢?《析津志輯佚·寺觀》:「法藏寺,在石佛寺西北,金城坊內,有藏經庫八座。」〔註13〕元大都外城垣城門附近往往設立大型倉庫,以便於商品轉運。如千斯倉設於光熙門附近,文明行用庫設置在文明門附近,崇仁庫設置在崇仁門內,和義行用庫設置在和義門東。金玉局位於平則門內偏南,又是管理金銀、冠帽等高檔物品的官營機構,其附近理應也建有大型倉廠儲放器物。楊寬先生認為,金玉府當是金玉局所屬的府庫,應是不正確的〔註14〕。許惠利指出,法藏寺,即金玉府內的「八座藏」〔註15〕。此說甚是。所以,我們如果清楚法藏寺的位置,也就不難知曉元大都金玉局所在地。那麼,金玉局設在法藏寺的原因何在?目前還沒有直接材料解釋這個問題。金玉局下設大小雕木局,所以具備雕印經板的條件。案,石佛寺,元明史籍中多有記述,在今天的西城區關才胡同一帶。清人震鈞也給出了元代石佛寺的位置和職能:「石佛寺,在劈柴胡同,門榜曰大石佛寺。元剎也。石佛尚在,高逾尺,傳為彌勒像。元代供御容於此,其巨可知。」〔註16〕民國乃至新中國成立後,殘敗不堪的石佛寺仍存在過。三十年代北平研究院組織的廟宇調查,還記錄了寺內的石佛像〔註17〕。據

〔註12〕王璞子《梓業集——王璞子建築論文集》,第19頁。
〔註13〕《析津志輯佚》,北京古籍出版社,1983年,第67、78頁。
〔註14〕楊寬《中國古代都城制度史研究》,上海人民出版社,2006年,第535頁。
〔註15〕許惠利《北京智化寺發現元代藏經》,《文物》1987年第8期。
〔註16〕(清)震鈞《天咫偶聞》卷五《西城》,北京古籍出版社,1982年,第122頁。
〔註17〕《北平研究院北平廟宇調查資料彙編》(內二區),文物出版社,2016年,第160頁。

1958 年文物調查檔案，當時石佛寺仍有兩進院落，有大殿、配殿等建築和石碑三座。

石佛寺及闕才胡同，是我們判斷金玉局方位的重要地標。若金玉局位於石佛寺西北，而該寺又位於今闕才胡同，而金玉局設在法藏寺內，據史料記載法藏寺也位於石佛寺西北，那麼我們推斷金玉局位於劈柴胡同之西北方向，應沒有太大的問題。由此不難確定，元代大都城的金玉局大概在今天的金融街金融廣場附近〔註18〕。金玉局既然設在法藏寺內，自然會利用寺內八座貯藏經板的倉廠條件。

此外，關於金城坊內金玉局（或稱金玉府）設立的時間和局址變化，我們還有一點可以探討的餘地。元人尹廷高《玉井樵唱》收錄的《三寶奴丞相故宅》一首：

> 太山頃刻化冰山，偃月堂空一夢殘。富貴轉頭成鬼樸，奸諛到
> 死帶奴顏。
> 梁間燕子新依佛，柳外蛙聲並屬官。門戶淒涼千騎散，獨留野
> 鶴守禪關。

全詩感慨三寶奴因姦佞而被殺，痛恨之情甚為激切。詩文中雖沒有出現法藏寺有關內容，但該詩詩題中有「今為法藏寺」五字〔註19〕。據筆者所知，元大都內僅有一座法藏寺，即金城坊內的法藏寺。詩中「依佛」「屬官」「禪關」等字眼也說明三寶奴的丞相府日後改為官辦佛寺。也就是說，1310 年之前，法藏寺所在地為三寶奴的宅邸。三寶奴于武宗至大初年擔任左相，此人在仁宗即位的 1310 年，因圖謀廢掉仁宗而被殺。尹廷高卒年不詳，但應該是活到皇慶二年（1313）以後〔註20〕。可見，三寶奴在大都的宅第並未存在時間太長，大概只有兩三年的樣子。熊夢祥是元末明初人，那麼金玉局與法藏寺合一的格局也許到了元後期才出現。因為金玉局乃 1261 年設立的，距離至大三年（1310）有四十多年時間，那麼可以推測出金玉局應該是從其他

〔註18〕 吳夢麟、熊鷹《北京地區基督教史蹟研究》，依據「阜財坊在順成門金玉局巷口」，推斷大都金玉局在今北京西城區民族文化宮北，文物出版社，2010 年，第 51 頁；另，《新日下訪碑錄》（房山卷）的注者在注釋「金玉局」詞條時，認為大都金玉局在今民族文化宮附近，北京燕山出版社，2013 年，第 88 頁。

〔註19〕 （元）尹廷高《玉井樵唱》卷中，文淵閣四庫全書，商務印書館，2005 年。

〔註20〕 丁志安《尹廷高及其所著〈玉井樵唱〉》，認為尹廷高生於 1247 年，《中華文史論叢》1985 年第 2 期；紀勤《尹廷高生年考》認為尹廷高生於 1253 年，《中華文史論叢》1988 年第 1 期。茲從紀說。

地方遷址到金城坊法藏寺所在地的。

本文討論元大都金玉局的局址，旨在強調歷史上機構的存在與運轉是一個動態的過程。不能因熊夢祥筆下所記屬於元末的情況，而想當然認為大都金玉局自肇建到元末沒有任何變化。

三、金玉局管理者與工匠的日常

（一）官員及其仕途軌跡

筆者共搜集到十二位金玉局官員信息（見附表）。以往研究中，程章燦列表給出金玉局的所有管理人員分布，但石刻中的金玉局管理者充其量就是該機構中的頭目或者吏員，而非官員。據現有資料，呂合剌大概是金玉局建立後的首任長官。呂合剌是忽必烈時代管理工匠營造事務的重臣，曾官至宰相。其子呂天麟在元成宗、武宗時期亦官至中書右丞。呂氏家族是一個蒙古化的世代掌管金玉局的家族漢族[註21]。如果呂合剌自 1261 年始任職金玉局，到他最後出現在史料中的時間 1290 年（見下文），此人終世祖朝至少掌管金玉局近三十年。

關於金玉局高級官員的私生活，有兩處史料值得注意。《青樓集》為元代江蘇華亭人夏庭芝集中記錄元代民間坤角的作品。她們大多逃不出特權階層的控制。例如王奔兒：長於雜劇，然身背微僂。金玉府總管張公，置於側室；劉文卿嘗有「買得不值」之誚；張沒，流落江湖，為教師以終[註22]。第二位是李芝秀，此人「賦性聰慧，記雜劇三百餘段；當時雜劇號為廣記者，皆不及也。金玉府張總管，置於側室，張沒後，復為娼。」在元代，各級官僚把狎妓視為稀鬆平常之事。這裡兩處提到的「金玉局總管張公」應是同一人。他很有可能先通過狎妓，而後漸次將王、李二伶人納為妾室的。金玉局高級官員經常出入聲色場所，這在當時歷史情境下也是不難理解的。但是較低級別官員一般工作任務重，幾乎很少有機會向中樞權力機構發展，下文筆者將舉例分析之。

關於金玉局官員的晉升途徑，我們很難獲取大量的材料，但是所幸元末曾

[註21] 關於呂合剌家族的研究，參看蔡春娟《元代漢人出任達魯花赤的問題》，《北大史學》13，北京大學出版社，2008 年；李治安《元代漢人蒙古化考述》將呂合剌列入蒙古化的漢人，載《元代華北地區研究》，南開大學出版社，2008年。

[註22] 夏庭芝著，孫崇濤箋注《青樓集箋注》，中國戲劇出版社，1990 年，第 150 頁。

經旅居元朝的高麗鴻儒李谷，在其《韓國公鄭公祠堂記》中講到高麗人鄭仁的子嗣禿滿達曾經任職於金玉府，受到元仁宗的禮遇：

> 次禿滿達，即徽政公也。……初，大德庚子（1300），徽政生十一歲，以內侍從忠烈王入覲，因留侍闕庭。成宗愛其穎悟，壬寅（1302）詔入學齒冑，習書、禮。既通大意，命給事仁宗潛邸。元至大辛酉，拜典寶監丞，官奉訓大夫。俄遷典瑞大監，洎升監為院，六轉為使，加資善大夫，攝利用監，監金玉府。其被仁廟所以多遇之，內臣無齒其右。〔註23〕

禿滿達，是高麗韓國公鄭仁之子，他顯然在元期間取了蒙古名。此人長期「治百工之事」，是入元高麗人群體中不太常見的仕途經歷〔註24〕。他十一歲即與「貴為帝婿」的忠烈王王昛覲見元帝。他所歷官職，從典寶監丞，正五品，到典瑞大監，正三品，再到後來監金玉府，及轉任章佩監，正三品，仕途可謂光明。禿滿達雖然品級不斷攀升，但始終任伎術官，沒有機會觸碰朝廷權力核心。此外，金玉局也像元代其他事務性機構一樣，設立掌管審計與磨勘的照磨。如《全元文》中的《于君孟高墓誌銘》，載于孟高之子於中為金玉局總管照磨。傳世文獻關於金玉局高級官員的記載還有《全元文》所收《故徐居士碣銘》，誌主徐誠的父親，也是金玉局的大使〔註25〕。此外，出土石刻中也有相關信息。比如，早年在西直門甕城外牆基中出土一元碑，上題「大元國都總金玉局使盧公之墓」，碑文左下記年代為「癸亥孟夏吉日盧仲安立石」，可知該碑立於至治三年（1323）。「都總金□局使」，應即大都的金玉局大使。盧仲安，不詳，大概為盧公家屬〔註26〕。但此盧公生平事蹟已很難獲知。1979 年 8 月，北京建國門古觀象臺東外牆塌毀，出土一方「金玉□犀玳瑁□使潘公墓碑」。碑題缺字當為「溫」和「局」，因元代諸路金玉人匠總管府在至元十五年（1278）設立溫犀玳瑁局機構，其大使為從八品〔註27〕。這

〔註23〕《韓國公鄭公祠堂記》，載《全元文》卷一三六一，第494頁。又見於李谷《燕居錄》，載《燕行錄全編》第一輯，第 2 冊，廣西師範大學出版社，2013 年，第 121 頁。

〔註24〕宮廷宿衛是年輕的入元高麗人比較常見的職位。參見劉中玉《元代高麗人待遇考》，《釜大史學》第 34 期，2008 年 12 月。

〔註25〕李修生主編《全元文》卷一三八六，2004 年，第 500 頁。

〔註26〕齊心主編《北京元代史蹟圖志》，北京燕山出版社，2009 年，第 211 頁。

〔註27〕參見張寧《記元大都出土的文物》，《考古》1976 年第 6 期。另外，需要指出的是，劉之光主編《館藏石刻目》，誤將盧氏墓碑與出土於古觀象臺下的幾方

位潘公顯然就是該局的長官。

1. 元代前期

這裡，我們以仁宗朝為界，將金玉局官員的仕途遷轉分為兩段考察。元世祖時期官位僅次於呂合剌的燕人傅進。據黃溍《奉議大夫同知諸路金玉人匠總管府事傅公墓誌銘》〔註28〕，可知傅進祖居燕京地區，金代其祖、父徙居今大同一帶，憲宗蒙哥時傅家在和林「以備宿衛」。至元二十五年（1288），世祖將傅進選用為金銀器盒提舉，秩從五品。元成宗大德年間，「凡再陟其階，俾居舊職」，「十一年乃遷奉訓大夫，諸路金玉人匠府副總管」。可見，多年來，傅進只是升階，而職務難有躍遷。武宗至大四年（1311），去世前一年以六十歲高齡「同知府事」，足見擢升過程之漫長。值得一提的是，身為國家將作部門要職的傅進去世並埋葬後三十六年都未有勒石刻文的墓誌銘，比較鮮見。筆者認為這應該不是他個人的原因，這個現象從側面反映金玉局官員在元代官僚體系中不被重視。

根據房山南尚樂出土的《康氏先塋碣銘》，我們可獲知大都路的金玉府石局大使康惠琮彌留之際的一段告白。此人在延佑七年（1320）正月一日向侄子康恕追述祖輩家族遷徙、艱苦起家及先塋情況。當他談到自己的石局大使身份，說道：「濫叨寸祿，非祖宗陰積，焉興於此？」，「寸祿」一詞，似並非謙辭，一定程度反映了金玉府石局大使相比其他部門官員的清苦。

與康惠琮情況相似的，還有元初文士顧信。顧信，揚州路崇明人，此人「長習吏事」，擅長書法，「累官金玉局使」〔註29〕。文獻中保留了此人與趙孟頫交往的幾封書札尺牘。根據《至正崑山郡志》等文獻，顧信在任滿金玉局副使後，「升杭州軍器同提舉」，這種升遷途徑是地方金玉局官員的普遍發展路徑，類似情況下文還將提到。

2. 元代後期

武宗至大間，杭州路行諸路金玉人匠總管府才開始設立，並下設金玉局、軍器局、織染局、雜造局等機構〔註30〕。但前期杭州金玉局的資料幾乎沒有。直到明初徐一夔《始豐稿》中收錄的一則墓誌銘，才有助於一窺杭州路金玉

墓碑相混。今日中國出版社，1996年，第77頁。

〔註28〕《全元文》卷九七五，第301頁。

〔註29〕（元）楊譓纂《至正崑山郡志》卷五《人物·顧德》，載《續修四庫全書·史部·地理類》，上海古籍出版社，2013年，第545頁。

〔註30〕《元史》點校者在校勘記中指出，此處「至大」當為「至元」之誤。

局官員遷轉進退的路徑。此書卷九《元故將仕郎金玉府軍器提舉司同提舉夏君墓誌銘》記載了墓主夏應祥一生的遊宦經歷和辭官後的事業發展。

夏應祥，錢塘人，元末於杭州開設壽安堂，在當時和後世都大為傳揚，名著杏林。但此人在從事岐黃之術前，主要是以杭州金玉局官員身份負責監理本局事務。為行文方便，茲錄墓誌銘中有關墓主任職情況：

> 元置行諸路金玉（人匠）總管府於杭，治百工之事，其官屬頗盛，君始用薦為其府雜造局大使，改金玉局大使。稍升軍器局提舉司同提舉，階將仕郎，尋移疾去。……所督隸局工，類多單人細戶。或內府需器用急，工集局晝夜並作，而有寒餓色，則戒僮僕為飲食，餉之不吝。君平生切於濟人利物。方其仕金玉府時，以日月積勞，得八品官，循資而上，紆金曳紫不難至。而勝國之制，士以雜流進者，終不畀以民社。君自度不足以達，故寧棄去。〔註31〕

金玉局的日常運轉，直接關係到內府帑藏所需器物的使用，至於出現「內府需器用急，工集局晝夜並作」的情形都是正常的。但從事重體力的工匠處境則是「有寒餓色」。後來，他稍升軍器局提舉司同提舉，與前文的顧信可謂相似。杭州是當時手工業重鎮，做工任務相當繁重，所謂「工集局晝夜並作」「日月積勞」。夏應祥在杭州地區雜造局、金玉局都僅是八品左右職銜，品級低微，很難有平流進取，從容禁闥的機會。因元代規定「管匠官止於管匠官內流轉」，而元代規定外任地方官基本三年一考，因此，所謂「循資而上，紆金曳紫不難至」，著實是句空話。而「終不畀以民社」顯然也是一句託辭而已，所以才有他棄官從醫的職業轉型，成為至今仍為杭州人所熟悉的壽安堂藥室的創辦者。杭州的金玉局官員還有一位副使，名崔天德，字君誼，以字行〔註32〕。近人陳去病《吳江詩錄》中載有數篇崔君誼《友竹軒》詩句，其中收錄了元明之際文士隴西郟經於至正丙午（1366）對崔氏的介紹。從郟經的話中，可知此人大概是因元朝國運將終，且各地農民運動正酣，故而避地吳江隱居，遂以教書為業〔註33〕。筆者以為，崔君誼任金玉局副使應該是在隱居吳地之前。《震澤縣志》記此人「勝國時，出宦京師，遭時多故，既

〔註31〕徐一夔著，徐永恩校注《始豐稿校注》，浙江古籍出版社，2008年，第243～244頁。

〔註32〕范煙橋《茶煙歌》，「江曲書莊古物」條，上海書店出版社，1934年，第62頁。

〔註33〕《陳去病全集》外編一《吳江詩錄》二編卷十八，上海古籍出版社，2009年，第2096頁。

歸田里，與竹君雅好如昔」〔註34〕，教書自不能與出仕同時。

總之，傅進、康惠琮與顧信是元初時人，而夏應祥、崔君誼則主要生活於元明易代之際的蘇、杭，綜合五人在「管匠官」系統內遷轉情況，他們的晉升前景終元一代幾乎沒有改變，也很難有所轉變。

（二）金玉局工匠的來源與境況

1. 來源

元大都城的工匠來源不似明代北京「良玉雖集京師，工巧則推蘇郡」。以大都路為例，能工巧匠多是從中央政權所在的腹裏地區徵集的，如著名的曲陽工匠。（見表一）但是這是元成宗以後的事，而在世祖中統年間，初設金玉局時的工匠來源則並非如此。

大都金玉局的最早工匠來源，大概是從蒙元帝國的龍興之地和林、白八里等地徵發來的工匠。據《經世大典》：中統二年（1261），敕徙和林、白八里及諸行路金玉瑪瑙諸工三千餘戶於大都，立金玉局〔註35〕。《元史·世祖本紀》亦載：「敕徙鎮海、百八里、謙謙州諸色匠戶於中都，給銀萬五千兩為行費。」〔註36〕同書《百官志》也提到「中統二年，以和林人匠置局造作，始設直長。」〔註37〕顯然，這兩條史料存在很大相關性，不僅時間都在中統二年，地點也都提到白（百）八里。這裡的白八里，在遼代稱「白拔烈」，《元史》中稱「獨山城」，有學者考證其為唐代北庭一帶的獨山守捉，即今新疆天山北麓東部的吉木薩爾縣〔註38〕。至于謙謙州，乃是嶺北地區。可見，元世祖中統年間大都金城坊的金玉局最初只有約幾千多工匠，且一開始就為世襲編戶。從民族構成角度講，這些從大西北來的工匠多數應該屬於蒙古人、畏吾兒人以及其他非漢種族。需要指出的是，這批蒙古故地遷來的手工業者，也不僅限於製作金銀、玉器，可能也包含少量的絲織業者。

1276 年，元軍渡江南下，南宋軍隊節節敗退，危如累卵。大批江南俘虜被掠至大都。「廉直多巧思，為初建金玉局使」的遼東人呂合剌，「奏釋所獲宋

〔註34〕 （乾隆）《震澤縣志》，鳳凰出版社，2008 年，第 315 頁下欄。

〔註35〕 《元文類》卷四十二，《四部叢刊初編》影印本，上海書店出版社，1997 年，第 16～17 頁。

〔註36〕 《元史》卷六《世祖本紀三》。

〔註37〕 《元史》卷八十八《百官志四》。

〔註38〕 參見戴良佐《獨山城故址踏勘記》，《元史及北方民族史研究集刊》，1984 年，第 107～108 頁。

間諜鉗鈇輸作者及渡江所俘童男，皆教以工事，世守其業」。《揭俟斯全集》卷八《平章呂公合剌墓誌銘》：「以所獲宋間諜及渡江所俘童男，作工於金玉局」〔註39〕。論者多援引該材料闡述元代的奴隸驅口用於手工業的情況。南宋間諜和來自南方的男孩，作為十三世紀末金玉局工匠來源的有力補充。胡小鵬認為，這裡的童男不同於一般人匠，是一種特殊的工匠，稱「斷沒人」，地位也較一般工匠為低。他們大多在幼年就被俘或成為無主的驅口〔註40〕。呂合剌，在《新元史》卷一七五有傳，傳文應該是柯劭忞參考這篇墓誌提煉而成。呂合剌此舉，有助於將新征服地區的富餘勞動力為新政權所用。

2. 境況

元代非蒙古血統的各族百姓，多有冒取蒙古名的現象。因此，不乏有漢人願意鋌而走險，冒充蒙古血統，進而坐致蒙古人才能擔任的官員。常山兒，起初作為大都金玉局所管匠人被編入匠籍服役，後來不知因何機緣改名為也先帖木兒，擔任濱州的達魯花赤〔註41〕。學界對漢人假冒蒙古姓名的情況多有留意。常山兒事件便是典型的冒名非法取得官位的案例。又，濱州在元代屬濟南路，是濟王朵列納的領地〔註42〕。山東、江蘇地區是常姓的發祥地。當事人常山兒定然是不願在大都做工，或許從大都逃出來回到家鄉，希望在家鄉通過非法渠道獲得祿位。當然元統治者很快就下令革除了他的職務。這則材料說明，金玉局工匠處境並不理想，而廉訪司對冒名而取得炙手可熱的達魯花赤的行為不能不管不問，追查甚嚴。

關於金玉局工匠的地位與處境，王惲《論蕭山住等局人匠偏負事狀》中記載：

> 伏見呂合剌兒管民戶內，撥出人匠二百二十五戶內，……係納三錠包銀戶計，餘者雖是不及，例各酌中戶計。然則一丁入局，全家絲、銀盡行除免。近又將上項戶計撥付本局另行管領，其人匠自來按月支請米四斗、鹽半斤，不時更有賞賜錢物，其為幸民，無甚於此。

〔註39〕 （元）揭傒斯《揭文安公文集》卷八《平章呂公合剌墓誌銘》。

〔註40〕 魏明孔、胡小鵬《中國手工業經濟通史·宋元卷》，福建人民出版社，1990年，第596頁。

〔註41〕 陳高華等點校《元典章》卷九《吏部三·投下官》，天津古籍出版社，2011年，第293～294頁。

〔註42〕 （日）植松正《元代江南投下考》，《日本學者中國法論著選譯》，中國政法大學出版社，2012年，第456頁。

且如蕭山住、儲普花兩局人匠，俱係迤北拋失家業，移來中都。今全
家入局造作，又為衣食不給，致有庸力將男女質典者。〔註43〕

《烏臺筆補》的作者王惲，曾於至元五年（1268）到至元九年（1272）
任監察御史，所以，這則事狀應寫於這段時間內。本條涉及元代的包銀戶、
五戶絲制度，主要實行於江淮以北地區。文中說丁匠入局後，應該免除全家
繳納絲、銀的義務，可以按月支請鹽、米，還不時有賞。但這種待遇在工匠
中實行得並不平衡，蕭山住等局人匠就連衣食也難保障，以至於典質兒女。
另外，呂合剌在世祖至元二十七年（1290），仍在掌管工匠事務。此年三月，
忽必烈下令：

凡工匠隸呂合剌、阿尼哥、段貞無役者，皆區別為民。〔註44〕

這表明呂合剌等三名長官手下的匠人，與其他工匠要區別對待。這裡需
要指出的是，王惲所寫事狀的至元初年，元軍還沒完成對江南宋地的統一，
從文中提到的金玉局工匠來源以及蕭山住、儲普花這些明顯蒙古族名字中，
可知至元初年金玉局仍有大量蒙古本部所係工匠。

程章燦從《石刻考工錄》的資料集中，摘引了元代全國各地的工匠四十餘
人。程先生指出，全國的石匠編織了有序的社會組織網絡中，除將作院的金玉
府外，大都路留守司、工部、秘書省等也負責管理工匠。地方家族式、師徒傳
授的工匠組織中，以四明茅氏、鄒縣常氏、益都盧氏最有代表性〔註45〕。但現
有材料似乎還不能體現元代金玉局系統人匠也存在比較集中的家族式、師徒
傳授情況。

如所周知，元代工匠一般都有匠籍。《通制條格》卷四《戶令》之「擅配
匠妻」條：「大德十年八月，中書省禮部呈：大都路申：『蔡阿吳係金玉局人
匠蔡六妻室，夫亡，拋下男添兒應當身役。』有本局官關提舉，服內強將阿
吳分付一般銀匠王慶和為妻。本部議得，蔡阿吳夫亡，已有男添兒應役，其
本局官，服內擅將本婦配與王慶和為妻，於理未應，合令本婦離異，與伊男
蔡添兒依舊應當匠役。都省準擬。」〔註46〕這則史料歷代為研究元代婚姻史
者所重視，認為脅迫締約婚姻，可以撤銷婚姻。但是從本文所載事件不難看

〔註43〕趙承禧編，王曉欣點校《秋澗集》卷八十九，收入《憲臺通紀》（外三種），浙
江古籍出版社，2002年，第284～285頁。

〔註44〕《元史》卷十六《世祖本紀》。

〔註45〕程章燦《石刻刻工研究》，上海古籍出版社，2008年，第176頁。

〔註46〕方齡貴校注《通制條格校注》卷四，中華書局，2001年，第195頁。

出：1. 金玉局匠人只能本籍婚配，匠人所夫亡再醮，官府是否認可，要看有無繼承人應役為準〔註47〕；2. 對於案中的蔡添兒，其父雖亡，但自己必須「依舊應當匠役」；3. 雖然此案後來由禮部干預，但金玉局官員在一定程度可以決定本局工匠及其眷屬的婚姻去向問題。總之，金玉局匠人在婚姻上的權利十分有限。由於金玉府工匠隊伍龐大，難於管理，工匠與管理者之間、工匠內部可能經常會發生衝突矛盾。為此，至元十三年（1276），元廷專設「管匠都提領所」，專管金玉府人匠申訴陳情、舉訟之事。

關於金玉局的廢止年代，史無明文。元中後期，有關金玉局的文獻資料遠不及元代前期多。杭州行金玉府副總管羅國器在順帝至元二年後、崔君誼在至正二十六年之前，仍任職於地方上的金玉局，所以，筆者推測該機構可能與元王朝相終。明代仿唐宋舊制設立文思院，職能類似於元代的金玉局，也掌管金銀器製作，隸屬於工部。但明代文思院的品秩都要比元代金玉局低得多，一定程度上反映了受重視程度。

附表　元代金玉局高級官員信息表

姓　名	任職時間	職　務	籍貫	出　處	備　註
徐誠之父	約世祖至元末期	某地金玉局大使	松江上海	《全元文》卷一三八六；貝瓊《清江貝先生文集》卷三十	
呂合剌	世祖時期	初建金玉局使	遼東	《元史‧呂合剌傳》及《揭傒斯文集》卷八	呂氏似乎是冒改蒙古名的漢人或色目人
傅進	世祖至元二十五年至皇慶元年	諸路金玉人匠府副總管	燕京	《全元文》卷九七五	
禿滿達	成宗大德十一年	監金玉府	高麗	《全元文》卷一三六一	冒改蒙古名的高麗人
顧信	同上	杭州金玉局副使	崑山	《至正崑山郡志》卷五《元故樂善處士顧公壙誌》	
康惠琮	仁宗延佑七年	金玉府石局大使	淶陽	《康氏先塋碣銘》，據當地人，1950年左右，該碑已毀。此據《北圖石刻拓片彙編》	康氏舉家從淶陽遷至房山南尚樂

〔註47〕陳鵬《中國婚姻史稿》，中華書局，2005年，第313頁。

盧公	不詳	大元國都總金□局使	不詳	《北京元代史蹟圖志》《館藏石刻目・北京石刻藝術博物館叢書2》	墓碑早年出土於西直門甕城外牆基中
潘公	不詳	大元故金玉□犀玳瑁□使	不詳	《北京元代史蹟圖志》《館藏石刻目・北京石刻藝術博物館叢書2》	墓碑 1979 年出土於北京古觀象臺東牆基
張公	不詳	某地金玉府總管	不詳	《青樓集箋注》	
夏應祥	不詳	杭州金玉局大使	錢塘	《始豐稿》卷九	
崔君誼	順帝至正二十六年之前	某地金玉局副使	吳江	《茶煙歇》《吳江詩話》	據崔君誼經歷推測他應是大都金玉局使
羅國器	順帝至元二年始任	杭州行金玉府副總管	不詳	《南村輟耕錄》卷十二《匠官仁慈》、《日聞錄》等	

四、結語

　　本文所論金玉局，雖後來調整為諸路金玉人匠總管府，但在元代文獻語境中，仍以「金玉局」或「金玉府」稱之。由於現有材料的傾向性，本文所舉石刻工匠，是龐大的金玉局人匠中一小撮而已。因為很少有製造金銀玉器的工匠資料傳世，更多的金玉局人匠資料有待於日後進一步發掘。筆者寫作目的，在於通過梳理元代金玉局（諸路金玉人匠總管府）的歷史，彰顯中國古代「大國工匠」的可貴精神，同時反映金玉局官員作為「管匠官」的仕途艱辛。在文章結束之前，我們共得出以下基本認識：

　　一、金玉局始設於元世祖中統二年。《析津志》成書的元代末期，金玉局（諸路金玉人匠總管府）應該設在元大都金城坊的法藏寺內。至大年間（1307～1310）法藏寺之地大致為武宗朝宰相三寶奴的宅邸，而金玉局是 1261 年開始建立的，表明金玉局 1261～1307 年這段時間的位置另有所指，但已難以確考；

　　二、終元一代，不管是諸路金玉人匠總管府還是地方金玉局官員，一般只能在所執掌相近部門之間遷轉，按部就班地根據朝廷規定來晉升，很難跨出伎術官的隊列，符合「管匠官止於管匠官內流轉」的官方規定。金玉局官員多為非蒙古人士擔任，有蒙古族背景者恥於任職金玉局。金玉局的某些高級官員，

擔負著繁重的督辦任務，有些人最後會轉而投身其他行業，或者歸隱；

三、金玉局工匠地位、境遇極不理想，可能存在脫籍情況，而且元政府在關於工匠待遇方面的規定與執行上有很大差距；

四、元代金玉局工匠來源，最初以和林、白八里等漠北匠戶為主，隨著對南宋的平滅，也吸收了相當一批來自南方的南宋俘虜；

五、金玉局執掌方面，除了《元史·百官志》列舉的項目外，我們還可窺見金玉局可能會負責金屬貨幣鑄造、金襴袈裟等特殊服飾的製作。

六、金玉局工匠參與製作的石刻，無論是傳世的還是後世出土的，都反映該機構間接參與了地方文化建設，做出一定貢獻。

（補記：據《北京晚報》2021年4月13日第28版發表馬壘《金玉局為何出現在房山？》一文，文物愛好者與文物工作者在北京市房山區霞雲嶺魚洞中發現元代摩崖石刻，內容為：「至元拾弍年，正月初冬日，金玉局占。」後面有人名：「王二、劉三、劉十、姚二」。）

元代金玉溫犀玳瑁局使潘公墓碑

元代都總金玉局使盧公之墓碑

房山霞雲嶺魚洞中的元代摩崖石刻，刻有金玉局工匠姓名

原載《中國社會經濟史研究》，2018 年第 1 期

沉重的慣性：
元大都崇真萬壽宮故址沿革變遷考略

　　我們知道，蒙古統治者在定鼎燕京後，不是立即就著手都城規劃的。直至世祖至元三年（1267），劉秉忠等人才受命負責規劃並營建新都，佛道教寺廟宮觀雖然不是新都營建的重點，但其總量超過前朝。長期以來，學界對元大都建城史的研究，多著眼於城郭與坊市布局、宮城殿宇規模與復原、宮禁衙署的分布與規模等等，而對外郭城中宗教類機構的興建情況、沿革變遷等關注比較有限〔註1〕。以位於宮城東北隅的玄教在元大都的中樞崇真萬壽宮為例，以往的研究多從它在元代道教中的重要作用等方面著眼，很少關注該機構在元大都乃至日後北京城市發展演進過程中的變遷與遞嬗。多年來，元代玄教的研究不可謂不豐，在現有研究條件下，仍有不少問題未能解決。本文欲在前輩學者研究基礎上，針對其始建與增修情況、有關人物等問題做一初步探討。在《元一統志》《京城古蹟考》等文獻中也稱之為「崇真宮」，在《析津志》中固定地稱為「天師宮」，本文為行文方便，簡稱「崇真宮」。

〔註1〕 近年關於元大都寺觀的研究，代表性的有陳高華《元代新建佛寺略論》，《中華文史論叢》2015 年第 1 期、《元代大都的「舊剎」》，《隋唐遼宋金元史論叢》，上海古籍出版社，2014 年、劉曉《金元北方雲門宗初探——以大聖安寺為中心》，《歷史研究》，2010 年第 6 期；《元代真大教史補注——以北京地區三通碑文為中心》，《中華文史論叢》2010 年第 4 期。

一、崇真宮的宮址與相關掌故辨析

（一）關於崇真宮的始建與增修

1. 大都崇真宮的始建時間

今日所見官方和私家史料中關於崇真宮始建的時間點，有些許差別。差別主要集中於是上都崇真宮在先還是大都崇真宮在先？時間是至元十四年（1277）還是十五年（1278）？《元史・世祖紀七》載：「（至元十五年冬十月）乙丑，正一祠成，詔張留孫居之。」但《元史・釋老傳》只是模糊地說：「……命留孫為天師，留孫固辭不敢當，乃號之上卿，命尚方鑄寶劍以賜，建崇真宮於兩京，俾留孫居之，專掌祠事。」那麼，《元史》所載材料的史源如何呢？

元代當朝形成的關於崇真宮始建時間的材料主要有三：（1）大德元年（1297），王構《敕賜龍虎山大上清正一宮碑》，記述了至元十三年（1276）第 36 代天師張宗演攜張留孫從龍虎山至大都，謁見忽必烈的經過：「尋敕有司，建正一祠於艮方，賜額曰『崇真萬壽宮』，上都復建靈宇。」〔註2〕明確大都崇真宮先於上都而建。（2）官方文獻《元一統志》則相反，稱「至元十五年置祠上都。尋命平章政事段貞度地京師，建宮艮隅，永為國家儲祉地。」〔註3〕看來，照《元一統志》說法，上都的崇真宮建造時間稍早於大都崇真宮。（3）虞集在《河圖仙壇之碑》中稱張留孫是在「至元十四年，作崇真宮以居之」。鄙意以為，《元一統志》是官方地理總志，修於至元二十二年（1285），最終成書於大德七年（1203），距離崇真宮始建時間較近；《河圖仙壇之碑》作於元順帝後至元六年（1340），距離崇真宮始建至少也過去近 60 年。儘管《元一統志》後來不斷散佚，今天僅存輯本。但明初修《元史》，還是可以參考《元一統志》的。所以，這裡當以《元一統志》為是，大都崇真宮始建於至元十五年，不應提前到至元十四年或更早的時間點。

日本學者櫻井智美指出崇真宮起初只是正一道的祠，元世祖對道教教團保持了冷靜的態度，太子真金和孫子成宗對張留孫、吳全節非常尊崇，崇真宮在至元末才擴建增修〔註4〕。《元史》中也稱崇真宮為「正一祠」。王構是在《元

〔註2〕（元）元明善撰，張國祥等續修《續修龍虎山志》卷三，載《四庫全書存目叢書・史部》第 228 冊，齊魯書社，1996 年，第 172 頁。

〔註3〕（元）孛蘭肹著，趙萬里校輯《元一統志》，中華書局，1966 年，第 42 頁。

〔註4〕〔日〕櫻井智美《元大都的東嶽廟建設與祭祀》，《元史論叢》第十三輯，天津古籍出版社，2010 年，第 20～30 頁。

一統志》纂修者孛蘭肹的推薦下撰寫上清正一宮碑的，所以，起初崇真萬壽宮很可能只是一個不大的祠，規模較之成宗以後為小。

2. 崇真宮的增修

下面來看崇真宮後來的增修情況。增修的資料主要來自私家撰述。首先，據張伯淳《崇正靈悟凝和法師提點文學秋岩先生陳尊師墓誌銘》：「皇上初祀，大宗師所領大都崇真萬壽，恢拓加壯，制授師崇正靈悟凝和法師，本宮提點」〔註5〕。墓誌中的「皇上」，當指元成宗。秋岩先生，指陳義高。

《上卿真人張留孫碑》記載更具故事性：

> 未幾，上崩，成宗歸自潛邸，隆福太后遣重臣從公郊迎，行至，公下馬立道左，上令就騎，且語之曰「卿家老君猶爾睡耶？」意謂焚經後道教中衰也。公對曰「老君今當覺矣」。上悅，車駕屢親祠崇真，敕留守段真（貞）益買民地充拓其舊，期年訖功，上臨幸落成。〔註6〕

崇真宮得以擴建的契機就是成宗即位，成宗與張留孫私交甚好，所謂愛屋及烏，正一道的樞機之所崇真宮得以增飾擴建，也是水到渠成之事了。不管是陳義高墓誌銘中的記敘還是張留孫碑的說法，增建崇真宮的時間應該都在成宗即位伊始的元貞年間。但是據清人所輯《湖北金石志》卷十四所收歐陽玄撰《中興路創建九老仙都宮記》記載，玄靜真人唐洞云「大德初入京，玄教大宗師開府張公留孫雅見器遇，時奉旨建崇真萬壽宮，命董繕，克稱厥任」〔註7〕。唐洞雲參加了擴建崇真宮的工程，時間已到大德年間〔註8〕。那麼到底是元貞年間還是大德年間增修萬壽宮的呢？虞集《河圖仙壇之碑》：「四年，命有司作三清殿及觀門、廊廡於崇真宮，設醮慶成。上齋而臨幸，賜開府及公黃金白金重幣有差。」〔註9〕顯然是在大德四年完成增修。

〔註5〕（元）張伯淳《養蒙集》卷四，收入陳垣編纂，陳智超、曾慶瑛校補《道家金石略》，文物出版社，1988 年，第 872 頁。

〔註6〕《道家金石略》，第 910 頁。

〔註7〕轉引自《道家金石略》文物出版社，1988 年，第 958 頁。

〔註8〕劉固盛、王鳳英認為大德初入京的唐洞雲參加了世祖下旨建造的崇真萬壽宮，但大德初世祖忽必烈已去世，顯然沒有區分始建與後來增修的情況。參見《荊州玄妙觀元碑〈中興路創建九老仙宮記〉考論》，《世界宗教研究》2015 年第 6 期。

〔註9〕（元）虞集《道園學古錄》卷二十五《河圖仙壇之碑》，《道家金石略》，第 964 頁。

結合上引張留孫碑，可知作為大都留守的段貞〔註 10〕在增益崇真宮時，在面積上有了擴充。大德年間以後，崇真宮的工程交給了唐洞雲負責，段貞升任平章政事，負責更重要的國家工程。日本學者渡邊健哉根據《元一統志》對段貞參與興建崇真宮的意義做了評價，顯示了皇權對這座道教宮觀的重視。

崇真宮的位置是有所講究的，《析津志》也對崇真萬壽宮的位置說得很明確：「天師宮，在艮位鬼戶上。」大都城的規劃，按「地理經緯，以王氣為主」。所謂鬼戶，又稱鬼門，陰陽家以為不吉。之所以把正一道的中樞設立於艮位，或許考慮到用其來震懾鬼邪，以保證社稷平安、穩定，企望國祚永續。尼泊爾雕塑家阿尼哥參與了宮內神像的雕造，也從側面說明這是世祖時期一項重要的工程〔註 11〕。

3. 目前所知崇真宮的建築與範圍

上引《河圖仙壇之碑》已經表明了增修崇真宮的時間，那麼增修內容也是值得注意的：

直到大德二年，吳全節才擔任崇真宮的提點，並在兩年後修建了三清殿和觀門、廊廡。前文提到日本學者已經注意到至元年間崇真宮只是一座正一祠，似乎還夠不上「宮」的級別，連三清殿、觀門都不具備，大德四年以後，可以稱得上名副其實的「宮」了。

至於崇真萬壽宮的附屬建築，有冰雪相看堂。作為首任崇真萬壽宮的提點，吳全節在大都的住址就設在該宮旁側。根據任士林《冰雪相看堂記》：

> 玄教吳尊師，即崇真萬壽宮之右。築室三間，載綢載繆，西南
> 其戶，土榻陶春，石煤種燠。四方賓客宴坐其中，題曰「冰雪相看」。
> 凡京師之名能文者，咸賦之紀之。既又命其侄編修君來錢唐，致辭
> 於余，曰：「餘生大江東，……」〔註 12〕

可見，吳全節並非住在崇真宮內，而是在其西側另外「築室三間」，門戶面向西南方。文中稱京師「賦之紀之」的文士就有戴表元。清人吳長元《宸垣識略》記載，吳全節還在此宮中種植了五色薔薇。當然，這只是傳說而已。

〔註 10〕〔日〕渡邊健哉《元朝の大都留守段貞の活動》，《歷史》98，2002 年。此據氏著《元大都形成史の研究：首都北京の原型》，東北大學出版會，2017 年，第 148〜149 頁。

〔註 11〕（元）程鉅夫《雪樓集》卷七《涼國敏慧公神道碑》。

〔註 12〕任士林《松鄉集》，此據《全元文》卷五百八十三，鳳凰出版社，2004 年，第 409〜410 頁。

　　吳全節七十八歲時，羽化於崇真萬壽宮內。許有壬《至正集》卷三十五《特進大宗師閒閒吳公挽詩序》將他去世的時間與地點記述得很清楚：「至正六年……薨於大都崇真萬壽宮承慶堂」〔註13〕。吳小紅《元代龍虎山道士在兩都的活動及其影響》，認為大都崇真萬壽宮乃是外地道士在大都的旅店和學習道法的場所。關於它的建築布局描述，直接記述已經基本找不到了〔註14〕。通過結合各類文獻，我們知道成宗時期，崇真宮增修了觀門、廊廡、上清殿、承慶堂以及吳全節居住的冰雪相看堂。

　　關於崇真宮佔地範圍，趙正之先生遺作《元大都平面規劃復原的研究》一文最早研究了崇真宮的四至，即大取燈胡同以北，寬街以南，東至大佛寺西街，西至東皇城根。這個範圍大體上與清代乾隆年間地圖標繪的誠親王府和草場胡同接近〔註15〕。筆者基本同意趙先生的意見，儘管早期的建築範圍我們很難探知，但晚期的王府規模給我們確定元代建築布局與規模提供了參考。

　　大都崇真宮是元成宗經常出席宗教活動之場所。虞集《張宗師墓誌銘》記錄了張留孫壽宴的情形：

> 終成宗之世，幾歲修之，內在仁智殿、延春閣，外則崇真、長春兩宮，上常親祠……公年七十，上使國工畫公像，詔翰林學士承旨趙公孟頫書贊，……以賜公生日。是日，賜宴崇真宮，內外有司各以其職供具，宰相百官咸與焉。〔註16〕

　　關於崇真宮的田產，《元一統志》稱「闢丈室齋宇，給浙右腴田，俾師主之，賜額崇真萬壽宮」。東嶽廟內《上卿真人張留孫碑》也稱：「乃詔兩都各建上帝祠宇，皆賜名曰崇真之宮，並以居公，賜平江、嘉興田若干頃，大都昌平栗園若干畝給其用，而號公曰天師」〔註17〕。所謂腴田，位於今天浙江紹興平江鎮以及浙江嘉興市一帶。而除了《元一統志》所載「浙右腴田」外，還有今北京市昌平區的栗園。此外，2002年在韓國發現的《至正條格》殘卷中，有關於崇真宮賜田回收入官的情形：「崇真萬壽宮的一百頃田，五十頃還官」〔註18〕。儘管這些田產的地點，我們雖已難詳知，但元後期崇真

〔註13〕許有壬《至正集》，此據《全元文》卷一一八七，第127頁。
〔註14〕《元史論叢》第十二輯，內蒙古教育出版社，2010。
〔註15〕趙正之《元大都平面規劃復原的研究》，載《科技史文集》第二輯，上海科學技術出版社，1989年，第14～27頁。
〔註16〕虞集《道園學古錄》，此據《全元文》。
〔註17〕《道家金石略》，第910頁。
〔註18〕韓國中央研究院編：《至正條格》校注本，第61頁。

宮的觀產還是相當豐厚的。

（二）「天師宮」與「天師庵」的概念區分

崇真宮故址在明代的地名中始終保留著「天師庵」三字，以喚起明北京人對崇真宮的歷史記憶。但清初的學者即對大都城兩個天師宮表現得困惑。如《日下舊聞考》卷一百五十五「存疑」中注意到這個問題：

> 杜康廟在舊城光祿寺內居西偏。奉禮部標撥道士一人在內提點看經。專一焚修香火，蓋為釀造御酒，每日於上位御押槽內支酒一瓶以供杜康，提點者自行收貯。〔註19〕

《日下舊聞考》的纂修者已經將杜康廟為何由道士看管表示了存疑，似乎不能明白為何杜康廟由道士「提點看經」。

無獨有偶，清代主要活躍於雍乾時期的學者官員勵宗萬，在《京城古蹟考》中，稱明代曾奉敕建造了一座「崇真宮」。有些學者對此不加辨析，逕直認為崇真宮與現已闢為萬壽公園的明代萬壽西宮有關〔註20〕。但可以肯定的是，勵宗萬所說的「崇真宮」已經與元大都內的崇真萬壽宮毫無關係了。他指出，萬曆丁巳年（萬曆四十五年，1617）敕建一座崇真萬壽宮，既供奉文昌帝君，還供奉諸葛亮，甚至連文天祥都供奉。筆者以為，勵氏筆下的道觀與明萬曆年間所建壽西宮及其附近的玉皇廟（後改為三教寺）的情形十分相似。三教寺，即始建於萬曆年間，供奉文昌帝君、文天祥、諸葛亮等銅像，銅像後來移至白雲觀文昌殿保存。勵宗萬還說：「宮有明時碑二座，其一為沒字碑，未知即元時遺址否？」〔註21〕勵宗萬的例子告訴我們，即便是他這樣諳熟北京歷史掌故的學者兼官員，也不知道明萬曆年間在北京外城所修建的萬壽西宮，與元代蓬萊坊的崇真萬壽宮無涉。這也提醒當今的研究者，要對資料可靠性仔細甄別，切莫被古人因無知而出現的錯誤認知所誤導。

佟洵在研究天師宮的建制時，認為天師宮在杜康廟內，究其原因不得而知〔註22〕。林梅村《元大都宣徽院衙署考》對大都城有兩個天師宮的問題做

〔註19〕（清）于敏中，《日下舊聞考》卷一百五十五「存疑」，北京古籍出版社，1983年，第2497頁。

〔註20〕代洪濤《北京白雲觀文昌殿明代銅像初探》，《蘭臺世界》2012年第9期。

〔註21〕（清）勵宗萬《京城古蹟考》，北京古籍出版社，1981年，第10頁。

〔註22〕佟洵《道教與北京宮觀文化》第二章《北京的道教宮觀》，宗教文化出版社，2008年。

了合理的解答〔註23〕。本文再補充一點。元代的光祿寺，根據《析津志》，「南薰坊，光祿寺東。」可見，光祿寺位於南薰坊的西部。那麼南薰坊在今天北京的哪裏呢？《京師五城坊巷衚衕集》指出該坊位於：「正陽門裏，順城牆往東至崇文門大街，北至長安大街。」〔註24〕王璞子認為可能後來發生過遷移，因為該坊已在城牆之外〔註25〕。但總之，杜康廟內的天師宮與崇真萬壽宮完全是兩個不同的機構。

可見，崇真萬壽宮和杜康廟裏的小天師宮分別位於元大都的蓬萊坊和南薰坊附近，一北一南，後者僅是一個小型道觀，和前者不可同日而語。

二、與大都崇真萬壽宮有關的玄派人物

大都崇真萬壽宮集中了一大批元代正一道核心人物，主要為張留孫、吳全節的徒子和徒孫。臺灣學者袁冀《元代玄教宮觀教區考》與《元代玄教弟子法孫考》〔註26〕做了基礎性的研究。前文以史料排比的形式，指出哪些玄教道士曾經居住過崇真宮，其中包括張留孫、吳全節、夏文泳、張德隆、于有興、毛穎達、陳日新、薛玄曦八人。據筆者粗略統計，除張留孫外，目前可考的擔任過崇真萬壽宮提舉、提點者就有：吳全節、夏文泳、陳義高、陳日新、薛玄曦、孫益謙等。這些人物大部分為張留孫的徒子徒孫。袁先生沒有提到的還有陳義高，此人至元三十年任職，大概是直接接替張留孫掌管崇真宮的〔註27〕。此外，還有道士孫益謙，據任士林《慶元路道錄陳君墓誌銘》：「授受雷法最著者……次則大都崇真萬壽宮提點孫益謙、夏文泳……」〔註28〕。關於夏文泳的任職時間，黃溍《夏公神道碑》稱：「大德四年，始至京師，與大宗師特進上卿吳公同侍開府公左右，日相切磨，而學益以進。八年，開府公以上命，遣公俯視諸道流於大江之南。比還，制授元道文德中和法師，崇真萬壽宮提點」〔註29〕。以上諸人在大都崇真宮任職時間一般都比較短促，上任幾年後便又被調離，有的會到元上都的崇真宮任職。如薛玄曦

〔註23〕林梅村：《大朝春秋：蒙元考古與藝術》，故宮出版社，2013 年，第 333 頁。

〔註24〕（明）張爵《京師五城坊巷衚衕集》，北京古籍出版社，1983 年，第 5 頁。

〔註25〕王璞子《梓業集》，紫禁城出版社，2007 年。

〔註26〕袁冀《元史論叢》，聯經出版事業公司，1978 年，第 175～176 頁。

〔註27〕（元）張伯淳《養蒙文集》卷四《秋岩先生陳尊師墓誌銘》。

〔註28〕（元）任士林《松鄉集》卷三。

〔註29〕（元）黃溍《金華黃先生文集》卷二十七《特進上卿玄教大宗師元成文正翊運大真人總攝江淮荊襄等處道教事知集賢院道教事夏公神道碑》。

是在仁宗延佑年間開始擔任提點的。薛玄曦是元中期比較重要的崇真宮提舉。《金華集》卷二九《弘文裕德崇仁真人薛公碑》：「延佑四年，制授大都崇真萬壽宮提舉，居三歲，升提點上都崇真萬壽宮」。總之，目前文獻對元代前、中期崇真宮的道職情況記載較為豐富，後期的資料則比較匱乏，期待日後有新的資料彌補元後期關於崇真宮沿革的情況。

有文獻可考的元大都（北平）崇真宮道職：

姓　名	任職時間	資料出處	備　註
張留孫	至元十五年開始	趙孟頫《上卿真人張留孫碑》	現存北京東嶽廟內。
陳義高	至元三十一年開始	張伯淳《養蒙文集》卷四	
吳全節	大德二年之後	虞集《道園學古錄》卷二五《河圖仙壇之碑》	
夏文泳	大德八年至至大年間	黃溍《金華集》卷二七、《龍虎山志》卷四《元武宗授夏文泳真人制》	
陳日新	延佑元年之前	濟源《投龍簡記》	現存河南濟源市濟瀆廟內。
薛玄曦	延佑四年	黃溍《金華集》卷二九	
孫益謙	不詳	任士林《松鄉集》卷三	

三、大都崇真萬壽宮舉行的主要宗教活動、作用

1. 齋醮活動

有元一代，與大都崇真萬壽宮有關的最重要的齋醮有三次。第一次在德宗元貞三年（1297）。據現存東嶽廟內的《上卿真人張留孫碑文》：「未幾，兩都及河東地震，……遂禱於崇真，有白鶴數百集中亭，詔文臣閻復等作頌刻石」。這次活動產生了一項重要的文化成果——《大都崇真萬壽宮瑞鶴詩》。此詩卷最早著錄於清初顧復的《平生壯觀》中：「前有題官銜名款，復號靜軒，官集賢院大學士，至元時人。後文衡山二圖書，方回和韻，家之巽和韻，張模、牟應龍詩，杜道堅跋。詩前題職銜小字款。」〔註30〕這份詩卷乃迄今為止與大都崇真萬壽宮有關的唯一留存於世的實物，為清末民初官僚蔡乃煌

〔註30〕（清）顧復《平生壯觀》卷四，收入《中國書畫全書》，上海書畫出版社，1993年，第 927 頁。

舊藏。它記錄了不多見的元人隸書，在書法史上有獨特價值，並且還具有一定的宗教史價值。據詩前小序云：

> 元貞三年二月初吉，詔正一玄教宗師沖玄真人張君，即崇真萬壽宮設金籙醮儀，恭禮上玄。申命翰林承旨王公，祗奉香幣，暨集賢學士二人，充代祀官篏事之。明日，三鶴見於祠宮之上，迴翔久之。翌日亭午，當拜朱表，星冠雲晃，即事露壇，法音琅然，芬燎上達。復有雙鶴翔舞空際，下集北斗新宮南門。既而復起，凌風馭氣……〔註31〕

序文中的翰林承旨王公，應該指王構，即《敕賜龍虎山大上清正一宮碑》碑文的作者。「祠宮」「北斗新宮」都是當時正一祠內的建築，應該延續了至元年間的規制。

第二次是在仁宗延佑元年（1314）。據傳世濟源《投龍簡記》云：「皇帝、皇太后覆命集賢司直、奉訓大夫臣周應極、洞玄明德法師，崇真萬壽宮提舉臣陳日新，乘傳封香，奉玉符簡、黃金龍各二，詣濟瀆清源善濟王廟、天壇王母洞致敬焉」〔註32〕。本次雖不在崇真宮內舉行，但仁宗委派崇真宮人員，專程赴濟源縣，分別在濟王廟和王母洞致敬行禮，體現了崇真宮在投龍簡儀式中的重要性。

目前所知，元代在崇真萬壽宮內舉行的最晚一次齋醮活動，是泰定元年（1324）甲子改元時，泰定帝下詔舉行的金籙周天大醮儀式。史稱這次齋醮由吳全節領銜，蔡天佑、呂志彝、劉尚平、夏文泳等參與。「為位二千四百」，持續七個晝夜之久。這場活動不僅有正一派，而且還有大道教的劉尚平和太一派掌教蔡天祐〔註33〕。

這次齋醮與元貞三年同樣有瑞鶴臨壇。事後，吳澄作《瑞鶴記》：「今皇帝元年之春，左丞相傳旨，命玄教大宗師吳全節於崇真萬壽宮如其教以庶事而虔告於天，有報也，有祈也。告天之辭，上自署名省臺近待之臣肅恭就列，罔敢懈怠。宗師靜虛凝神，對越無二，朔南玄教之士服其服，職其職供給於齋宮者千人。步趨進退，璆鏘以鳴，贊詠倡歎，疏緩以節，穆穆以愉。夫上皇者，靡

〔註31〕北京匡時國際拍賣有限公司：《大都崇真萬壽宮瑞鶴詩》。
〔註32〕《道家金石略》，第 894 頁。關於該碑的專門研究可參看馮軍《元趙孟頫書〈投龍簡記〉碑考釋》，《中原文物》2013 年第 5 期。
〔註33〕關於對劉尚平身份的研究，參看劉曉《元代大道教玉虛觀系的再探討——從兩通石刻拓片說起》，《中國史研究》2005 年第 1 期。

所不用其極。將事之時，有鶴自東南而來者三。俯臨祠壇飛繞久之，乃翱翔而去。成事之旦，有鶴自青冥而下者二，復臨祠壇飛鳴久之，乃騫翥而上。預祠之臣，目觀心異，僉欲刻文以彰瑞應。既而其事上聞，有旨命辭臣撰錄。……」〔註34〕在大都的活動結束後，蔡天佑等馳詣濟瀆投龍簡於水府，「禮成而退」。

2. 祈晴活動

史料反映發生在崇真宮內的祈晴活動僅一則。《崇真萬壽宮都監馮君祈晴詩序》（大德五年七月二十三日）：

> 大都辛丑夏仲（仲夏），暴雨大作，霖霪不輟，至五旬之久，泥塗坎陷，車馬不通。潢潦彌漫，浸貫川澤。小民諮怨，農夫告病。崇真萬壽宮都監石泉馮君，乃謀於道眾曰：「吾輩奉正一法，以祈禳為業，睹其如是，雖不吾以，安可坐視而弗救耶？」於是致齋潔，肅儀物，籲告蒼穹，懇以七日為開期之度。〔註35〕

石泉馮君，生平不詳。這是正一道最常見的祈禳活動。論者向引《元史》卷六十六《河渠志》中關於此年永定河泛濫的記載：「五年間，渾河水勢浩大，郭太史恐沖沒田薛二村、南北二城，又將金口已上河身，用砂石雜土盡行堵閉。」〔註36〕這次永定河泛濫主要原因即在於五十天的暴雨為虐。王惲的這首詩序可作為北京災害史資料的一條補充。

3. 外地玄教人員來京駐留地

自至元年間以來，崇真宮一直作為外省來大都的玄教人士暫居之所。如張伯雨，此人二十歲時離開家，遍遊天台、括蒼諸名山，後去茅山派四十三代宗師許道杞弟子周大靜為師，受大洞經籙，豁然開悟。又去杭州開元宮師玄教道士王壽衍，命名嗣真，道號貞居子，又自號句曲外史。皇慶二年（1313），隨王壽衍入京，居崇真萬壽宮。他常與大都城的士大夫和文人學士，如楊載、袁桷、虞集、黃溍、趙雍等交遊唱和。

四、從宮觀到王府——明代以後的崇真萬壽宮故址沿革

（一）元末崇真宮有沒有變為翰林國史院？

有學者認為，崇真宮在元後期已現衰相，依據是《析津志》一段材料：

〔註34〕《全元文》卷五〇一《瑞鶴記》。
〔註35〕（元）王惲《秋澗集》卷四三，此據《全元文》卷176，第六冊，第213頁。
〔註36〕《元史》卷六六，中華書局，1976年，第1659頁。

「至順二年七月十九日，奉旨（以天師宮）為翰林國史院，蓋為三朝御容在內，歲時以家國禮致祭」[註37]。此條為置於「天師宮」條下的內容。但筆者經過對照後認為，「天師宮」條屬入了本為「朝堂公宇」下「中書省」內容的文字，是《析津志輯佚》整理者的失誤。憑藉這條屬入文字斷定元代後期崇真宮衰落，是不符合史實的。林梅村在研究元代會同館的位置時，考察翰林國史院變遷，認為「至順二年七月十九日，奉旨（以蓬萊坊北天師宮）為翰林國史院〔註38〕。這也是存在問題的，翰林國史院遷入的是中書省北省，而非崇真萬壽宮（天師宮）。這一點，我們從其他角度推斷也可思考清楚：一來，崇真宮作為宗教機構，是按照宗教教義和用途來設計布局的，不可能驟然變為政府機關；二來，北京的崇真宮宮址和宗教職能在入明以後還存在，至少在洪武年間還有著名道士擔任提點，下文對此還將詳析。

學者薩兆溈其實已將翰林國史院院址考證清楚〔註39〕。薩氏通過《日下舊聞考》「元之翰林國史院屢經遷徙，至順間賜居北中書省舊署」以及《析津志輯佚》「至元二十七年，尚書省事入中書省，桑柯移中書省，於今尚書省為中書省，乃有南省北省之分。後於至順二年七月十九日，中書省奏：奉旨，翰林院國史院裏有的文書，依舊北省安置……」，確定翰林國史院位於今鐘樓西北，高梁河東支南岸。

綜上，筆者認為，前人所認為的天師宮改為翰林國史院一事，是對《析津志輯佚》一書史料的誤讀。《析津志》「朝堂公宇」中的「中書省」條指出：「至順二年七月十九日奉旨：翰林國史院裏有的文書，依舊北省安置，翰林國史官人就那裏聚會。」[註40] 這與「天師宮」條：「至順二年七月十九日，奉旨為翰林國史院，蓋為三朝御容在內，歲時以家國禮致祭。」[註41] 是同一件事，都是指翰林國史院遷入鳳池坊以北的中書省北省，與蓬萊坊的崇真萬壽宮（天師宮）完全沒有關係。

（二）明初的崇真宮

正統九年（1444）《白雲觀重修記》稱：「正道先守業於崇真萬壽宮，

〔註37〕 尹志華《張留孫及其在元大都創立的道教——玄教》，《北京聯合大學學報》2003 年第 2 期。
〔註38〕 《大朝春秋》，第 174 頁。
〔註39〕 薩兆溈《元翰林國史院地理方位辯證》，《北京行政學院學報》2000 年第 6 期。
〔註40〕 《析津志輯佚》，北京古籍出版社，1983 年，第 8～9 頁。
〔註41〕 《析津志輯佚》，第 33 頁。

永樂十五年太宗文皇帝創建洪恩靈濟宮,選道流之靜重貞潔者焚修,正道預焉」〔註42〕。倪正道曾在住持白雲觀前,在崇真萬壽宮受業的情形。明代北京崇真萬壽宮的式微是必然的。我們知道,明洪武年間,由於元明易代,全國政治中心的南移,以南京朝天宮為玄教樞府。

　　大概到了永樂十五年(1417),洪恩靈濟宮的建立,或許對崇真萬壽宮的功能是個毀滅性的打擊。除了倪正道與明初的崇真宮有關外,另一名道士李時中擔任過洪武年間的崇真萬壽宮要職。據《大嶽太和山志》卷七:

　　　　李時中,江都人。蚤年入三茅山從高士學讀《周易》……洪武
　　初年,奉命差往北京崇真萬壽宮,後任道紀之職。……永樂十六年,
　　解化葬於檜林庵。〔註43〕

　　明初文人曾棨有一首詩篇《遊崇真萬壽官因訪葛太常》值得注意:

　　　　崇真倡觀禁城東,舊住真人向此中。鳳去縱山虛夜月,鶴歸華
　　表怨秋風。飛花八戶丹房靜,古木垂蘿碧殿空。此處忍逢勾漏令,
　　將因暇日問黎同。〔註44〕

　　曾棨,字子啟,是永樂二年(1404)的狀元,是明初文壇的翹楚。他生於洪武五年(1372),卒於宣德七年(1432)。但此詩必作於永樂年間。為何這麼說?該詩同卷有另一首題為《庚寅元夕午門侍宴觀燈》。曾棨享年正好一甲子,其生前經歷的庚寅年,只有永樂八年(1410)。所以,曾棨所作庚寅詩中的午門應該指南京的午門。此外,同卷中又有一首《喜蕭時中狀元及第》,按,蕭時中是永樂辛卯科(永樂九年,1411)及第的狀元〔註45〕,所以曾棨遊崇真萬壽宮時間在永樂九年左右。因此,永樂前期的崇真宮宗教功能雖在,但已走向式微。

　　詩中第一句表明,永樂之後的崇真萬壽宮仍如元代,位於紫禁城的東北。其中「飛花八戶單房靜」與「古木垂蘿碧殿空」中的「靜」和「空」二字,道出當時的崇真宮境況大不如前,殿宇無人打理經營,遠遜於元代隆重舉行齋醮時的勝景。我們知道,明朝北京自永樂十九年(1421)才建成啟動遷都,所以永樂八年之後不久的北京還在大興土木之中,崇真萬壽宮也許尚未列入永樂帝

〔註42〕《道家金石略》,第256頁。
〔註43〕胡道靜主編:《藏外道書》第32冊,巴蜀書社,1994年,第930頁。
〔註44〕(明)曹學佺《石倉歷代詩選》卷三百四十九《明詩初集》。
〔註45〕(明)李賢等:《明一統志》卷五六《吉安府・人物》:「時中登永樂辛卯科進士第一」。

的城市規劃中。

（三）天師庵草場時期

大概在英宗正統時，崇真萬壽宮正式退出歷史舞臺，變為由御馬監經營的天師庵草場。據劉若愚《明宮史·木集》將天師庵草場與中府草場（舊都府草場）、裏草欄草場並提：

在皇城外東北角，正統年間，以張天師舊處改建，故甘洌牆外

有井，甘洌可用，不減十王府街之井也。〔註46〕

此條文獻中的「張天師舊處」，顯然就是崇真宮。崇真宮最終退出歷史舞臺，和正統年間宦官勢力的快速發展有關。明代北京的草場基本隸屬於二十四衙門之一的御馬監。御馬監是最早設立的宦官系統衙署，是僅次於司禮監的宦官機構〔註47〕。

天師庵草場，明代屬保大坊。據《京師五城坊巷衚衕集》，其附近還有惠民藥局和眉掠胡同，應該位於二者之間。陳宗藩《燕都叢考》亦引述《明宮史》中內容，確定天師庵草場確是元崇真宮故址所在。劉若愚作為比較有史才的宦官，當時人記當時事，我們可以相信正統時期，存在一個多世紀的崇真宮正式「壽終正寢」。

根據明代制度，這三個草場設掌場太監一員，貼場太監一二十員，此外，還有負責文書的僉書吏從幾十人到上百人不等。明代天師庵草場的各級太監還是比較活躍的。在今天保留的嘉靖三十年（1551）《黑山會流芳碑》和崇禎三年（1630）的《超化寺重修記》等碑刻資料中，都有天師庵草場太監參與。前者記錄了來自天師庵草場的貼場太監楊保，參與了黑山會組織。特別是後者，超化寺位於涿州林家屯鄉西管頭村，該寺歷史可追溯至遼代。崇禎三年的重修活動，貼場太監題名中共出現李永成、寶選等八位。在明代，北京房山地區和河北涿州地區有不少宦官留下過史蹟。

天師庵草場直接隸屬於御馬監管轄，對外埠運京的芻粟具有壟斷性，長期以來，貼場太監對沿通惠河外來的芻粟轉運極為嚴苛，積弊尤甚。針對這一狀況，嘉靖七年，御史王重賢上書陳事，指出要整肅倉場〔註48〕。具體為商人運來的芻草，不必運至內府，只需安置於京通倉的空閒倉廠即可。這

〔註46〕《明宮史·金鰲退食筆記》，北京古籍出版社，1982年，第50頁。
〔註47〕方志遠《明代的御馬監》，《中國史研究》1997年第2期。
〔註48〕《明世宗實錄》卷八十四。

個事件也從側面說明天師庵草場在明代宦官的直接領導下，對由運河運至京師的芻秣具有強行索取的權力。正統年間以後，天師庵草場一直作為北京皇城外圍空間四隅環繞的一處重要地標而存在。劉若愚在《酌中志》中描述皇城外層時說：「（大明門）稍東而北，過公生左門，向東者曰長安左門。再東過玉河橋，自十王府西夾道往北，向東者曰東安門。轉而過天師庵草場，再西向北，曰北安門，即俗稱厚載門」〔註49〕。可見，天師庵草場緊鄰明皇城東北角，與北安門、東安門位置相埒，雖不是皇城之門戶，但具有門戶地位。

1644年清軍入京以後，天師庵草場的接管發生了變化。究其原因，目前還不是特別清楚。據清代文獻，「御馬場及王貝勒貝子等馬場俱各按本旗地方牧養。又題准天師庵草場設場尉、筆帖式及書役、甲兵巡守。」康熙元年（1662），天師庵草場已經移交給崇文門部員負責〔註50〕。筆者認為，至少在康熙年間初期，天師庵草場還存在。四川清吏司的執掌範圍中，即包括天師庵草場：

> 分管四川布政司，帶管在京招買草束、直省入官戶口、崇文門、天師庵、象房草場及大興、宛平二縣草場。〔註51〕

那麼，天師庵草場最終何時完全被王府取代？似乎還難以確定。據清內務府檔案，乾隆二年（1737），誠親王府竣工。此後到同治八年（1869）的132年時間，為王府時期。同治八年以後，此地段先後屬於榮壽公主和榮安公主府址。

（四）誠親王府與大公主府時期

根據前文，康熙元年（1662），天師庵草場的職能與編制就轉由崇文門部員負責。誠親王允祕，是康熙帝的第二十四子，康熙帝最小的兒子。他雍正五年（1727）喪母，雍正十一年（1733）二月被冊封親王。雍正十三年（1735）九月，分旗賜邸，位於今寬街的王府開始興建，至乾隆二年閏九月，歷時兩年建成。其子貝子弘晊（《都畿水利圖卷》的作者）的府第，現仍位於誠親王府故址南的大取燈胡同北側。弘晊宅邸，為我們瞭解誠親王府舊

〔註49〕（明）劉若愚《酌中志》卷十七《大內規制紀略》，北京出版社，2018年，第135頁。

〔註50〕《欽定八旗通志》卷七十五《土田志十四》。

〔註51〕《康熙會典》卷十七「戶部」。

況提供了一些線索。從美國國會圖書館所藏乾隆年間京師地圖可見當時的
誠親王府位置，坐北朝南，偏向南側，北側為眉掠胡同（小蘇州胡同，今稱
陽春胡同）。

　　榮安固倫公主府，坐落於今美術館後街，連同馬圈算上共有三百一十間房
舍。第一進為前儀門，東西轉角房和東西廂房。府內設有東西「阿斯門」，倒
座轎廳。北側五間府門，有前殿、後寢、後罩房和東西配殿。最西側為五進院
落，中間為庫、廄等附屬設施。這種布局一直保持到二十世紀八十年代，大公
主府整體遷至北京密雲。

　　民國時期，大公主府故址曾作為北平電話北局的辦公地。

五、結語

　　本文分別就大都崇真萬壽宮的始建與增修、與該宮觀有關的道教人物、
萬壽宮內曾舉辦的幾次有史可稽的大型齋醮活動、元代之後崇真宮故址在明
清二代的沿革等問題做了初步的梳理。特別是最後一個問題，啟發我們不管
是元代和明初的道教宮址、明代正統年間以後至清初的御馬監所轄草場、還
是清代雍正以後所建王府或公主府第，像元明清宮城東北隅這樣的黃金要
地，在北京城市發展史上的布局選定與變遷，與當時的當權勢力轉換有關。
元代初年，正一派天師北上進京，得到世祖、成宗等皇帝的青睞，遂選址建
宮；明代正統以後，宦官勢力大大超過京城地區的道教勢力，所以該地讓位
於御馬監下轄的一所草場；由於清前期親王數量的激增，所以該地成為親王
府邸。

　　總之，不管是元代的崇真宮，明代的草場，清代的王府乃至今天的北京中
醫醫院，其範圍都不出東皇城根東北一隅，即《析津志》所謂「艮位鬼戶」。
筆者認為，這是都城發展過程中的一種歷史慣性在其作用。誠如一些前輩歷史
地理學者所指出的，一個古代城市的街道布局形成後，是很難全局性地改變
的。這也正好解答了為何新政權建立最初的幾十年甚至更長的一段時間，此地
還會維持一些前朝所遺留的機構並繼續發揮作用。

　　本文就以往崇真萬壽宮歷史上關注不多的幾個問題做了些許思考和辨
析，在研究其名實問題時，尤其須注意文獻運用上，要仔細甄別材料是否針對
所述對象，切忌出現張冠李戴的情況。

《大都崇真萬壽宮瑞鶴詩》局部

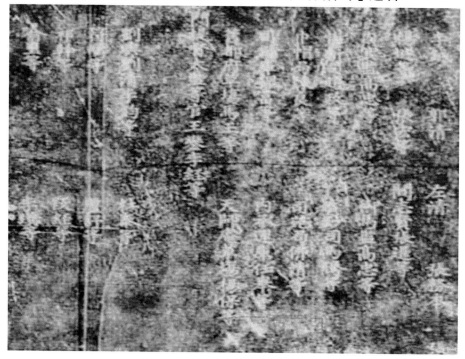

嘉靖《黑山會流芳碑》中「天師庵草場楊保等」題名

現藏大英圖書館內的乾隆年間的《北京內城圖》（乾隆年間）中的誠親
王府與草廠遺存

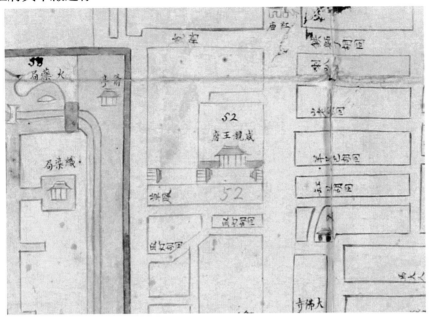

大英圖書館藏《精繪北京圖》（乾隆十二至四十一年間）的誠親王府

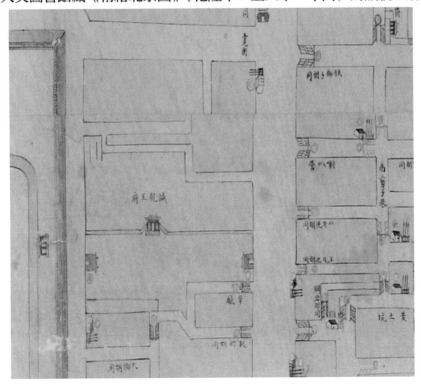

美國國會圖書館藏李明智所繪《北京全圖》（約咸豐至光緒年間）中的大公主府及其周邊

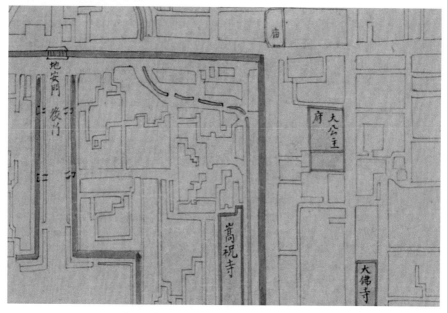

今北京中醫醫院內的「大公主府」遺留院牆與柱礎石

原載《北京史學》，2019 年第 2 期

元大都近郊地名叢考

　　如所周知，元大都奠定了今日北京城布局的基礎。元大都的研究在中國古代都城研究中並不算晚，1949 年之前，便有學者根據研究成果繪製出一些元故宮與外郭城的平面圖，但當時學界關於元大都史地的關注多集中於宮廷大內布局、大都營建過程與城內坊里分布等方面。1949 年之後，特別是改革開放以來，關於元大都史地的研究甚夥，但仍主要延續之前的路數〔註1〕。北京歷史地理方面的學者與元史學者對此關注最多。前者主要有尹均科、孫冬虎先生對元大都村落地名所做的初步考察。大體來講，他們多根據《元史》、《昌平外志》、《析津志》、《元一統志》等文獻對遠郊的山水關口橋閘做了地名摘錄〔註2〕；後者則以陳高華先生為代表。他注意到大都大興與宛平縣下轄的一些鄉村名稱，但僅停留在列舉而未涉及這類鄉村的分布情況〔註3〕。

　　前輩學者所做之基礎性工作值得肯定，但以現有的成果距離釐清大都四

〔註1〕朱偰《元大都宮殿圖考》，北京古籍出版社，1990 年；王璧文《元大都城坊考》、《元大都城平面規劃述略》，收入《梓業集》，紫禁城出版社，2007 年，第 1～85 頁；趙正之遺著《元大都平面規劃復原的研究》，《科技史文集》第二輯；楊寬《北京古代都城制度史》，上海人民出版社，2003 年；昔寶赤·卻拉布吉《元大都研究》，遼寧民族出版社，2019 年。海外方面，日本學者肆力最多。他們自上世紀三十年代就陸續有元大都權威論著發表。如村田治郎、駒井和愛、愛宕松男、杉山正明等人的成果，近年則以渡邊健哉為代表，限於本文篇幅，在此恕不一一列舉。

〔註2〕尹鈞科、孫冬虎《北京地名研究》，北京燕山出版社，2009 年；孫冬虎《北京地名發展史》，北京燕山出版社，2010 年。

〔註3〕陳高華、史衛民《元大都元上都研究》，中國社會科學出版社，2020 年，第 61 頁。

郊鄉村地名，繪製元大都四郊鄉村分布圖的目標還很遙遠。這主要是因為，一方面，囿於元代相關傳世文獻的分散與稀疏，即便從史料中發現一些當時的地名信息，但由於經歷八九百年的時間，地名更迭在所難免；另一方面，緣於北京地區城市考古的一些遺憾與欠缺，從文獻中檢出的許多地名難以借助出土資料加以印證。

本文題目中的「近郊」，特指元大都四面城垣外三四十里的範圍內。筆者有鑒於一些元代大都近郊地名的基礎性工作，還需利用傳統方法進行細緻的探賾，遂選取了九處地名，主要為鄉村（莊）名稱。通過考察它們在今北京地區的大致位置與範圍，連綴成篇，是為叢考，願就教於方家。

一、東南郊

1. 大市莊（大師莊、太師莊）

1962 年，位於原崇文區廣渠門內南水關胡同的北京工藝美術研究所院內，出土了《大元故太傅錄軍國重事宣徽使領大司農司太醫院事鐵可公墓誌銘》。志文記為：「（皇慶癸丑，1313）春正月，世祖忌辰，詔公詣大萬安寺莅作佛事。……追念疇昔，悲痛不能自己，由是感疾。……夏四月辛未，薨於所居。乙酉，葬大興縣大師莊先塋之兆次」。銘文部分亦呼應稱：「大師之原，馬鬣其封」〔註4〕。

蘇天爵《滋溪文稿》卷十六《元故廣寧路總管致仕禮部尚書李公墓碑銘（李羽）》中，記述墓主李羽的安葬情況：「……至正四年正月二十六日卒。贈上輕車都尉，追封隴西郡侯，諡靖敏。越十日，葬大興縣燕臺鄉大市莊之原……」這裡的大市莊應該就是「鐵可墓誌」中的「大師莊」無疑。

其實，大都郊外以太師莊為名的村落地名，元人文集中也是有體現的。程鉅夫在為翰林學士承旨塔海所作《秦國昭宣公神道碑》中言：「至大四年盜起四明，賜三珠虎符，拜資德大夫，中書右丞浙東道宣慰使，都元帥，往捕之。驅以入海，因感瘴癘，以某月某日薨於位年六十五以某年月日還葬京

〔註4〕侯琨認為，《元史》本傳有「敕有司治喪，贈太師」，所以有可能因鐵可改名為「太師莊」。參見《元〈鐵可墓誌〉考釋》，《北京考古與文物》第 2 輯；《元鐵可父子墓和張弘綱墓》一文的作者認為，大師莊一名的由來大概是因於護墳塋或由此處有法藏寺大師的墳地，至今已不可詳考。我們認為大師莊之名不像與生活密切相關的呂家窯為人們所熟悉。隨著鐵氏衰落或寺院頹廢而被人們遺忘，所以不見於文獻記載。參見《考古學報》，1986 年第 1 期。

城太師莊之先塋。」〔註5〕「太」與「大」屬於魯魚亥豕之訛，古籍文獻所在多有，不足為奇。

晚近的一則史料，也可證實元代初期的大師莊（太師莊）就是元代晚期的大市莊。清人吳長元《宸垣識略》記三轉橋，在魏村社大市莊〔註6〕。魏村社大概出現於明代中期，位於北京外城東南部，今北京東城區南部仍存三轉橋胡同，即《宸垣識略》所載三轉橋。綜上，元代以降的大市莊（太師莊）地域大致應位於原崇文區北部偏西一帶，是一東西範圍略長，南北範圍略短的村落。

2. 東皋村

自古以來，以「皋」為地名的鄉村一般與其所處地勢有關。首先，我們可從王惲《東皋八詠》中的「東皋村」，體察出該村的方位信息：「陽春門外望東皋，三載相邀醉濁醪。早晚回溪溪上路，桃花紅雨滿漁舠。」孫冬虎曾對該地名做了深入研究。他認為，東皋村位於豐臺區蒲黃榆路北端東側，左安門以西略微偏南約 1.2 公里處。東皋村大致位於大都南城陽春門外，相當於今東城區南部天壇至蒲黃榆一帶。東皋村最著名的景點是斷事府參謀趙禹卿的別業匏瓜亭。我們從王惲詩作可知，東皋村所在地水源豐富。另外，孫先生還通過地圖等資料考證出後世出現的地名「龍鬚溝」與明代隆禧寺的關係。龍鬚溝應該是自元明以來，該地區存在溝渠故道遺跡的表現〔註7〕。

此外，東皋之名，屢屢見於北京地區的明人墓誌中。如《明故封文林郎監察御史段公（善）孺人常氏合葬墓誌銘》中：「夫人常氏，山西壺關人。先世仕元，配金虎符。成化十九年，合葬崇文門外東皋村之原。」〔註8〕另據《明故驃騎將軍後府都督僉事追封榆次伯謚忠敏張公（廉）墓誌銘》載，張廉的祖、父均贈驃騎將軍後軍都督府都督僉事。燕山右護衛十夫長。宣德七年卒，葬大興縣南七里東高村之原〔註9〕。元明時期，在東皋村的西邊可能還存在一個西皋村。譬如，安樂林小學出土的夏氏家族墓，包括正德八年《夏時墓誌》及正德十二年《夏廣妻易妙廣墓誌》的志文墓主葬於西皋村〔註10〕。

〔註5〕《雪樓集》卷八，長洲顧氏秀野堂本，康熙三十三年。
〔註6〕《宸垣識略》卷九《外城一》，北京古籍出版社，1983 年，第 172 頁。
〔註7〕孫冬虎《北京地名發展史》，北京燕山出版社，2010 年，第 277 頁。
〔註8〕《豐臺區石刻文物圖錄》，北京燕山出版社，2008 年，第 16～17 頁。
〔註9〕《豐臺區石刻文物圖錄》，第 23～25 頁。
〔註10〕北京市文物局綜合事務中心藏歷代墓誌拓片。

　　孫先生認為，王惲生活在元初，故東皋村到金代已經形成村落。那麼東皋村的下限應到什麼時間呢？朱彝尊《風亭掃葉錄》中也引用了王惲關於東皋、匏瓜亭等大都東南景物的詩句，又說：「《明一統志》謂在城南十里，蓋循元志之舊爾」〔註11〕。筆者以為，東皋、西皋等村名在清初似乎已經不復存在，否則朱彝尊不會予以追溯。

3. 艾村

　　艾村應是大都城東偏南的一個村莊，屬於大興縣燕臺鄉地界。就筆者管見，元人文集中僅有兩條記之：一為馬祖常所撰《勅賜大司徒薊國忠簡公神道碑》記，云：「其年十一月二十六日一疾薨於昭回坊之賜第，壽七十有六。初，順州第四鄉發信村之原，元統元年四月，公第五子監察御史塔納始買地於大興縣燕臺鄉艾村原作為塋垣。樹列翁仲、石儀舉公及夫人之柩焉。」〔註12〕二為程鉅夫所撰《姚長者碑》：「至元初，於城東艾村得沃壤千五百餘畝。構堂樹亭，繚以榆柳，環以流泉，藥闌蔬畦，綺錯棋布，嘉果珍木，區分井列，日引朋儕，觴詠嘯歌其間。聘名師課子孫，泊然無所干于世。……」〔註13〕

　　我們假定，大都城東大興縣的東皋村、大市莊與艾村同時存在。如前所述，東皋村、大市莊位於今東城區南部，佔據了大都城東南以外一大片區域。《姚長者碑》稱姚仲實所構園林位於艾村，艾村居城東。結合馬祖常所稱艾村位於「大興縣燕臺鄉」，「燕臺」二字得名大概與戰國時期燕國所建黃金臺有關。燕臺鄉是自唐代出現，雖歷唐、遼、金數百年，但區劃不會有太大變化，那麼艾村就應該是大都城東偏南方向的村落。唐、遼時期，燕臺鄉西北部有燕下（夏）鄉，該鄉名稱在金代以後基本不復出現〔註14〕。考慮到元大都城的建設導致燕夏鄉已被取消，燕臺鄉可能向北展擴。目前，雖不知燕臺

〔註11〕于敏中等《日下舊聞考》卷八十九，北京出版社，2018年，第1517頁。

〔註12〕馬祖常著，李叔毅點校《石田先生文集》卷十三，中州古籍出版社，1991年，第242頁。

〔註13〕程鉅夫《雪樓集》卷七。

〔註14〕目前所知唐幽州燕下（夏）鄉信息的資料有：乾隆年間廣渠門內出土的王仲堪墓、1951年東單出土唐任紫宸墓、1972年西四羊肉胡同出土唐任希墓、1995年發現的紫禁城西牆內唐崔抱一墓，可知燕夏鄉位於燕臺鄉西北，今北京市中心區域。參見趙其昌《唐幽州村鄉的探索》，《京華集》，北京燕山出版社，2014年，第43～44頁。王岩《京華通覽：北京的遺址墓葬》，北京出版社，2018年，第114頁。1962年鐵可墓的發現表明，原本是唐代燕夏鄉的廣渠門內，到元代變為了燕臺鄉轄境。

鄉的南界，但《姚長者碑》稱艾村位於城東，所以該村又不可能太靠南。由於大市莊與東皋村、西皋村佔據了燕臺鄉西北的位置，筆者推測艾村最有可能位於今廣渠門迤東地區。

二、西南郊

1. 烽臺鄉

早年，有學者總結以往關於「豐臺」地名來源的研究中，主要形成以下幾種觀點：第一種為豐臺地名起源可能來自古代拜郊臺遺址。如清代學者朱彝尊在《日下舊聞》中就持這一認識；第二種說法來自元代韓御史別墅中一處景觀——遠風臺；第三種則以明代學者沈榜《宛署雜記》中所記錄的「風臺村」為來源〔註15〕。其中第三種觀點作為最終成果，編入了《北京豐臺區志》中〔註16〕。後來，孫冬虎根據豐臺地區所出明代欽天監正李華等人墓誌中所出現的「豐臺」字樣，判斷明代前期豐臺一詞已經從指代「單個聚落擴展到一個面積廣大的區片」〔註17〕。

其實，我們在文獻中找到了更早的記載，比「風臺」和「豐臺」的連稱時間都要早。首先，元人劉敏中在給王松年所撰神道碑中，提到王松年為其母安葬之事：「中統癸亥，輦母家京師。數歲遣子約如真定，舉其父之櫬殯於燕。至元丙子十二月二十二日母卒合葬京師南之烽臺鄉。」〔註18〕元代前後至元均有丙子，此處當為元世祖前至元十三年（1276）。其次，袁桷在為昌平等處屯田總管劉伯傑所撰墓誌銘中，也提到「烽臺」：「卒以至元二十三年四月某日，年六十有五，其葬在大興縣招賢鄉烽臺村之原。」這裡又涉及一處重要的鄉村地名——招賢鄉。該鄉也是唐遼以來，幽州（燕京）地區就長期存在的聚落。趙其昌先生曾做過初步研究，後來，隨著考古資料的積累，豐富了我們對幽州（燕京）南部招賢鄉的認識。譬如，房山雲居寺唐代貞元年間刻經、遼代馬直溫墓、遼金持淨院塔院等都提到過這一鄉名〔註19〕，雖然這些非文獻資料都集

〔註15〕《豐臺文史資料選輯》，1987年，第25頁。

〔註16〕《北京豐臺區志》，北京出版社，2001年，第17頁。

〔註17〕孫冬虎《豐臺地名的追根尋源與正本清源》，《北京聯合大學學報》2012年第10卷第4期。近年又有學者論述豐臺地名起源問題，但仍未突破前人成說。參見彭學開、王殿彬《豐臺地名源流考》，《中國地名》2019年第12期。

〔註18〕劉敏中《中庵集》卷十六《敕賜贈榮祿大夫司徒柱國梁國文惠公王公神道碑銘》。

〔註19〕雲居寺石經題記中的「招賢鄉」，參見趙其昌前揭文。1979年，在京開公路西

中在遼金時期，但元代該鄉範圍亦應變化不大。

　　儘管前文劉敏中文中稱「烽臺鄉」，後面袁桷文中稱「烽臺村」，隸屬於招賢鄉，但也不妨礙我們理解烽臺的原意。「烽」字表明烽臺最初的出現，可能始於軍事行動所建造的防禦墩臺，類似長城烽火臺，有傳遞信號的功能。至於明代萬曆二十一年（1593），《宛署雜記》中的「風臺村」，很可能是對「烽」字的代替。筆者這裡旨在強調，從語音來講，「豐臺」作為地名的出現，近源可能為《宛署雜記》中的「風臺村」，但作為同音字「烽臺」，似可遠溯到比「風臺」出現要早三百多年的元初至元年間。烽臺村大概位於今豐臺區南部及大興區北部之內。

　　宜遷村（宜泉里）

　　孫冬虎先生此前根據宋褧兩首詩文，將今豐臺區境內宜泉村，勘同為今豐臺區玉泉營，並且認為這種「宜」與「玉」的轉換不晚於明朝。筆者認同孫先生的研究成果，本文結合其他有關元代宜遷村（宜泉里）的記載以及引申出的先塋改葬問題進行闡述。

　　元代史料中，大都南郊地區還有一個「宜遷村」，從地理位置分析，就是宜泉村。筆者現列舉數條材料說明之。一為《松雪齋集》卷七《杜氏新塋之碑》：「節度府君之卒，以先塋之在虢也，有歸葬之望，故葬有闕。每言及未嘗不流涕。既而以居燕之久，且去虢數千里，顧終不能歸葬於虢，乃卜地於燕都之南大興縣西宜遷村，葬曾祖衣冠以為杜氏新塋。」〔註 20〕二為《畿輔通志》：「遠風臺，在宛平縣右安門外元韓氏南莊也，榆檻別錄。豐義門外西南行四五里有鄉曰宜遷，地偏而囂遠，土腴而氣淑，郊邱帶乎左橫岡互其前。中得井地計三九之一，卜築耕稼，植花木、鑿池沼覆簣，池旁架屋臺上。隸其榜曰：遠風。」《畿輔通志》這則資料是從《秋澗集》卷四〇《遠風臺記》而來。劉仲孝先生率先注意到宜遷村與玉泉營在地名學上的前後相繼關係〔註 21〕。

紅門段東側地區發現遼代馬直溫妻張氏墓誌中有「葬於析津縣招賢鄉東蔡里」。2008 年底，大興區黃村鎮西北蘆城村一帶發掘的持淨院塔院塔幢中有「負柩歸於析津縣招賢鄉西蔡里附先大師之塋」，證實了趙先生判斷的招賢鄉位於燕臺鄉南，具體為今大興區黃村鎮北部地區。參見于德源《遼南京（燕京）鄉村指辯》，《北京文博》2001 年第 1 期；《北京市大興區遼金時期塔林考古發掘概況》，《北京文博》2009 年第 1 期。

〔註20〕《趙孟頫集》，浙江古籍出版社，2016 年，第 208～209 頁。

〔註21〕《豐臺名稱探源》，收入劉仲孝《青雲志》，中國鐵道出版社，2002 年，第 193 ～197 頁。

至元戊寅（十五年，1278），韓御史請王惲來「顧瞻河山形勢」。可知，遠風臺即位於宜遷鄉（村）。遠風臺之建立據說是為了遠離北京地區古代即肆虐的風沙天氣，但該地果真如王惲所言「土腴而氣淑」嗎？據元代燕人宋褧所言，「宜泉地卑泥濘，四時不乾」。也許該地處於永定河泛濫區域，土壤泥濘，土質欠佳，將逝去的先人葬卑隰土薄之地，實不足取。遷葬只是時間問題。

宋褧《燕石集》卷六《初冬之先塋即事》（至治三年，作先塋在南城之東南宜泉村沙垈）：

> 烏鵲相依啄野田，白駝對立飲冰泉。蒲洲凌薄車旋濘，棘路沙虛馬懼鞭。冢上白楊時獵獵，苑中紅葉曉翩翩。嗟予謾索長安米，願就耕夫受一廛。〔註22〕

至治三年（1323），宋褧家族的祖塋還在宜泉村，尚未西遷至橛山。從文中「旋濘」「棘路」等詞可看出當時南城東南的普遍地貌。更重要的是，這裡又出現了一個新地名——沙垈，根據前輩學者研究，「垈」字村主要分佈在鹽漬化和黏性高的土壤分布區的邊緣地帶〔註23〕。這也恰好解釋了宋褧緣何將祖塋從宜泉村遷往西山一帶。關於橛山的問題，下文將展開詳述。蘇天爵為其所作墓誌銘稱：「宋氏世家京師。公諱褧，字顯夫，由進士出身，卒官翰林直學士、亞中大夫、知制誥、同修國史兼經筵官，葬宛平縣香山鄉橛山原。……公先世墳墓在京師故城南宜泉村原，戶部僑葬江陵，正獻始兆橛山。公將遷戶部柩北歸，以貧不克，疾革猶以為言。」〔註24〕另據《清容居士集》卷三十《張府君墓田記》載，袁桷外祖父張「府君之塋在大興路大興縣宜泉里。歲時，率外孫奠薦於塋下。封植崇謹，顧瞻諸嗟，推其所自出，其接於見聞者，誠莫有怠也」〔註25〕。張府君去世的年份是至元十五年（1278）。這裡的宜泉里也應當即前文所言今玉泉營所在。另外，此處的「大興路」似為「大都路」之訛。

關於宋家遷葬問題，我想應當這樣理解：前文所述杜氏新塋與袁桷外祖皆為世祖至元前期成立的。宋褧先塋至晚立於英宗至治初年，當時自然災害尚在可接受程度內。宋褧至正六年（1346）去世，此時已接近元末，大都地

〔註22〕宋褧《燕石集》，影印文淵閣四庫全書，集部151，別集類，第1212冊。

〔註23〕尹鈞科《北京郊區村落的分布特點及其成因》，《歷史地理》第十一輯，1993年。

〔註24〕蘇天爵《滋溪文稿》卷十三《元故翰林直學士贈國子祭酒范陽郡侯諡文清宋公墓誌銘》。

〔註25〕袁桷《清容居士集》，浙江古籍出版社，2015年，第756頁。

區水患加劇，特別是元統元年（1333），發生了百年不遇的特大水災〔註26〕。職此之故，城南卑隰之地的宜遷（泉）村已經不適宜作為佳城兆域。

《燕石集》提到宜泉村還有一處古蹟，即宜泉橋〔註27〕：

> 循宜泉橋北少東，園內有金太祖武元皇帝碑，扃守嚴秘（密）。

園後有小亭，四旁卉木成列，峙二靈石於巽坤隅。

宜泉橋在清初即已不可考。但有橋必有水，這也暗示了河渠可能會對這一地區地勢的形成產生影響。

最後，既然學者認為明代玉泉營的名稱即已出現，而明代卻幾乎沒有關於玉泉營這個地名概念的記載。大概到了清代，玉泉營地名才出現於史乘。如道光年間李鈞《轉漕日記》：

> （道光十七年五月十七日）午刻，右安門外玉泉營翟舒堂茂才
> （錦聯璧門人）招飲於尺五山莊。……〔註28〕

這條材料雖然晚出，但可表明在清代道光時玉泉營已與今名無異。

三、西郊

1. 漆園（附：樊村）

漆園，顧名思義，即種植漆樹的園圃。然而，筆者此處所探討的漆園似乎和漆樹種植業並無直接聯繫，反倒與人的葬身之所——墓地有關。古代北京地區出現與漆有關的地名是比較突兀的。因為就全國來講，北京地區並非生漆的主要產地〔註29〕。所以漆園得名之由暫時不清楚。但在傳世元代文集中，可見多名元廷高級官員和一名僧人，在高梁河畔的漆園營建「馬鬣封」。現舉數例說明之：

就筆者管見，最早記載大都地區漆園的史料是《析津陳氏先塋碑銘》〔註30〕。其中提到元代散曲家的陳英，字彥卿，號草庵，其祖父陳聚葬地在

〔註26〕 王崗《北京城市發展史》（元代卷）「大都地區的自然災害」，北京燕山出版社，2008 年，第 227 頁。

〔註27〕 轉引自《日下舊聞考》卷九十「郊坰」，第 1534 頁。

〔註28〕 王錫祺《小方壺齋輿地叢鈔》第五秩，杭州古籍出版社，1985 年，第 59 頁。

〔註29〕 參閱林劍鳴《我國古代勞動人民對生漆的發現和利用》，《西北大學學報》（自然科學版）1978 年第 1 期；劉進有《先秦秦漢時期漆樹分布及其影響初探》，《古今農業》，2016 年第 3 期。

〔註30〕 張養浩《雪莊類稿》卷九《析津陳氏先塋》，長洲顧氏秀野草堂，康熙三十三年刻本。

宛平縣的漆園。陳草庵，世代為燕京人。鍾嗣成《錄鬼簿》稱其為「陳草庵中丞」，列入「前輩名公樂章傳於世者」〔註31〕。

姚仲實，河南人，是個大慈善家。他本官「真州三務使」，後來棄官從商，「行之十年，累資鉅萬」〔註32〕。他曾資助財力乏匱者婚娶、贖身等，在大都城中頗有口碑。

傅進，官至諸路金玉匠人府副總管，同知諸路金玉人匠總管府事，「服勤三朝，每製器以進，無不稱旨」。燕京地區乃是傅家祖先世代所居之處，漆園則為其祖塋所在之地〔註33〕。

安藏・扎牙答思，別失八里人。他以畏吾爾高僧身份，授翰林學士，同修國史，奉旨譯《尚書》《資治通鑒》《難經》《本草》等典籍。野先也是畏吾爾人，是儒學世家。乃父即參與國師定立八思巴文新字。十幾歲即任國子教授，國子司業本為五品官，因野先之故，擢升為四品之制〔註34〕。

以上介紹了入葬元大都西郊漆園諸人的生平概況。關於漆園與大都城的方位，是個很難確考的問題。譬如，陳氏先塋位於宛平縣，但是宛平自遼代開泰元年（1012）設置以來，取唐代和遼代初年的幽都縣而代之，位於幽州地區西部。宛平縣所轄縣域又比較廣袤，至今也沒能完全釐清遼代以來宛平縣究竟轄有多少鄉村。但這並不妨礙本文對漆園所在地的考察。《析津陳氏先塋碑銘》中說陳聚葬於「宛平漆園之樊村」，傅進的墓誌中稱其「葬城西十里樊村漆園之原」。所以要想弄清漆園的大致方位，就要先知道樊村的位置。

樊村大概為唐代成村的自然村。就目前該地區出土的北京墓誌，可知有華封輿、耿宗倚、康文成、鮮于氏等九例晚唐至遼代的人士葬於幽州西部的樊村，除遼代康文成墓誌稱「矾村」外，其餘均稱「樊村」〔註35〕。這些墓誌大約都出土於今北京西三環以里沿線，從白石橋南、紫竹院到甘家口、增光路都有，想必元大都城西的漆園也差不多這個範圍。由此可知，樊村是從

〔註31〕鍾嗣成：《錄鬼簿》卷上，上海古籍出版社，1978年，第6頁。

〔註32〕程鉅夫《雪樓集》卷八。

〔註33〕程鉅夫《雪樓集》卷七。

〔註34〕黃溍《金華黃先生文集》卷五十八，四部叢刊本，上海書店，1989年。

〔註35〕參見趙其昌《京華集》，第53～55頁。除趙先生所注意的唐代墓誌外，筆者在此補充康文成與鮮于氏二例。參見朱志剛《海淀中國工運學院遼墓及其墓誌》，載《北京遼金文物研究》，北京燕山出版社，2005年，第323頁；《北京遼金元拓片集》，北京燕山出版社，2012年，第12頁。

九世紀到十四世紀，綿歷四五百年的村落地名。

筆者列出的幾位葬於漆園的元人，他們身份差異很大，除兩人為畏吾爾族屬外，其他幾人的身份有諸路金玉總管府的副使、有商人、翰林學士等。黨寶海最早注意到今魏公村有元代畏吾爾人葬所。周泓也提出過類似看法〔註36〕。賈叢江與林梅村分別注意到漆園（七園）的畏吾爾（北庭）人士墳塋集中的情況〔註37〕。但上述學者對漆園（七園）具體方位揭示有限。

通觀出土的唐代墓誌與元人文集中樊村的範圍，今天的海淀區魏公村可能位於元代漆園（七園）的一部分。現將元代葬於漆園的人物情況列表如下：

元大都西郊漆園入葬元人情況一覽表

姓名	葬地描述	入葬（死亡）時間	資料作者與出處
陳聚	金之南播，徙家析津，春秋九十有三卒，改兆宛平漆園之樊村。	約金元之際	張養浩《雪莊類稿》卷九《析津陳氏先塋》
賈某	表之豐碑，漆園故里	至元五年（1268）二月	王惲《秋澗集》卷五一《大元嘉議大夫簽書宣徽院事賈氏世德之碑》
安藏札牙答思	塔葬其骨於宛平縣七園之原	至元三十年（1293）五月	程鉅夫《雪樓集》卷九《秦國文靖公神道碑》
姚仲實	葬漆園之先塋，送葬者數千人	至大四年（1311）正月十七日	程鉅夫《雪樓集》卷七《姚長者碑》
傅進	卜居今京城積慶里，而奉祖父曁母吳氏之柩，葬城西十里樊村漆園之原。	皇慶元年（1312）	黃溍《金華黃先生文集》卷三八《奉議大夫同知諸路金玉人匠總管府事傅公墓誌銘》
野先	葬宛平縣香山鄉七園裏	元統元年（1333）	蘇天爵《滋溪類稿》卷十五《元故奉議大夫國子司業贈翰林直學士范陽郡侯衛吾公神道碑銘》

〔註36〕上揭趙其昌《京華集》，第53～55頁。除趙先生注意到的唐代墓誌外，遼代康文成、鮮于氏墓葬情況則為筆者所加。

〔註37〕黨寶海《魏公村考——元大都一個「畏吾兒」聚落的歷程》，《北京文博》2000年第4期；周泓《魏公村研究》，中國社會出版社，2009年。賈叢江《關於元朝內遷畏兀兒人的幾個問題》，《內蒙古社會科學》2003年第6期；林梅村《蒙元時代北庭仕宦與高僧——兼論畏兀兒之華化及其對元大都的貢獻》，《博物院》2019年第6期。

潔實彌爾	葬宛平縣之漆園	延佑三年（1316）	《吳文正公文集》卷六十四大元榮祿大夫宣政使領延慶使贈推誠佐理功臣太師開府儀同三司上柱國齊國文忠公神道碑
萬壽長老佛心寶印大禪師（訥翁思慧）	塔成，其崇三十尺而趾之廣三分稍二，在高梁河西漆園	具體不詳，仁宗時期建塔	《柳待制集》卷十二《萬壽長老佛心寶印大禪師生塔碑銘》
梁德珪	是夕，薨，年四十有六，□於宛平之樊村。	大德八年（1304）	《清容居士集》卷三十二推誠保德功臣開府儀同三司太傅上柱國追封薊國公諡忠哲梁公行狀

上表所列諸葬於樊村漆園的元人中，除為萬壽長老所造為生塔外，其他均為死後入葬該地。根據前輩學者的研究，元代的里制，一里約合今天的 378.84 米〔註38〕。那麼十里就約為 3700 餘米。如果以元大都平則門至和義門之城垣為界（約為今阜成門至西直門距離）往西計算 3700 多米，差不多位於今北京西三環稍偏東一帶。也就是說，元大都的樊村應該在今北京西三環附近，如果在北京西三環南北一線去尋找元大都西郊漆園，應大致不誤。

儘管元代的宛平縣香山鄉的建制不甚了了，但明代順天府宛平縣基本繼承了元大都宛平縣的鄉里設置情況。明萬曆年間的宛平知縣沈榜所作《宛署雜記》卷二「月字」部關於「分土」一節：「永樂初，編戶七十五里，……曰香山鄉六圖，離城十五里，曰香山鄉七圖，離城十五里，曰香山鄉十一圖，離城二十里，曰香山鄉十二圖，離城二十五里。」〔註39〕明代宛平香山鄉範圍很大，《宛署雜記》是按照由東向西的順序載述香山鄉的里程情況。元大都城與明北京城的東、西城垣沒有明顯變化，基本重合。所以，從沈榜所記里數情況來看，樊村與漆園應位於香山鄉的東南隅。

除墓誌、神道碑銘等「釋終之典」外，漆園作為大都西部的「公墓」，還有一個旁證。僧人梵奇（1296～1370），字楚石，浙江象山人，歷元明兩朝。楚石早年遊歷元大都和上都，留下不少詩作，成為今天我們瞭解元代都城史和元代大運河史不可多得的珍貴史料。楚石和尚在大都流寓期間，居住在萬寶坊。他曾作《燕京絕句六十七首》詠燕京風物，其中一首即題為《漆

〔註38〕參見陳夢家《畝制與里制》，《考古》1966 年第 1 期。
〔註39〕沈榜：《宛署雜記》卷二，北京出版社，2018 年，第 13 頁。

園》。詩云：「漆園山下葬車塵，冷水潭邊拜掃人。一種白楊千萬葉，空令兒女淚沾巾。」〔註40〕通過詩中描述，筆者以為楚石梵奇所描述的漆園顯然和漆樹無關，而是葬車來往頻仍的墓地，無論是新葬還是拜掃的場景都十分生動。詩文顯示，漆園公墓可能臨山而建，那裏可能種植了為數不少的白楊樹，且「冷水潭」三字表明其周圍存在湖泊水域。今天海淀區東南部幾乎看不到任何隆起的山丘地勢，但是在古代則不然。楚石詩文中提到的「漆園山」應該是高度有限，佔地不大的丘陵式地貌。我們無法得知元代畏吾村，及本文所論漆園、樊村地區地形情況。

2. 小南莊

今海淀區萬泉莊東南方向，三義廟以西有一片居民區叫小南莊。許有壬《圭塘小稿》卷九《大元贈光祿大夫江浙等處行中書省平章政事柱國追封趙國公阿勒坦哈雅公神道碑銘》：「公宿衛積勞除塔山屯田打捕提舉。不就，卒於京師昭回里第，年七十一，葬城西小南莊之原。」〔註41〕首先，墓誌誌主為阿勒坦哈雅・輝和爾，世代為「高昌望族」，如前所述，從元代開始，畏吾兒人就開始在大都城西的今魏公村一帶聚居並建立墳塋。但是此處小南莊和前文所述魏公村附近的漆（七）園有關係嗎？答案是肯定的。《宛署雜記》載：「縣之西北，出西直門一里曰高良橋，又五里曰籬笆房、曰葦孤村……又十里曰北海店，其旁曰小南莊……」〔註42〕葦孤村，有可能是魏公村在明代嘉萬時的稱謂，是從畏吾村到魏公村地名發展的中間過渡地名。到了清代，有士大夫的詩作中反映小南莊與畏吾村的關係。如康熙年間的大學士、清代名臣張廷玉的父親張英《西郊漫興三首》：睡殘過午日偏長，欹段閒憑一徜徉。聞有鄭花開數畝，畏吾郊畔小南莊〔註43〕。

綜上，小南莊應該位於今海淀區三義廟以西，萬泉莊東南方向，總體位於今魏公村西北方向。今雖仍有小南莊社區，但鮮有人知其得名可至少追溯至七百多年前的元季。

〔註40〕楚石梵奇著，吳定中、鮑翔麟校注《楚石北遊詩》，浙江古籍出版社，2010年，第121頁。
〔註41〕劉野編：《欽定四庫全書薈要・樊川集・圭塘小稿》卷九，吉林出版集團，2005年，第69頁。
〔註42〕《宛署雜記》卷五，第41頁。
〔註43〕張英著，江小角、楊懷志點校《張英全書》（下），安徽大學出版社，第206頁。

3. 池水村（里）

池水村，亦稱池水裏、池水原、赤水村等，也是自遼金就出現的古鄉村名。自遼迄清，池水村都隸屬於宛平縣玉河鄉，面積比我們想像得要大。它進入研究者的視野，始於 1957 年，北京海淀區復興門外公主墳北出土了遼代的王師儒墓誌。志文稱其「歸葬於析津府宛平縣房仙鄉池水□西北原」。另，《遼駐蹕寺沙門奉航幢記》中，正書「乾統八年四月立在玉河鄉池水村善會寺」的普會寺。趙其昌先生早在二十世紀八十年代初就上述材料探討過遼金玉河縣（鄉）的沿革與縣域問題〔註44〕。本文在此補充一些關於玉河鄉池水村在元代的情況。《析津志·名宦》有這樣一段內容：「池水安先生世居燕之池水裏，今為清夷關，即此地。有子伯康，讀書不替父風，蓋詩禮名家也」〔註45〕。這裡所言的池水安先生，當居於池水村的東部。

清夷關在哪裏？可以從兩個方面理解。陳高華先生指出，至元二十五年十月，因禁軍拆毀南城城牆，填平城外壕溝。拆毀後的城門仍當通道，變為設有徵稅關卡，稱為「關」〔註46〕；古代城門外，一般會形成一段區域集中大量居民沿城外通衢居住，形成繁華的市井關廂。所以，清夷關也可理解為清夷門的關廂〔註47〕。到了元代，清夷關、池水村這些舊地名仍然沿用。清夷關大致位於今南禮士路、月壇地區。這應該是池水村的最東界。也就是說，元大都西南方向出城第一個村落就是池水村。《金華黃先生文集》卷二十五《資善大夫河西隴北道肅政廉訪使凱烈公神道碑》：「公生於至大元年二月某甲子，卒於至正十年正月戊午，得年四十有三。壬午，返柩至大興，以二月某甲子葬於□平縣池水里雙隄之原。」雙隄具體位置，現已難確可考。

此外，元代葬於池水村的還有管理漕運的官員王述。據許有壬《至正集》：「至順辛未十一月四日，卒。疾革，召姻族暨凡交遊貧者散金有差，得年五十八，祔宛平池水原先塋。」〔註48〕看來，葬於池水村（里）的元人資

〔註44〕《北京史苑》第一輯，北京出版社，1983 年。此據氏著《京華集》，第 134～140 頁。

〔註45〕《析津志輯佚》，北京古籍出版社，1983 年，第 150 頁。

〔註46〕陳高華、史衛民上揭書「第三章第四節」，第 50 頁。

〔註47〕清代即有學者懷疑清怡為通玄門之別稱。也有人懷疑通玄門曾改名清怡門。建國後，有學者發現金代史料中，忽而「通玄」，忽而「清夷」，通玄門未改名清怡。于傑、于光度《金中都》，北京出版社，1989 年，第 21～22 頁。本文認為通玄門、清夷門、清怡門當指同一門，即金中都北城中間之門。

〔註48〕許有壬《至正集》卷五〇《故朝列大夫同知京畿都漕運司事王公神道碑銘》。

料雖不如漆園、樊村數量多，但也反映出池水村是自遼以降古代北京一處重要的叢葬之所。

關於池水村（里）的得名，大概率與其周圍存在有範圍較大的水域有關。今復興門外地區，歷史上曾是金口河故道。所以池水村的得名，或許和周圍存在人工的引水渠或者遼金城垣的北護城河河道有關。

4. 橛山（附：覺山）

元代北京西山地區存在兩個「jue」山。一為橛山、二為覺山。前者見於蘇天爵為宋褧所撰墓誌銘：「公諱褧，字顯夫，由進士出身，卒官翰林直學士，亞中大夫、知制誥、同修國史兼經筵官，葬宛平縣香山鄉橛山原。」〔註49〕此外，元人宋本亦葬橛山。據宋褧所撰行狀云：「（元統三年）十月二十五日薨，享年五十四歲。中書省御史臺率六曹各寺署及國子監致賻禮給喪葬，朋舊同年泊兩舉門生、國子諸生哭祭柩。前者十餘輩，執紼者將二千人，以次年四月十九日壬申，葬宛平縣香山鄉撅山原新卜之兆。」〔註50〕宋本即使不是第一個宋氏家族墓新卜兆域的入葬者，也是較早的。值得注意的是，他的墓誌似乎在晚近時候出土。有金石目錄著作著錄了宋本的墓誌情況稱：「元翰林直學士宋本墓誌，佚。翰林待制謝端撰墓誌云：墓在縣西撅山村」〔註51〕。到了明代，《宛署雜記》「德」字下記有「撅山村」〔註52〕。明代這條信息雖晚，但顯然是延續元代的情況。

除橛（撅）山外，元代在今八大處公園內還有一處覺山〔註53〕。《大元混一方輿勝覽》卷上載「……玉泉山，宛平西北三十里；五華山，宛平西北十五里；盧師山，宛平西三十里；平坡山，宛平西三十五里；覺山，宛平西三十里；雙泉山，宛平正西四十里。……」〔註54〕雙泉山，今仍有雙泉寺存在。

〔註49〕蘇天爵《滋溪文稿》卷十三《元故翰林直學士贈國子祭酒范陽郡侯諡文清宋公墓誌銘》。

〔註50〕《燕石集》卷十五《故集賢直學士大中大夫經筵官兼國子祭酒宋公行狀》。

〔註51〕吳廷燮《北京市志稿·金石志》第九章「陵墓碑誌」，北京燕山出版社，1998年，第576～577頁。

〔註52〕《宛署雜記》卷五，第39～40頁。

〔註53〕張寶章先生認為，覺山與橛（撅）山為同一地是合乎情理的。根據他的說法，撅山改為巨山，是源於村民認為「撅」讀音不吉利，遂改為「聚山」「聚善」，最終定為巨山。參見張寶章《京華通覽·建築世家樣式雷》，北京出版社，2018年，第37～38頁。但是，二者若為同一地名，元人為何寫作「覺」和「撅」兩個不同的字？是官方和民間的區別嗎？俟再考。

〔註54〕劉應李原編，詹友諒改編，郭聲波整理《大元混一方輿勝覽》，四川大學出版

前文已說明元代一里約相當於今天一公里的三分之一。根據此書所記里程，元代覺山應該與今八大處公園內的盧師山到大都城距離相近。實際上，要想確定覺山的位置，就必須明瞭盧師山與平坡山的方位。《元一統志》載：

> 宛平縣西三十里。按《大都圖冊》，懸崖之上即覺山，有寺。寺西有三泉。翰林修撰同知，知制誥黃華王庭筠子萬慶撰《中都覺山清冷泲至泉記》有云：都城之西北三十里近有山曰覺山，北至平坡，東至盧師，三山相距，咫尺鼎足，然覺山寺為最勝。開窗面山，玉峰瑤林，出沒有無間。舍利塔前，有泉深數丈。其水澄澈而甘，不緶而汲。井邊作石溝引之於南，下至澗谷。……〔註55〕

《大都圖冊》收錄的王萬慶所撰泉記，表明盧師山與平坡山近在咫尺。王萬慶文中所云覺山寺，即成化十四年改稱的今八大處靈光寺。「舍利塔前」四字，透露出覺山寺舍利塔與今安放舍利的八大處公園內靈光塔為同一事物。靈光寺始建於唐代，金大定二年（1162）改稱覺山寺，成化十四年重修時改為今名。所以靈光寺所在的山巒就是《元一統志》與《大元混一方輿勝覽》中的覺山無疑了。目前，覺山，只見於官方記載；寫作「橛（撅）山」的文獻則缺乏官方性。

四、小結

以上列舉九處元大都近郊地名，多數為鄉村聚落，包括艾村、宜泉（遷）村、池水村（里）、小南莊、漆（七）園也有自然地理概念，如橛山。這些地名所在的地域範圍，主要位於大都城的東、西、南三個方向。涵蓋了今北京市海淀區、石景山區、豐臺區、朝陽區等。除此之外，元大都近郊還有地名基本能夠確定方位和範圍，如京西的魯郭、大都城南的海王莊等等，故無需考證。通過這些地名的考察，我們似乎可以初步得出一些規律性認識，試歸總如下：

1. 元大都近郊一些鄉村名，多為自然村，承自唐遼金三代舊稱，如樊村、燕臺鄉、招賢鄉等，這些地名大概在入明之後消失。這就提示研究者，研究北京古代村鄉聚落，不能囿於朝代限制，考察村名、鄉名演變及其地域盈縮，要「瞻前顧後，左顧右盼」，必須要進行縱向的歷時性的比較；

2. 一些地名出現音同，但字不同的現象。如覺山、橛（撅）山都位於京

社，2003 年，第 24 頁。
〔註55〕 孛蘭肹等著，趙萬里輯《元一統志》卷一，中華書局，1966 年，第 13 頁。

西，雖相隔不遠，在元人認識中也許並非一地。另外，一些鄉村名稱的使用在當時並不講究，如宜泉村、宜遷村、宜泉里，又如池水裏、池水村等等；

3. 元人文集中出現的與葬地有關的地名中，主要分佈在大都城東、西、南三個方向，從數量來看，西部墳冢多於南部，南部多於東部。元大都北部近郊地區可能因存在來往上都的御路、輦路等不宜建立墳冢〔註56〕。

目前已出版的《北京歷史地圖集》只對元大都城內的地名進行了繪制，未及城外。本文在前人基礎上，試圖以元代為例，將北京的地名學研究再向前推進一小步，期待元代北京郊區地名的研究有俾於將來增訂繪製《北京歷史地圖集》的元代部分。

原載《北京史學》，2021 年第 2 期

〔註56〕《日下舊聞考》卷一百七「郊坰」：「延佑四年，詔作林園於大都健德門外，以賜太保庫春，且曰：令可為朕春秋行幸駐蹕地。」北京古籍出版社，1985 年，第 1772 頁。此條史料似乎說明大都城北建築，即使御賜臣下，也離不開為帝室服務的功能，更遑論允許建立墳塋了。這也為大都城北部墳塋較之其他方向少提供一注腳。

北京崇外原天慶寺歷史及其浴室建築的文獻梳理與思考

引言

　　故宮武英殿後方有一座特別的建築——浴德堂。無獨有偶，今北京崇文門外天壇以北的東曉市胡同內，昔日也有一座類似浴德堂的浴室建築位於古剎天慶寺之內。該寺具體位於今東曉市胡同 111 號天壇青少年活動中心內。或許由於這座寺廟及其浴室建築已消失半個多世紀，今天的建築學者對其鮮有重視。但對天慶寺歷史及其建築的研究，可以豐富北京佛教歷史以及對元代以降古代浴室建築的認識。

　　民國以來，陸續開始有學者關注這座坐落於坊巷廟宇內的特殊建築。首先是一些民間學者的私人探訪，如周肇祥、馬芷庠、瞿宣穎、鞠清遠、余同奎等人。他們對寺廟布局與浴室或客觀描述，或對其年代有所猜疑，是值得整理與關注的；其次，北平研究院於 1930 年左右對北平內、外區廟宇進行調查中，留存的照片與實測圖志資料，彌足珍貴；再次，1934 年至 1935 年，由於古物保管委員會北平分會發現了這處建築的獨特價值，報知北平市政府籲請修繕，為今天我們認識這處消失的古代建築留下了寶貴的檔案資料〔註1〕。平府責成北平工務局設計施工方案並招標施工單位，在 1935 年完成了修繕任務，留下了相對完整的修復檔案。此外，1950 年代在該寺主要建築拆除之前，當時北

〔註1〕《北平市工務局遵令勘估修理天慶寺古代澡堂工程情形，並報送古代澡堂圖紙、修復工程說明書、承攬合同等的呈》，檔號：J017-001-00756。

京的文物部門對其進行了調查，繪圖並抄錄了營造學社的相關鑒定意見。

據單士元先生追憶，全面抗戰之前，經中國營造學社鑒定，這座浴室圓頂極似君士坦丁堡聖梭（索）菲亞寺，可能為元代建築〔註2〕。單先生在另一篇回憶梁思成先生的文章中，同樣給出了 1935 年，中國營造學社對天慶寺浴室鑒定意見。即天慶寺浴室與浴德堂大體相似，但有三點細部不同，1. 半圓形穹廬頂，每層磚向外挑出；2. 非發券式；3. 門券表面另加面磚三層〔註3〕。自此，天慶寺浴室作為浴德堂為元代建築的旁證，一直充當學者研究考證浴德堂建築時間與功用的一名「配角」，對天慶寺本身的研究則因該建築後來被拆除而幾乎無人問津。本文擬重新梳理民國以來研究者對天慶寺浴室的認識與研究過程，結合一些稀見的資料，提出個人的思考與淺見，願就教於方家。

一、天慶寺的早期沿革

談及天慶寺浴室，離不開對天慶寺本身歷史沿革的探賾。天慶寺是否始建於遼的問題，本文暫且不論。已有研究者根據王惲《大都創建天慶寺碑銘並序》指出，天慶寺應該為元代之前就已存在的永泰寺的別院，即下院或分院〔註4〕。《大都創建天慶寺碑銘並序》是我們今天暸解天慶寺早期歷史的基礎性文獻，但十分遺憾，我們找不到該序文中關於這處特殊建築的詳細描述。至元九年（1272），雪堂普仁來遼金永泰寺別院故址，並由駙馬高唐王出重帑在前朝舊基上重建，遂稱天慶寺。到了至元二十一年（1284）東，皇孫紺麻剌又出貨泉二千五百緡資助之。正是在重建工程中得到廢鍾一口，因鍾銘中鐫「天慶」二字，後世遂懷疑寺廟始建於遼天祚帝天慶年間〔註5〕。

古今學者之於大都天慶寺最為津津樂道的，便是元代大長公主祥哥剌吉在此與大都文士修禊雅集，又稱「雪堂雅集」或「天慶雅集」〔註6〕。

清人所著《日下舊聞考》也稱：「天慶寺原遼永泰寺，金大安中兵毀，世

〔註2〕單士元《故宮武英殿浴德堂考》，《故宮博物院院刊》1985 年第 3 期。

〔註3〕單士元《梁先生八十五誕辰紀念》，載《梁思成先生誕辰八十五週年紀念文集》，清華大學出版社，1986 年，第 26 頁。

〔註4〕黃春和《遼〈大安山蓮花峪延福寺觀音堂記〉通理實行補考》，《北京文博》1998 年第 3 期。

〔註5〕孫猛《北京佛教石刻》，宗教文化出版社，2012 年，第 163～165 頁。

〔註6〕關於天慶雅集的研究，參見劉嘉偉《元代天慶寺文藝雅集探析》，《蘭臺世界》2015 年第 15 期；求芝蓉《元至元間文壇盛事「雪堂雅集」考》，《中國典籍與文化論叢》2020 年第 1 期。文士雅集與本文所論主題關係不緊密，在此恕不多論。

祖至元壬申重建。」天慶寺與永泰寺關係已見前述，此不贅。《日下舊聞考》給出明代宣德年間蹇英所撰重修碑部分文字，並指出成化二年（1466）時右指揮朱善重修。這些內容都沒有交代天慶寺內浴室的隻言片語。

從明代到清代初年，傳世文獻幾乎找不到有關天慶寺的史料。但在碑誌當中，我們似乎可以尋繹到一些蹤跡。首先是萬曆四十一年（1613）《天慶寺塔院開山記》碑拓片〔註7〕。該碑由禮部左侍郎兼翰林侍讀翁正春撰；英國公、後軍都督府掌府事張惟賢篆額；駙馬都尉侯拱宸正書。因限於本文篇幅，筆者在此省去錄文，只將重要的信息點撮要簡述於下：

碑文明確指出「天慶寺在都城南三里河魏村社」。按，明代魏村社的範圍很大，包括今天的崇文門外一帶。由起公彌綸大士開山。弘治六年（1493），他在安州出家為比丘。嘉靖三年（1524）仗錫四方，曾至五臺，後抵京師，與宦官賈某、姜某交誼甚厚，二人為其引薦入宮，得到嘉靖帝伯母，即武宗朱厚照生母張太后的支持。張太后命起公駐錫天慶寺。康熙七年（1668），徐謂弟撰《天慶寺續立塔院碑記》〔註8〕，追述了明代中期起公為天慶寺塔院開山作記之事。在明代塔院東邊又續建了新塔院。其地點在今北京朝陽區東四道口。

乾隆四十餘年時，天慶寺尚存。據勵宗萬《京城古蹟考》：

> 臣按《通志》，寺本遼時永泰寺，大安兵毀。元世祖至元壬申重建。明成化二年，指揮朱善重修。後有高閣，可望天壇。僧舍中有李龍眠畫羅漢十六軸。……〔註9〕

大約至清代中期，士人仍將目光集中於羅漢畫像一類傳統文學藝術知識方面，並未關注天慶寺內浴室建築的特殊性。對穹隆頂產生興趣的情況，主要為晚清民國以後，西方科技文化思潮湧入古都北京，在近代社會東西方交流的背景下激發學者們對身邊奇特事物的知識進行追求與探索。

二、以往學者對浴德堂與天慶寺浴室的關注、研究

（一）民國以來學者對天慶寺及其浴室的關注與調查

民國初年，據筆者管見最早走訪崇外天慶寺的大概是民國著名收藏家周

〔註7〕 碑記拓本參考 http://read.nlc.cn/allSearch/searchDetail?searchType=34&show
Type=1&indexName=data_418&fid=%E5%8C%97%E4%BA%AC6354
〔註8〕 碑記拓本參考 http://read.nlc.cn/allSearch/searchDetail?searchType=34&show
Type=1&indexName=data_418&fid=%E5%8C%97%E4%BA%AC6352
〔註9〕 （清）勵宗萬《京城古蹟考》，北京古籍出版社，1981年，第9～10頁。

肇祥。他在其遺作《琉璃廠雜記》二如是說：

> 池（金魚池）東北有天慶寺，元代名剎，僧普仁所駐錫，而駙馬高唐郡王、皇孫嘎拉嗎先後所建築也。行畦塍叢冢間，約半里抵寺。山門頹廢，居民雜沓，不知大長公主於此宴飲朝官時作何氣象？馬石田納涼聯句時是何風景？今竟凋落至此。大殿三重，有鐵香爐，明萬曆物；鐵磬，明嘉靖物。殿前石碑磨泐不可辨，上有重修字，居人云是明代重修之碑，想即宣德中蹇英所撰。殿中有銅佛，一高五尺許，法相莊嚴，坐下千佛環繞。舊有銅佛四，庚子亂，洋兵運去三。以十牛牽駕，重不能舉，椎而碎之。耆老莫能禁，悲泣而已。現存者乃僧人掘地埋土中，幸得全，以留古蹟耳。寺東有井，云舊日水甚溫。井旁甃磚築屋，隆然如巨墓，甚堅致，有門可入。板扉塗朱，已半朽，下有鐵管通井中，居人云是娘娘浴池。……二石碑，一完一斷，亦不能辨一字。〔註10〕

　　周氏所見情形與十幾年後北平研究院、中國營造學社等調查情況接近，但他對浴室年代未予判斷。《北平旅行指南》的作者馬芷祥對此持比較謹慎的態度，他在該書中稱天慶寺浴室「是否元代所構，尚難確定」。

　　接下來，主要是瞿宣穎（兌之）先生。他在《中國社會史料叢鈔》坦言：「此碑（王惲《大都創建天慶寺碑記》）中曾及庖湢之所，則浴堂仍是元代遺構，當有可信。元代建築廣有西方形式，在當時必了不為奇，故文中未特記也。」〔註11〕幾年之後的1940～1941年，他在《中和月刊》連載的《燕都覽古詩話》中認為該建築為元代建築遺存：

> 浴堂應是元遺法，名畫今看破壁飛。雅致亭中簷鳥集，石池槐屋景全非。〔註12〕

　　瞿宣穎是留心於民國時期北京文物掌故的名家，他數次提及天慶寺浴堂也一定程度反映了該浴堂成為流行於當時京城知識圈中的一個焦點。

（二）浴德堂的近年學術研究

　　除了單士元先生開創性的探究外，進入本世紀後，王子林、王銘珍、王

〔註10〕據整理者稱此篇為民國五年（1916）三月記。周肇祥著，宋惕冰等整理《琉璃廠雜記》，北京聯合出版公司，2016年，第67頁。

〔註11〕瞿宣穎纂輯，戴維校點《中國社會史料叢鈔》，2009年，第187～188頁。後收入氏著《養和室隨筆》。

〔註12〕《燕都覽古詩話》，河北教育出版社，1998年，第18頁。

光堯、王文濤等學者陸續發表了研究成果。王子林先生 2006 年起發表數篇文章，論及浴德堂的功用問題，提出了六種可能，分別是香妃沐浴說、皇帝駕崩後沐浴說、左庖右湢說等等〔註13〕；王銘珍先生簡要介紹了不用梁架的穹窿頂建築的特點，以及香妃像傳說等內容〔註14〕；王文濤先生從清宮建築檔案圖檔出發，對浴室各部分的功能加以詳細探究，並根據「羅大天曲尺券洞一座一間」為清代後期所建的線索，懷疑此前發現的白琉璃構件有晚期仿燒的可能〔註15〕。王光堯先生從浴德堂內部構件，如門閂、鍋灶、輸水導管等裝置入手與古羅馬時期浴室對比，論證建築所代表的浴室文化是在元代，由高昌回鶻東傳而來，並影響及於明清江南地區的浴室建造〔註16〕。以上學者從不同角度研究的故宮浴德堂浴室。因該建築尚存，容易引起學界的重視。但對天慶寺這一不存建築著手研究，則殊非易事。在此，我們有必要再梳理一下官方調查文獻。

三、二十世紀三十年代至五十年代官方對天慶寺浴室的調查

（一）二十世紀三十年代對天慶寺浴室的關注與修繕

自 1930 年起，止於 1932 年初，由北平研究院史學研究會發起並組織的北平廟宇調查，對當時北平八百八十多處寺廟做了調查。其中天慶寺即屬於外五區五十九處調查之一。當時的調查者拍攝了山門照片、兩張浴室照片，還包括一些寺內殿宇照片。通過當年拍攝的黑白照片，可以看出浴室建築為穹頂，形如菜窖。浴室間上部開有小窗，也許是為古人洗浴時通風之用。

北平工務局在正式的呈文檔案中，根據古物保管委員會北平分會對天慶寺 1934 年的調查之後，提出了簡要的彙報：

案準古物保管委員會北平分會函開：

案據本分會調查股報告：本市崇文門外天慶寺係遼永泰時之古剎。在該寺東南院有窯室形古代澡堂一座，與武英殿後浴德堂頗相似。上為磚製，底鋪漢白玉。南間式長如棺，北間上圓下方。建造極精，相傳為元代之建築物，但不見於北平各類記載。……

〔註13〕王子林系列文章見於《紫禁城》2006 年第 2、3、4、5、6、7 期。

〔註14〕王銘珍《故宮的無梁殿——浴德堂》，《北京檔案》2008 年第 7 期。

〔註15〕王文濤《浴德堂建築研究補論》，《故宮博物院院刊》2019 年第 7 期。

〔註16〕王光堯《故宮浴德堂浴室建築文化源頭考察——海外考古典藏（六）》，《故宮博物院院刊》2021 年第 11 期。

　　檔案中提到的長方形的南間，大概是爐灶間所在；上圓下方的北間無疑就是池浴間了。北平工務局就是在北平廟宇調查與中國營造學社鑒定之後，北平工務局便著手開展實測。從民國初年至 1930 年代，該寺主要租與清潔工居住。不論浴室建築還是僧舍遺存都破敗不堪。這也直接促成了 1930 年代中期當局對浴室建築的全面修繕。

（二）二十世紀五十年代對天慶寺浴室的調查

1. 調查

　　1949 年之後，曾於 1951 年和 1958 年兩次對天慶寺及其浴室做了文物普查工作。其中 1958 年普查檔案記錄稱「李豔妃浴池」，「坐北朝南，用洋灰磚砌。保（寶）頂上有五個孔為轆轤錢狀。前有小磚砌券門，向下窪，可入池內。」調查者稱浴室在明代宣德年間大修時即有。他們指出，天慶寺浴室與武英殿浴室大體類似，但細部稍有不同。調查檔案中給出的三點情況，與單士元先生回憶基本吻合。

　　此外，補充一點，即「室內地較外側低下，由後世外側地石增高之故，是證為近代所建」。前述浴室內部較外部低的情形，與馬芷庠《北平旅行指南》援引中國營造學社的說法也基本一致，唯獨馬氏稱「室內地面較室外地面似下二尺餘，尤以第三頂室內外地面之差，殆由後世外側地面增高之故」云云。據 50 年代普查資料，浴室高 2.85 米，直徑 2.65 米，比浴德堂浴室體量小。至於所謂「李豔妃浴池」，毫無文獻可徵，不足為憑。

　　囿於當時的經濟條件，五十年代普查檔案中似乎沒有留下照片影像資料，這相比 1930 年代北平研究院與北平工務局修繕時的拍攝與測繪資料，不能不說是個遺憾。

2. 天慶寺浴室部分建築組成

　　自二十世紀初，儘管不斷有學者關注天慶寺浴室建築以來，但當時沒有任何一個學者或機構說清它的浴室建築如何組成。有的學者說到「甃磚築屋，隆然如巨墓」的穹窿頂部分，有的檔案提到了「式如長棺」的南間和「上圓下方」的北間。但具體如何，純文字的描述總顯得比較生澀，好在北平工務局主持的修繕工程留有實測圖和一些老照片，聊供我們一窺這座奇特建築的殘貌。照片由當年古物保管委員會拍攝，收入其工作彙報中〔註17〕。

〔註17〕《古物保管委員會工作彙報》1935 年 5 月。

由實測圖並結合老照片可知，天慶寺浴室建築由三部分組成：1. 室前小殿；2. 中間的長方形穹頂建築；3. 最後部的圓形穹頂建築。小殿部分，應當是承襲元代宮廷中的建築形制和功能而來，也許作為待入浴人員更衣之用。如「長棺」的中間部分可能是爐灶間。這種建築形制在南京大報恩寺甕堂也存在，也是類似長方形的頂部半圓形發券形式。詳見下文關於南京大報恩寺甕堂中淋浴間的分析。

四、天慶寺浴室為元代建築的可能性

（一）元代以前的浴室略說

無論方外還是世俗社會中，人們都需要定期清潔身體。中國古代浴室統稱為「湢」。《禮記・內則》即有「外內不共井，不共湢浴」的說法。唐宋之前關於浴室的文獻較為稀疏，由於印刷術的普及，兩宋時期教俗兩界日常生活中的浴室相關信息陡然豐富起來。宋代的民間浴室普遍稱作「香水行」。近年已經有學者對此做了專門的研究〔註18〕。因此，有些學者相信，無論世俗還是寺觀之內，元代之前大概沒有穹窿頂式磚結構建築的浴室，宋代主要流行木質結構的浴室建築〔註19〕。但這個認識似乎還不能形成定讞。不要說元代之前，即便是元明時期的完整的寺院浴室建築都罕有存世。2021 年 5 月，揚州文物考古部門公布了市中心友好會館南側的發掘項目，疑似為南宋浴室建築：

> 房址的東南角，有一處磚構建築，由東西兩個部分構成。東側為主體部分，長約 6 米，寬約 1 米，底部土色較雜，整體呈黃灰色，較堅硬，夾雜有較多黑色小斑塊，推測為踩踏面。西側由四道磚牆圍成，呈正方形，邊長約 1 米，深 1.3 米，底部有一層較薄的炭粒面。西南角區域有部分碎磚，呈不規則形狀，用以加固牆體。讓考古專家感到十分驚訝的是，在西側磚構建築上發現了幾塊銘文磚，依稀可見「大使府」「大使府造」「揚州」「漣水軍」「湯百五磚」等字樣。〔註20〕

〔註18〕劉盈惠《宋代沐浴研究》，河南大學 2016 年碩士學位論文；袁玥《社會變遷視角下的宋代沐浴研究》，河北師範大學 2019 年碩士學位論文。

〔註19〕白穎、陳濤《從南京中華門外磚構穹窿頂浴室看元明時期東西方建築文化交流》，《建築史學刊》第 2 卷第 1 期，2021 年。

〔註20〕《考古專家：可能是南宋浴室》，《揚州日報》2021 年 5 月 12 日第 5 版。

截至本文寫作時，這項發掘工程的簡報應該還沒有整理發表。但這不妨礙我們證實元代之前，雖然沒有形成穹窿頂形制，但中原地區即出現了磚結構的浴室。

（二）關於元明時期各類混堂建築文獻

1. 官方浴室建築

元大都地區建有浴室的寺廟也許不止天慶寺一所。這座浴室不在大都城附近，而位於大都西郊的盧師山上。今北京石景山區八大處有一座據傳始建於唐代的盧師寺，元代更名為皇家原廟——大天源延聖寺。該寺曾有浴室院建築，稱聖水寺〔註21〕。可惜的是，浴室院中的浴室形制，今已完全不可考。

無論是皇家還是寺廟，元代對浴室的稱謂出現了一個新詞——混堂。目前，我們尚不能掌握天慶寺浴室建於元代的第一手資料。但這不影響我們從元明時期關於浴室／浴堂／混堂／甕堂等文獻中，找到一些可以供分析的對象。

首先是元代及其稍晚的文獻對元代浴室的涉及與描述。首先是陶宗儀的記述。他在著作中對元代浴室有如下描述：

> 溫石浴室在瀛洲前，仁智西北，三間，高二十三尺。方頂，中置塗金寶瓶。〔註22〕

元代瓊華島的仁智殿就是今北海公園永安寺內的普安殿。元末明初江西吉安人蕭洵所著《故宮遺錄》中有兩處提到元代禁苑中的浴室建築。其中一處即位於瓊華島萬歲山上，與陶宗儀所記相呼應，但對細節描繪更加入微：

> 山左數十步，萬柳中有浴室，前有小殿。由殿後左右而入，為室凡九，皆極明透，交為窟穴，至迷所出路。中穴有盤龍，左底印首而吐吞一丸於上，注以溫泉，九室交湧，香霧從龍口中出，奇巧莫辨。

蕭洵筆下的這處浴室是否是穹廬頂呢？答案是否定的。在陶宗儀筆下，該浴室和溫石浴室一樣，也是方頂（籈頂、鹿頂）：

> 「浴室，在延華閣東南隅東殿旁，旁有盝頂井亭二間，又有盝頂房三間。」

另一處位於元大內後載門高臺附近：

〔註21〕李新樂《盧師山麓姚家寺》，收入《古剎尋蹤》，中央文獻出版社，2008年，第163頁。

〔註22〕（元）陶宗儀《南村輟耕錄》卷二十一，《筆記小說大觀》本，臺北新興書局，1982年，第581頁。

臺西為內浴室，有小殿在前。〔註23〕

蕭洵所說的浴室前建有小殿的情況，與今北京故宮浴德堂亦設置殿宇的情形完全一致。前文所述 1934 年古物保管委員會與北平工務局拍攝照片與實測圖中，可以看到這幾處建築的共同特點。元代王士點、商企翁同編《秘書監志》記載，瓊華島上的浴室建築還曾有元代秘書監官員在此辦公：

至元十年九月十八日，秘書監札馬剌丁於萬壽山下，浴堂根底
愛薛作怯里馬赤奏：「皇帝委付奴婢與焦大夫一處秘書監裏勾當來
有。……」〔註24〕

作為高麗時期漢語會話練習課本，《朴通事》中也有對元大都浴室的描述：「孫舍混堂裏洗澡去來」一句下，有兩行小字為注解：「人家故溫湯浴室處，燕都多有之。乃熱水為湯，非溫泉也。或稱堂子，舊本作湯子。」〔註25〕這說明，在高麗人看來，大都城內溫湯浴室已非常普遍。這種浴室應該具有完備的更衣、爐灶等附屬設施，且與後世明清浴室一脈相承。《朴通事》書中所言雖然不是官方文獻中的浴室形制，但也說明混堂作為浴室的專有稱謂已經被固定下來。

萬曆末年上任的鳳陽縣令袁文新《鳳陽新書》對陵寢中的混堂有記述：

混堂一座，去北城門東北二里，新收人戶值守。正房五間，水
池二座，門一間。〔註26〕

《鳳陽新書》雖然反映的是明中都的情況，但也是皇家陵寢中建築，非市井澡堂可比。所謂正房五間，大概為陵寢值守人戶所設置。除了明中都鳳陽的陵寢混堂外，還有明人對南京混堂司建築的描述：

又據南京混堂司署印奉御林松稟稱：「本司設有混堂三座，脫衣
亭一座，周圍小房等處係每月朔望燒湯供給大小員。」〔註27〕

南北二京的混堂司，屬於明代宦官機構二十四衙門之一。林松的奏稟顯示更衣建築以「亭」的形式獨立於浴室之外，且建有多處房屋供相關服務人員值守。

〔註23〕 《北平考・故宮遺錄》，北京古籍出版社，1980 年，第 74～75 頁。

〔註24〕 高榮盛點校《秘書監志》，浙江古籍出版社，1992 年。

〔註25〕 《老乞大諺解・朴通事諺解》，聯經出版事業公司，1978 年，第 46～47 頁。

〔註26〕 轉引自夏玉潤《朱元璋與鳳陽》，黃山書社，2003 年，第 379～380 頁。

〔註27〕 丁賓《丁清惠公遺集》卷三，收入吳海鷹主編《回族典藏全書》第 87 冊，甘肅文化出版社，2008 年，第 370 頁。

《古代澡堂工程圖》中的天慶寺浴室〔註28〕

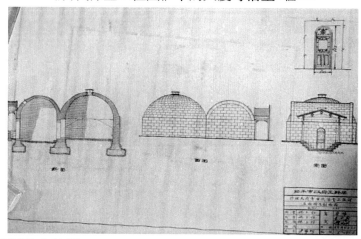

2. 民間浴室建築

論者在談及中國古代浴室形態時，多舉出明人郎瑛《七修類稿》中的相關信息：

> 吳俗，甃大石為池，穹幕以磚，後為巨釜，令與池通，轆轤引水，
>
> 穴壁而貯焉。一人專執爨，池水相吞，遂成沸湯，名曰混堂。〔註29〕

郎瑛生活於弘治到嘉靖年間的明代中期，這至少說明明中期江浙地區已經廣泛普及這種穹頂形制的混堂浴室。穴壁、**轆轤**這些設施也顯示與天慶寺浴室如出一轍。

成書於萬曆二十五年（1597）的《戒庵老人漫筆》之「江陰青山古蹟」云：

> 嘉靖九年三月間，邑西門外青山忽陷，中空如兩三間房大，皆
> 磚發券者，若混堂樣，底亦鋪磚，有麻布花紋，人入觀者絡繹。暗
> 中點火燭之，氣俱觸滅。或云尚有石門，聞內有聲，不敢扣。縣官
> 恐惑眾，命塞其穴。或又云有青？器物被近山人得之。又云有三
> 方？大抵青山為干將鑄？之所，此其跡歟？王槐亭來言，恨不及
> 親見云。〔註30〕

可見，至遲到明代嘉、萬時，發券磚式房屋已經成為混堂建築的一般認知。明末文士文震亨《長物志》進一步給出了爐灶間與洗浴間的分隔情況：

〔註28〕北京市文物局綜合事務中心藏圖。
〔註29〕郎瑛《七修類稿》卷十六「混堂」，明嘉靖福建刻本。
〔註30〕李翎《戒庵老人漫筆》卷二，順治五年世德堂刻本。

前後二室，以牆隔之。前砌鐵鍋，後燃薪以俟。更須密室，不
為風寒所侵。近牆鑿具轆轤，為竅引水以入。後為溝，引水以出。
澡具巾帨，咸具其中。〔註31〕

前文引述馬芷庠《北平旅行指南》中稱天慶寺浴室地面低於室外「二尺
餘」。我們知道，北京智化寺始建於明代前期的正統年間，現該寺山門內側較
門外側低一尺有餘〔註32〕。馬芷庠作於二十世紀三十年代的文字稱天慶寺浴
室內地面更低於室外一尺多，倘若其言不誤，若拋開其他因素不論，說明浴室
的建築年代早於智化寺。

除了北京故宮浴德堂外，南京悅來巷大報恩寺甕堂建築也是我們認識天
慶寺浴室的一個旁的參考。甕堂總體分為更衣與洗浴兩大部分。洗浴部分又分
為淋浴與池浴兩部分。淋浴間頂棚雖然也起券，但與後面的穹窿頂還有顯著不
同。池浴間與爐灶間則是我們所特別關注的穹窿頂建築。

但是與北京故宮浴德堂浴室、天慶寺浴室不同的是，南京甕堂的穹窿式
浴室結構還有些許差別。南京甕堂浴池間穹窿部分總高為 3.53 米；穹窿結構
從下至上分為三部分：1. 垂直牆體部分；2. 轉換層部分；3. 穹窿部分。轉
換層這種過渡結構，在北京的這兩座穹窿頂建築中是不存在的。現在可以明
確的是，南京大報恩寺甕堂與故宮浴德堂浴室〔註33〕均有「出挑三角形」結
構作為轉角部位的處理。

那麼，天慶寺穹窿頂浴室內，是否也是採取疊澀「出挑三角形」的做法
來處理 360° 轉角結構呢？我們知道，此類出挑三角形結構作為形成穹窿頂
的一項關鍵技術在中國古代形成很早。各地發掘的兩漢墓葬中就頻頻使用這
種形制的墓室結構。但在今北京乃至整個北方地區的建築中，除一些伊斯蘭
教相關建築外，就目前所知則並不甚多。近年的考古發現或許能夠給我們以
啟發。距離天慶寺向南，穿越天壇公園不到五公里的望壇地區，2019 年曾發
掘出一座元墓。該墓「殘高 0.55～1.1 米，……至 0.71 米開始起券，以青磚
砌築 6 層。……四角用青磚砌築成三角形尖頂……由於其上墓壁和墓頂均為
後期破壞，故墓室頂部結構形制不明。但根據墓室牆壁走勢推測，其頂部應

〔註31〕 （明）文震亨著，海軍、田君注釋《長物志圖說》，山東畫報出版社，2004 年，
第 22 頁。
〔註32〕 陳溥、陳晴《紫禁逝影——東城》，中國社會出版社，2009 年，第 252 頁。
〔註33〕《北京城中軸線古建築實測圖集》第五函，故宮出版社，2017 年，總序號
359。

為穹窿頂」〔註34〕。我們反觀北京故宮浴德堂與南京大報恩寺甕堂建築中的轉角部分，有著相似的做法。

白穎、陳濤在研究南京大報恩寺附近甕堂時認為，北京故宮內的浴德堂浴室建築未必為元代建築。因為元明以來，穹窿頂式的浴室形制已經開始在中國內地廣泛流行。到了清代，民間畫家甚至將這種浴室繪製在日常市井生活的作品中展現。如清代乾隆年間反映蘇州街衢繁華場面的《盛世滋生圖》中的「香水浴堂」，就是如冢墓封土的那種穹窿頂式〔註35〕。筆者認為，白、陳二位學者的說法有其道理，具體到本文研究的天慶寺浴室來說，由於檔案文獻記述了浴室內外高差高達二尺有餘，且這種高差形成原因在於室外不斷增高，因此天慶寺浴室即使不是元代所建也應不晚於明代早期。

五、結語

通過對天慶寺歷史與建築文獻的梳理，結合北京故宮浴德堂浴室與南京大報恩寺甕堂建築，我們大概可以得出如下認識：

一、儘管我們尚不能獲得天慶寺浴室內部的照片與充分的實測資料，但與故宮浴德堂浴室、南京大報恩寺甕堂一樣，三者都是穹窿頂，轉角部位為內部出挑三角形結構。與今天伊斯坦布爾的聖索菲亞大教堂由40根肋拱支撐的情形有所不同；

二、從對元故宮建築的記載來看，天慶寺繼承了元代浴室「前有小殿」的特點。這種結構一直保存到民國時期北平當局對其修繕的時間點。根據元代《秘書監志》以及明代相關史料，可知這種小殿可作為官員臨時辦公之所〔註36〕；

三、根據明萬曆年間和清康熙年間碑記資料，可知明代時對天慶寺在今豐臺區東部建有一定規模的塔院。並且在不足一個世紀的時間內得到擴建，這說明明清之際，該寺僧侶人數眾多，規模可觀，且根據《天慶寺塔院開山記》知天慶寺受到嘉靖帝伯母張太后支持，通過宦官交通皇宮禁內；

四、綜合比較故宮浴德堂、南京甕堂建築等現存同類建築，並重點參考了

〔註34〕曹孟昕、孫崢《東城區望壇項目元代墓葬發掘簡報》，《北京文博文叢》2021年第1期。
〔註35〕轉引自前揭白穎、陳濤文章。
〔註36〕參見林梅村《波斯文明之洗禮：2012年伊朗考察記之四》，《紫禁城》2012年第7期。

營造學社鑒定意見以及早年浴室建築剖面實測圖及舊照片資料，加上文物普查檔案給出的某些信息，推定天慶寺浴室建築興建似不晚於明代早期。

　　無論天慶寺浴室建築始建於何時，它都是反映古代世界各國不同文明交流互鑒的典例。儘管這所獨特的建築今已不存於世，但北京作為元明清以來歷代中原王朝的國都所在，反映曾經存在過的受到異域文明影響的實物見證，應當作為我們今天講述古代中國故事，研究和宣傳北京歷史上不同文明交往的一個經典對象。

天慶寺故址位於今北京東曉市胡同 111 號

20 世紀 30 年代初的天慶寺山門及其浴室建築遺存

圖片來源：中國文化遺產研究院

北京市檔案館所藏 1935 年天慶寺浴室修繕工程圖紙

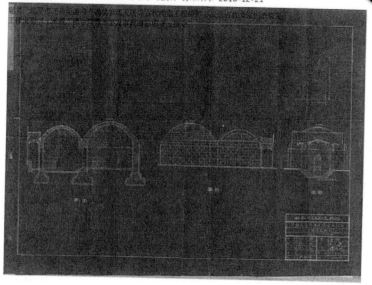

頁号: 44 档号: J017-001-00756 利用人: 侯海洋 打印时间: 2018-12-21

天慶寺古代浴室老照片

選自 1935 年《古物保管委員會工作彙報》

2021 年揚州友好會館南側發掘出的疑似南宋浴室遺址

北京故宮浴德堂穹窿頂浴室及其前部「小殿」

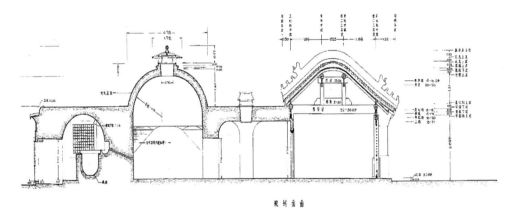

引自《北京城中軸線古建築實測圖集》

南京大報恩寺甕堂浴室剖面圖

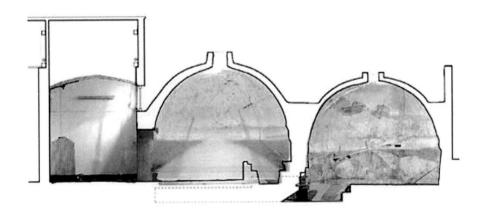

引自《從南京中華門外磚構穹窿頂浴室看元明時期東西方建築文化交流》

望壇元墓轉角部分三角形尖頂砌築結構

引自曹孟昕、孫崢《東城區望壇項目元代墓葬發掘簡報》

北京故宮浴德堂內天窗、轉角部位做法

图3-12-12 浴德堂浴室內墙面轉面砌

图3-12-11 岩窨通向浴德堂的拱券门

图3-12-13 浴德堂浴室內穹窿及天窗

南京甕堂建築中的轉角做法

引自《從南京中華門外磚構穹窿頂浴室看元明時期東西方建築文化交流》

明代周思得道派
道士派字、墓誌書寫等問題初識
——明代北京地區出土道士墓誌研究之一

一、選題緣起與研究對象

　　大約十年前，道教史學者張廣保先生曾指出，明代道教的研究，當務之急是應該將關注「重點放在個案、專題等細節性的研究主題上」〔註1〕。誠然，長期以來，學界對明代道教研究已經從各種宏觀角度產出大量的成果，但專題的、個案的研究選題仍較為稀見。這就要求我們竭盡全力，最大限度地擴充明代道教史研究的取材範圍，並對新獲得的史料進行細緻入微的考察，從而由新材料引出新問題。綜觀近年明代道教史呈現的各類研究成果，不難發現仍主要集中於地方教派活動與發展、道教文學藝術、世俗化等方面，對於明代道士生平、社會交往以及與宮廷關係等方面尚有諸多方面不為我們所瞭解。

　　北京市文物局藏有早年出土的大德顯靈宮相關道士墓誌拓片共四份。墓主分別為周思得嫡傳弟子孫道玉與昌道亨、昌道亨弟子陳應褚及其嫡傳弟子李雲崳。據筆者管見，除李雲崳墓誌拓片亦藏於北京大學圖書館外，其他館藏信息皆無〔註2〕。昌道亨、孫道玉、陳應褚、李雲崳四道士墓誌，除陳應褚墓誌可能

〔註1〕張廣保《明代國家宮觀與國家祭典》，《全真道研究》第2輯，齊魯書社，2011年，第3頁。
〔註2〕北京大學圖書館金石組《北京大學圖書館藏歷代墓誌拓片目錄》，上海古籍出版社，2013年，第939頁。有文獻記載李雲崳墓誌原石曾暫存地安門外火神廟內。後由交通隊宣傳科移交至文物部門。

來自民國學者周肇祥舊藏外，其餘三方來源情況均不詳〔註3〕。以上四道士按照後門橋火神廟正乙派字譜排列師承關係，此外，我們在庫藏中還偶然發現一套道士阮永清的誥命碑、諭祭碑與墓表的拓片資料，可以窺見周祖之後神霄派弟子的派字傳承衍生情況。雖然阮永清的誥命碑與諭祭碑的拓片已在《北京圖書館藏中國歷代石刻拓本彙編》中收錄，但誥命碑碑陰的墓表並未見任何出版物公布。如此，我們目前共得到五位周思得道派道士的墓誌（表）拓片。

阮永清墓表，20世紀中期仍立於今海淀區萬壽寺東北部，法華寺以南，中央社會主義學院以北的原阮永清墓址。墓表刻於阮永清誥命碑碑陰。碑陰篆書「明故闡教真人墓表碑」。碑高2.25米，寬0.8米，厚0.2米。儘管早年文物工作者在登記檔案時稱墓表剝蝕不可讀，但筆者根據拓片，仍識讀出八百餘字的信息。誥命碑碑首篆書「奉天誥命」，碑陽內容大致為成化二十年（1484），誥封道錄司左正一阮永清為「悟玄志道靜修守素葆和光範湛虛凝誠闡教真人」一事。墓表（誥命碑）旁邊還有一方阮永清諭祭碑，碑首篆書「諭祭碑文」。碑陽內容為弘治四年（1491）十月，遣禮部官員諭祭阮永清逝世一事；碑陰為「御製《山水圖歌》，賜闡教真人阮永清」。根據上述材材，筆者不揣淺陋，遂依據五道士墓誌展開初步研究。

二、以往相關研究與墓誌錄文

（一）前人重要的相關研究成果

以往的道教史學者，對大德顯靈宮的關注遠不如對朝天宮、洪恩靈濟宮、大慈延福宮為多。大德顯靈宮今已無存，故址大致位於今北京市西城區鮮明胡同一帶。北京石刻藝術博物館藏有嘉靖三年（1524）禮部尚書夏言撰文《大德顯靈宮營建碑》與《大德顯靈宮奉安諸神碑》〔註4〕。該宮觀由永樂年間的天將廟，提升為宣德年間的大德觀，再營建為成化年間的大德顯靈宮，與朝天宮、靈濟宮等頂級道教宮觀地位相近。關於大德顯靈宮，丁煌《臺北藏明宣德本〈上清靈寶濟度大成金書〉初研》長文中，對周思得所居大德觀予以研究，特別是對王靈官傳說進行了詳考〔註5〕。但由於大德顯靈宮早已不

〔註3〕 關於陳應�墓誌帳目，《文物調查登記表》附錄稱：「周肇祥案內接收，邵元節撰」。
〔註4〕 閆霞《美石美刻：北京石刻藝術博物館導賞》，華文出版社，2018年，第386～388頁。
〔註5〕 丁煌《漢唐道教論集》，中華書局，2009年，第267～271頁。

存，故而對其研究尚且薄弱。

與本題相關的早期成果主要為港臺學者所貢獻。澳籍學者柳存仁、旅日
學者楊啟樵對明代前中期帝王與道士關係做了開創性的研究。柳、楊兩位先
生分別對明代道徒運用玄術對皇權以及整個社會風氣的影響，進行了較為深
入的闡發。臺灣學者莊宏誼根據《皇明恩命世錄》與《龍虎山志》等資料，
通過羅列「明代帝王命天師齋醮一覽表」，總結了正一派（包括大德顯靈宮
系）的主要齋醮活動〔註6〕。卿希泰《中國道教史》第三卷第十章「道教在
明中葉以前的發展和貴盛」中，談及明代中期大量傳升朝天宮、大德顯靈宮
等道官的情況。但具體對周思得及其後輩的內容則語焉不詳〔註7〕。進入
1990 年代，曾召南〔註8〕對明代嘉靖帝之前的皇帝寵幸道士的現象進行了研
究。近年成果中，與本文研究對象關係密切者主要有張澤洪對於周思得與道
教靈官法的討論〔註9〕；當然，一些綜合性的論著中，也鮮有關於大德顯靈
宮系統道徒活動的闡述研究。以《道教與北京宮觀文化》一書為例，書中所
列明代道教宮觀與高道人物沒有關於大德顯靈宮的信息，甚為遺憾。近年與
本文研究方向最接近的成果當屬陳文龍、鄭衡泌根據白雲觀《諸真宗派總簿》
中的記載，對周思得道派中的七個分支進行了初步考察。他們指出周祖一脈
存在後門火神廟正乙派與平谷丫髻山兩派的分野。此外，陳、鄭二位學者還
根據《明實錄》與《諸真宗派總簿》整理出與周思得道派相關的清微派與周
祖鐵冠派等五個分支〔註10〕。本文將結合尚未公布的幾位道士墓誌內容以
及地方志等資料對周思得道派諸道士反映的派字問題以及他們生平與原生
家庭問題予以初步考察。

　　（二）關於五方道士墓誌的錄文（見文後附錄）

三、墓誌所見周思得道派中的分支與派字

　　前揭《周思得道派與明代道錄司》一文，已經根據《明實錄》、《諸真總

〔註6〕前者有《明儒與道教》《補明史佞倖陶仲文傳》，收入《和風堂文集》，上海古
　　　籍出版社，1991 年；後者主要為《明代諸帝崇尚玄術及其影響》，收入氏著《明
　　　清皇室與方術》，上海書店出版社，2010 年。莊宏誼《明代道教正一派》，臺
　　　灣學生書局，1986 年，第 162～165 頁。
〔註7〕卿希泰《中國道教史》（修訂本），四川人民出版社，1996 年。
〔註8〕曾召南《明代前中期諸帝崇道淺析》，《四川大學學報》1991 年第 4 期。
〔註9〕張澤洪《明代道士周思得與靈官法》，《中國道教》2006 年第 3 期。
〔註10〕陳文龍、鄭衡泌《周思得道派與明代道錄司》，《世界宗教研究》2015 年第 4 期。

簿》以及「御製大德顯靈宮碑」等史料對此前學界罕有關注的周思得法脈分支與派字情況做了基礎性研究。周思得道派主要集中在後門火神廟正乙派、清微派與周祖鐵冠派。孫道玉、昌道亨、陳應禰、李雲嶸四道士嚴格按照周祖正乙派的傳承發展。這裡再補充一些清微派的情況。

關於清微派的派字與傳承情況，《阮永清墓表》載：「嗣脈高弟道錄司右演法景德……繼□祀事者則道錄司右玄義于德潤、尚德溜。孫徒劉時泉、□時昱、張時良、馬時昂、陳時□、郭時寬、劉時□、張時欽。曾孫徒□□新、劉自□……表……生□□。」

注意，這份阮永清後學的名諱列舉，反映的是弘治五年（1492）阮永清羽化時的情況。根據五方墓誌（表）提供的周思得法脈諸道士名諱，另參稽《明實錄》、《留青日札》、《南宮奏稿》等史料，可梳理出如下師承脈絡關係如下：

周思得→孫道玉→王應禕（？）

　　　　→昌道亨→陳應禰→李雲嶸、鄧雲慶等→魏正珊、金正瑜等

　　　　→王一清、周一濛、聶一然等

？→阮永清→尚德溜、景德遏等→劉時泉、張時良、馬時明等

　　　　→劉自□等

從上圖可知，在弘治初年，「思」「道」兩個派字之後都已經發展至末期，很明顯出現了周祖正乙派與清微派的分野。一組為「思道應云正」；另一組則為「思道永德時自」。這與《諸真總簿》給出的派字順序和周祖法脈從第三代開始分派的現象是一致的〔註11〕。要之，這些道士在未進入周思得道派之前，都有俗家所取名諱。對於這一點，我們所知非常有限。但結合傳世史料仍然可以窺見一二。如李雲嶸的俗名可能為李躔住，周一濛俗名可能為周伴兒，馬時明的俗名可能是馬福受等等〔註12〕。

陳文龍、鄭衡泌指出，之所以會出現道派早分與晚分的情況，可能是「後輩記憶的原因」。筆者同意二位學者的觀點。他們猜測阮永清「出身大德顯靈宮，可能是周氏弟子」。根據《阮永清墓表》可知，阮氏為周思得道派在「思、道」之後分野的清微派弟子，其師雖不知何人，但一定是「道」

〔註11〕〔日〕小柳司氣太著，劉瑩整理《白雲觀志》（附《東嶽廟志》），北京聯合出版公司，2019 年，第 128、131 頁。

〔註12〕（明）田藝蘅著，朱碧蓮點校《留青日札》卷二十七「朱正增」條，浙江古籍出版社，2012 年，第 417 頁。

字輩，且與他的叔叔尚膳監阮太監有關。所以阮永清可視為周思得的再傳
弟子。

四、五道士的生平及其原生家庭情況

1. 孫道玉與昌道亨

孫、昌二人為同一師門下的道徒，而且他們似乎為周思得最重要的弟子。
志文顯示，孫道玉生於永樂十年（1412），籍貫為江蘇句容。據明人王僖《弘
治句容縣志》記述，孫道玉、陳應禘等恩寵隆厚的道士，將生父追封為太常博
士、母親追封為安人〔註13〕。關於孫道玉的出家原因，墓誌言其因罹患微疾，
「醫弗效」，周思得以符水治之，即愈。正統七年（1442），周思得正式退歸餘
杭，並將孫道玉舉薦給明英宗。此後，孫氏屢屢參與宮廷祈雨、祓除等宗教活
動。可見，在周思得之後，孫道玉完全繼承了周思得在顯靈宮系中的地位，成
為「嗣師」。同時，孫道玉作為繼周思得之後的大德顯靈宮第二代住持，另外，
天順元年（1457），「以慕道者多」，孫氏在今地安門外煙袋斜街創立廣福觀，
安置道流。孫道玉在周思得道派第二代弟子中威名很高，在「道」字輩諸道友
中年望最高。他不僅出任大德顯靈宮第二代住持，且具有掌門人身份，其墓誌
稱：「弘道昌真人道亨、敷教戚真人道珩……皆以兄事真人」。孫道玉墓誌中對
其嗣徒傳承幾乎沒有交代，但志文中「命道錄左正一王應禕，偕真人從孫右玄
義顯宗，請吏部驗封……」一句，結合派字順序，似乎暗示了王應禕襲承了孫
的位置。

筆者所錄五方墓誌中，昌道亨墓誌志文最短，信息量相對也少。昌道亨
生於永樂二十年（1422），比孫道玉小十歲。據昌氏墓誌，其父名叫許繼宗，
母親孫氏，父母均獲太常寺丞與安人。明代朝廷對高道父母的封贈似乎並不
著錄於典志。道亨八歲辭親入道，他八歲之前為太監昌盛所收養。昌盛是明
代永、宣時期著名的神宮監太監，曾出使朝鮮。昌盛墓誌早年在京出土。據
其志文，他原籍為貴州都勻〔註14〕。昌道亨墓誌表彰其「孝於二親，報昌太
監之恩無間存沒」，看來他雖出家，但對原生家庭與鞠養的恩公還存在一定聯
繫。其實，正統三年（1438）昌道亨十六歲時，昌盛就去世了，昌盛並未活
到昌道亨封為真人之日。昌道亨二十三歲，任顯靈宮書記，總掌金籙齋醮科

〔註13〕（明）王僖《弘治句容縣志》卷七，蘇州大學出版社，2018年，第143～144頁。
〔註14〕劉之光主編《館藏石刻目》，今日中國出版社，1996年，第135頁。

範。成化元年（1465），四十三歲升任顯靈宮住持。大概在次年，因施用五雷法，祈雨除旱，又建福國裕民齋醮，產生祥瑞，獲得真人封號。

周、昌二人的師徒關係甚篤，《西湖遊覽志餘》卷二十一「北山分脈城內勝蹟」，追記了周思得與大德顯靈宮的關係以及昌道亨在乃師墓左營觀一事：

> 皇明永樂間，道士周思得者，仁和人，操行雅潔，精五雷法，成祖聞其名，召試稱旨，建天將廟居之。扈從北征，累著功績。仁宗建玉盧延恩殿，宣宗建彌羅寶閣、崇義演法殿，改廟額為「大德殿」。……成化間，其徒昌道亨得寵憲宗，詔徙玄元觀於思得墓左。而改其故居為寶極觀。〔註15〕

關於成化年間昌道亨為其師周思得修墓徙觀一事，不見於他本人墓誌，卻見於其徒陳應褅墓誌。志云：「奉敕如杭，修通靈真人周公墓，以永享祀。有司給其緡。真人袖手，不日而功成。」可見，這次奉敕修墓行動是一次值得標榜，且憲宗非常重視的任務。此外，周思得墓址所在，還存在更深層次的問題，待筆者另文討論。

2. 陳應褅與李雲嶰

陳、李二人為師徒關係。陳應褅家世亦見於程敏政「演範真人陳公先塋碑」（以下簡稱「先塋碑」）。該碑文收入清代陸龍騰等所修安徽《巢縣志》中。其祖上大概是本文研究顯靈宮系道士中最為顯赫的：「永樂間，顯祖以武功扈駕都燕。父忠，介義弗仕，樂施。」「幼時與群兒嬉戲，效作禹步。以瓦擲地，召將感雷聲隱隱。父知其不凡，命禮城西大德顯靈宮弘道真人昌公為師。」這與「先塋碑」中「爰自童丱，往侍昌公」相吻合。

與孫道玉父母被分別追贈太常博士與安人同樣，陳應褅父母也受到這一殊榮。北京海淀鎮曾出土明成化二十一年（1485）《明贈太常寺博士陳（忠）公合葬墓誌銘》。該墓誌出土時間不詳。墓主陳忠正是陳應褅之父，陳應褅在其三子中排行第二。志文云：「沖和志道弘悟高士陳應褅，自道錄玄義進是秩，得賜敕進其考為太常寺博士。……公諱忠，字本孝，姓陳氏，世為盧之巢邑人。考昺，以才藝名於其鄉。」〔註16〕除乃父陳忠墓誌外，目前沒有

〔註15〕（明）田汝成著，尹曉寧點校《西湖遊覽志餘》，上海古籍出版社，2017年，第193頁。

〔註16〕《太常寺博士陳公孺人劉氏合葬墓誌銘》，《新中國出土墓誌》（北京卷），文物出版社，2003年，第107頁。

陳應褆家族其他成員的墓誌出土。有學者指出，海淀鎮北曾出土一方成化年間墓誌，志文云「墓在太平里海店村之原」〔註17〕。此句正出自陳應褆之父陳忠與其母劉氏合葬墓誌。可見，陳忠父母墓地在其畏吾村墓地西北數里之遠。這也表明方外之人是不會再葬入家族塋地。

綜上，陳氏家族自陳應褆之祖、陳忠之父陳昺開始，便不再葬於巢湖桑梓之地。「先塋碑」還述及他的父親封贈太常博士、母親和兄弟也獲得太孺人、錦衣衛、鴻臚序班等封號職位，「俱以應褆故，仰沐渥恩」〔註18〕。程敏政是今安徽休寧人，大概因與陳氏有桑梓之誼，故而為其撰寫了先塋碑記。陳忠出土地雖在北京，但具體地點不詳。志文稱其「墓在太平里海店村之原」。而且從程敏政給陳氏家族先塋作碑文的情況看，陳氏可能北遷後也存在聚族而葬的情況。

另外，《千頃堂書目》中有陳應褆所作《玄林群玉集》，書名後附八個小字介紹陳應褆：「弘治中道士，任真人」〔註19〕。此書內容不詳，似乎已經亡佚。

李雲崿，除墓誌信息以外，此人資料較為乏見。他祖籍金陵，其先人永樂年間扈從來燕。李七歲即入宮隨侍陳應褆。武宗時拜為真人。值得一提的是，李雲崿，曾用名李躍住，因與朱（穆）正增、周一濛、聶一然等徒子徒孫輩道士攀附「八虎」之一魏彬及其師陳應褆等權奸，而遭到朝臣彈劾，「以贓充軍」〔註20〕。這一「醜事」在李雲崿墓誌中隻字不提，這也符合墓誌作為一種「虛美掩惡」文本的缺陷性。此外，因地安門外後門橋火神廟曾是周思得正乙派的重要據點，所以李雲崿墓誌出土後，作為周祖道派早期遺物存放該廟也是順理成章的〔註21〕。

3. 阮永清

阮氏的情況更具新的特點。首先，他來自明代屬國交南。其次，他是跟

〔註17〕張寶章《海淀鎮》，北京出版社，2020年，第7頁。
〔註18〕（清）陸龍騰等著，巢湖地方志辦公室整理《巢縣志・巢湖志》卷十八《藝文中》，黃山書社，2017年，第385頁。
〔註19〕明人徐渤《徐氏紅雨樓書目》稱該書成於成化、弘治年間。
〔註20〕（明）田藝蘅著，朱碧蓮點校《留青日札》卷二十七「朱正增」條，浙江古籍出版社，2012年，第147頁。
〔註21〕上揭《北京大學圖書館藏歷代墓誌拓片目錄》中稱李氏墓誌「海淀區魏公村靜虛觀出土，曾置於西城區地安門外大街192號」，這點正與火神廟存該墓誌一事相吻合。

隨叔父尚膳監太監阮某來到明宮廷，然後在後者支持下成為方外之人的；再次，根據墓表，此人去世後很有可能葬於由廣西籍宦官韋芳創建的都城西香山鄉廣源閘朝真觀側，這與《諸真總簿》第三十九，後門火神廟正乙派字譜道士葬於顯靈宮下院畏吾村靜虛觀，是有一定差別的。關於這一點，待日後再進一步研究。最後，阮永清及其徒子徒孫派字的發現正是是明代中期周思得道派發展過程中，「思、道」之後發生分派現象的證明。

《明憲宗實錄》對阮永清等道士升遷一事有如下記載：

> 升道錄司胡守信為高士，右正一聶彥良、左演法昌道亨為左正一。靈濟宮道士來弘善，大德顯靈宮道士吳道然、阮永清俱為左玄義。〔註22〕

這段道職升遷記錄的時間發生在成化十一年（1475）。根據阮永清墓誌：「乙未冬十一月，欽升道錄司左玄義。」所以，文獻與墓誌記載的內容相吻合。

關於御賜《山水圖歌》問題。有明一代最著名的帝王御賜《山水圖歌》事件，為明宣宗宣德七年（1432）御賜長春真人劉淵然《山水圖歌》一事。這在《明史》中的劉淵然本傳以及《金陵玄觀志》均有記載。而阮永清被憲宗欽賜《山水圖歌》一事發生在成化二十年（1484）十一月，並刻立於諭祭碑之陰，作為聖上榮寵的恩典：

> 闡教真人阮永清，恬淡乃心，敬慎乃行。悟玄妙之深機，得清虛之佳趣。凝真抱道於茲有年，勤恪精專誠可嘉尚。因繪山水圖題詩以賜焉：
>
> 蓬萊仙山渺何許，弱水東流三萬里。憶曾飛夢作仙遊。翠削芙蓉半天起，綵雲深處列仙家。□□萬樹烝紅霞，琳公貝闕跨鼇極。丹光繞□□金華。〔註23〕

所謂「蓬萊仙山」，「弱水東流」都應當是圖歌的內容。無獨有偶，同日，另有兩位道士普濟真人喻道純、敷教真人楊志真也獲得了明憲宗的御製《山水圖歌》〔註24〕。其墓表云「甲辰夏，虛凝誠闡教真人。」甲辰年，即御賜《山

〔註22〕《明憲宗實錄》卷一百四十七「成化十一年十一月丙午朔」，臺北中央研究院歷史語言語研究所校勘本，1962年，第2961頁。

〔註23〕《北京圖書館藏中國歷代石刻拓本彙編》第52冊，中州古籍出版社，1989年，第12頁。

〔註24〕（明）葛寅亮《南京玄觀志》，南京出版社，2011年，第9～11頁。

水圖歌》的成化二十年，正是該年獲賜了闡教真人稱號。無論如何阮永清獲賜
的《山水圖歌》，屬於集中向高道御賜，雖然也是一種殊榮，但顯然與劉淵然
獲賜的情況相比打了折扣。

五、關於明代道士墓誌的書寫問題

近年關於中國古代墓誌文本書寫的問題，越來越受到學者們的關注。關
於墓誌書寫的研究，具體分為兩類。有的學者關注個案，有的學者則針對某
一時期某一類特殊人群的墓誌文本入手，總結歸納出這類文本書寫的時代與
族群特點、應用方式與範圍以及形成的某種社會風氣等等〔註25〕。明代道士
墓誌書寫，有其規律性存在。一般的模式包括：訃聞、籍貫家庭、出生神跡、
入道緣由、升遷、舉行齋醮並獲賞賜、辭世頌、葬事等要素。但由於每一墓
誌撰者的不同，並非所有墓誌都嚴格按照上述諸項予以交代。下面，筆者列
表顯示五方道士墓誌中相近或共有的內容，並予以比較分析（見表一）。

首先，關於道士們仙逝的時間、地點與諭祭情況，在墓誌文本中由作者靈
活把握。首先，籍貫與家庭則是必不可少的內容，這在其他人群中，如宦官、
官僚、士人、女性等都是不可或缺的，是延續世俗社會中墓誌書寫的傳統。本
文所論周思得道派道士中，出生神跡與入道緣由則是方外人士墓誌中特有的
部分。孫道玉、陳應禡和李雲崤三位道人的志文中皆敘述到出生神跡。而且這
種神跡都與其母臨盆時的夢境有關。

其次，以往學者多關注道教著名列仙們的入道緣由，而對普通道士，特別
是明代一般道士的情況措意無多。這五位周思得道派道士均在沖齡即拜師入
道。如昌道亨「八歲辭親」，李雲崤「年甫七歲，即遣入顯靈宮」。墓誌作者們
對這部分書寫時，多言道士們「幼好道」「酷慕玄學」「志趣不凡」，多少摻雜
著成人按照自己的價值觀對這些已故道士早年經歷的「模塑」〔註26〕。特別是
昌道亨、阮永清兩位幼年被宦官鞠養的道士，在一定程度上會被薰染上養父的
思想與信仰。

〔註25〕近年關於明代墓誌書寫方面的研究主要有：張雨《死生有命與病不服藥：明
代墓誌中的老年人卻藥書寫》，《歷史教學》（下半月刊）2018 年第 11 期；
黃開軍《明清時期商賈墓誌銘的書寫與士商關係》，《學術研究》2019 年第
11 期。

〔註26〕于賡哲《嚴肅的兒童》，《歷史學家茶座》第三輯，山東人民出版社，2006 年，
第 154～159 頁。

第三，升遷與受賞過程。一如數量眾多的世俗官僚墓誌所書寫的「記賬」式經過，周思得道派五道士墓誌中也遵循著這種傳統的模式，即「時間—所升職官」。但除了記錄升任相應等第的道官外，還有被帝王賞賜法物、加封真人與高士等描寫。這是世俗人士墓誌所沒有的部分。周思得道派墓誌與世俗官僚墓誌在升遷部分的書寫高度一致性，究其原因，乃源自周思得開創的大德顯靈宮道派特有的皇家道士團性質，是服務於皇家和宮廷的道士群體。

第四，遺言，或者辭世頌也是多見於周思得道派道士墓誌書寫組成部分的一環。高道臨終前將徒子徒孫喚至塌側，或吟詩一首總結一生成就、行止；或祈求國祚永隆、社稷安穩。因為道教並非來世宗教，重視現世的修行與貢獻。遺言雖然在古代世俗人士的墓誌中也經常佔有一定篇幅，但孫道玉等為廟堂服務的宮廷道士們的墓誌中的遺言部分，更添一分道教義理色彩。辭世頌，不是道教正一派的專利，早在金元時期就有許多高道羽化前留下這種文體。

最後，關於葬事問題，孫道玉、昌道亨、阮永清等人羽化後均有太監受命齎物致祭，陳應褍與李雲崝師徒墓誌雖然沒有明確寫到皇帝遣太監參與葬事，但應該也有著相似情形，因為這與他們作為宮廷宗教服務人員的身份是分不開的。其中，孫道玉和昌道亨兩人的葬事活動都被一位名叫李珍的太監派遣參與。

總之，我們透過北京出土這五方明代道士墓誌，可以看到墓誌作者在道士墓誌書寫上與世俗墓誌書寫的差異性。此外，也能感受到明代道士墓誌與前朝墓誌書寫的差異。由於皇家宮觀的地位，積極執行皇帝安排的各種祈雨、除災活動，大興齋醮，建壇祈禳，這些都促使孫道玉等「皇家道士」位高勢尊，且與朝臣交往密切。所以，在墓誌書寫方面，孫道玉等人墓誌的官方干預色彩比較濃厚。此外，與本文所研究的五道士墓誌同時的非周思得道派道士劉淵然、陳宗然等人在墓誌書寫風格相較，也表現出一些近似之處〔註27〕。這反映了明代「皇家道士」身份反映出他們在父母家庭、入道緣由、道職升遷、葬事辦理方面的共同特徵。

〔註27〕劉淵然墓誌內容參見岳湧《明長春真人劉淵然墓誌考》，《中國道教》2012 年第 2 期；陳宗然墓誌參見王福梅《靈濟道派在北京的活動及其遺跡考察》，《北京宗教研究》第三輯。

孫道玉等道士墓誌相關信息表

	籍貫與家庭	出生神跡	入道緣由	升遷過程	遺言（辭世頌）	葬事
孫道玉	江蘇句容，父德祥贈太常寺丞、母沈氏贈安人	安人一夕夢龍鳳立左肩，寤而產真人。	幼好道，又感微疾迎醫。醫弗效。得周真人以符水治之即愈。	正統七年，拜道錄右玄義；景泰間，累遷至左正一。成化初，賜誥號洞微體順凝誠養默致虛守敬光範悟法弘道真人，掌道教事	臨終留語訣語別。曰：七十一年如大夢，紛紜世事總成空。於今撒手歸元去，只在先天太極中。觀此可以知其所養矣。	朝廷遣太監李珍賚賜白金綵幣、寶鈔香燭諸物，且敕工部營葬恤典優渥，前此鮮倫而內之，貂璫外之……
昌道亨	籍貫不詳，父許繼宗贈太常寺丞，母孫氏贈安人	無	堅白其人，為人誠孝，酷慕玄學，八歲辭親，入道師周真人	正統十年，薦為本宮書記……成化改元，升道錄司右玄義兼住持。未幾，升右至靈，督造道教諸天聖像。又升左演法……又升左正一……（成化二年），進沖虛淵然凝神守素翊化演教廣濟普應弘道真人，領道教事	無	白金綵幣甚厚，遣禮部堂上官諭祭命太監張公軒、王公琚、李公珍、總理喪事陳公貴，督工部官往都城西香山營葬域
陳應褆	廬州巢人，父陳忠贈太常博士、母劉氏贈安人	母劉氏，嘗夢一道者，袖出一巨桃，啖之，覺而有娠。始生，氣骨清潤，面有黑子如斗交。	幼時與群兒嬉戲，效作禹步。以瓦擲地，召將感雷聲隱隱。父知其不凡，命禮城西大德顯靈宮弘道真人昌公為師。	不詳	道非法用，無以及物；法非道體，無以存心。道外無法，身外無將。爾等其識之。	不詳
阮永清	南交，叔父為尚膳監太監阮某，父母不詳	無	（阮）太監以公志趣不凡，性好沖澹，命從老氏。	成化十一年十一月，升道錄司左玄義。成化十三年冬，升右至靈。十六年冬，升左至靈。十六年秋，進右正一。十九年夏，	呼童具紙筆書一絕曰：「七十二年華清心，樂煙霞天邊……」	命御馬監太監□公賚□□白金綵幣……營葬，仍遣禮部官諭祭。

				……上因賜靜守谷神圖書。進官左正一。是歲□□雪,守素葆和光範湛虛凝誠闡教真人。二十年夏,……虛凝誠闡教真人。□□弘治改元,公謝□□職號止右正一。		
李雲嶠	金陵人,父李源、母陳氏	母陳氏,夢一人鶴髮羽衣。悠然絕俗,揖而求舍焉。母許諾,已而娠,遂誕真人,儼然夢中所見也。	年甫七歲,即遣入顯靈宮,師事演範陳真人。	孝廟時……進階至靈。武宗即位拜真人。	吾以羽士荷上寵渥至厚,殆無以報。惟願百穀用登,民生饒裕。祈聖壽於喬松。庶盡吾報德之萬一也。	上聞之甚悼,賜諭祭及楮幣銀兩,一用演範例以葬。復賜白金六十兩、表裏六襲,蓋特恩也

六、結語

本文對目前尚未公布的幾份明代北京道士墓誌做了初步的研究。首先,根據墓誌拓片內容進行了錄文工作。基於錄文中提到的師承關係,在前人研究基礎上,筆者增補並驗證了周思得道派派字及「思、道」之後的分派情況;其次,逐一介紹了道士們的生平履歷,包括父母受到封贈的情況。再次,根據志文內容,從墓誌書寫者的角度出發,分別從諸道士的籍貫家庭、出生神跡、入道緣由、升遷經歷、辭世頌與葬事等因素,揭示明代周思得道派道士墓誌撰寫的某些文本特點。

本文只是從墓誌入手探討明代道士生平及其與宮廷關係的一次初步嘗試。由於寫作過程倉促,不恰不周之處,尚需廣大學界同仁予以批評指正。接下來,筆者將繼續從墓誌文本出發,從更深層次研討明代中期,活動於廟堂與宮觀之間的周思得道派的道士群體。

原載《中國本土宗教研究》,2023 年第一輯

附錄：李雲嶧、陳應褍、昌道亨、孫道玉、阮永清五道士墓誌（表）錄文

1. 皇明封沖虛守一抱樸安恬修真悟法履和寧凝素敷教真人景嚴李公墓誌銘

賜進士第文林郎大理寺左寺副堂邑龔治撰

特進榮祿大夫柱國定西侯江都蔣傳書並篆

嘉靖乙未，秋七月，敷教真人景岩李公奉上命往迎致一真人於龍虎山。道過天津，覺弗豫，亟歸而厭世。其徒魏正珊奉其遺蛻還葬於畏吾村靜虛觀。且介鄉進士楊永錫狀來征予銘。烏虖！真人蓋有道者也。予其敢辭！按狀，真人諱雲嶧，字景岩，中和其別號也。世為金陵人，祖諱貴，隱德弗耀。父諱源，永樂間扈從文皇，因家於京師。母陳氏，夢一人鶴髮羽衣，悠然絕俗，揖而求舍焉。母許諾，已而娠，遂誕真人，儼然夢中所見也。母奇之，年甫七歲，即遣入顯靈宮，師事演範陳真人。凡金書琳扎，睹若夙契。時演範有重名，獨器重真人。嘗曰：「異日得吾道者必某也」。孝廟時，入建醮事。儀閒音暢，特為上所賞，進階至靈。武宗即位，拜真人，賜玉帶、銀章。命扈北狩，真人力辭，復賜霞帔、寶冠。既而謝事。今上改元，崇尚玄教。聞真人名，特復舊職。八年，奉詔祈雨有感，賜金冠法服。十年，入建祈嗣醮事班列，委任與元老大臣並事竣，賜冠服、珮笏、表裏。十一年，欽承簡命，偕皇親太子太保玉田伯蔣榮，往祈嗣於岱宗。歸賜蟒衣表裏及牙印，辦理金籙科儀。上手書問齋法玄奧，真人以一誠對。上悅，賜錦繡四季法服。凡有國醮，若朝天、顯靈、靈濟、延福、靈明、東嶽等宮，俱真人主其事。真人既受上知，日蒙恩禮，凡時鮮珍果，紫薪紈扇之賜無虛月。然真人為人惇厚簡樸，主於不欺，事上接下，敬而有禮，尤邃於沉默。無為之道，刀圭變化，堅冰淖泥，五色五倉之術，不學而能。始，真人之師演範真人上賓時，召真人諭之曰：「道非法用，無以及物；法非道體，無以存心。道外無法，身外無將。爾等其識之。」遂以手作圓像而逝。及真人覺有異，亦語其徒曰：「吾以羽士荷上寵渥至厚，殆無以報。惟願百穀用登，民生饒裕。祈聖壽於喬松。庶盡吾報德之萬一也。」遂瞑目。玉柱雙垂，就視之，形神離矣。嘻！異矣！圓像之作，玉柱之垂，較若一致。豈誠得演範之道者邪？

真人生於成化丙戌二十有五日，解於乙未八月十日，計寓形於宇內者七十年。上聞之甚悼，賜諭祭及楮幣銀兩，一用演範例以葬。復賜白金六十兩、表裏六襲，蓋特恩也。其徒長即正珊，前為玄義，克承師訓；次金正瑜，次許正濱，若王一清、周一㵾、葉一旺、一端、一迎，皆其徒孫。卜九月三日葬。正珊復來告及期，乃銘。銘曰：

　　物有不朽，人維至靈。孰葉異夢，以範爾形。峻標完氣，物表□亭。歷事三朝，終始一誠。蟒衣玉帶，燁燁帝庭。騎龍馭日，下上太清。孰壽孰天，孰死孰生。畏吾之墟，靜虛之坪，掩玉韞珍，聊順世情。千秋華表，□然長鳴。公乎歸來，尚有感於斯銘。

　　　　　　　　　　　　嗣徒道錄司右玄義魏正珊等泣血立石

2. 皇明封清微沖靜葆和凝素崇玄悟法真修養默演範真人虛白陳公墓誌銘

　　誥授清微妙濟守靜修真凝玄衍範志默秉誠致一真人邵元節撰

　　奉敕提督神機營兼督十二團營諸軍事總兵官掌左軍都督府印前節制陝西等處地方兵馬太子太傅惠安伯張偉篆

　　承務郎通政使司經歷司知事前鴻臚寺左少卿古燕仝釱書

　　按狀，真人陳姓，應禠名，虛白其賜號也。其先廬州巢縣人。永樂間，顯祖以武功扈駕都燕。父忠介，義弗仕，樂施與。母劉氏，嘗夢一道者，袖出一巨桃，啖之，覺而有娠。始生，氣骨清潤，面有黑子如斗交。幼時與群兒嬉戲，效作禹步。以瓦擽地，召將感雷聲隱隱。父知其不凡，命禮城西大德顯靈宮弘道真人昌公為師。昌為通靈真人周公高第。周公在文廟時隨師征虜，載王天將木主行，屢符大功。周蓋參紫極田君，得靈寶宗旨，故皆繩繩相承，顯耀其西河之宗，而穹赫其後先者也。成化間憲廟時已彰英譽，授道錄玄義。未幾，奉敕如杭，修通靈真人周公墓，以永享祀。有司給其繪。真人袖手，不日而功成覆命。上嘉其績，升左街演法。歲辛卯，京師旱，詔禱於宮之昭應雷殿，雷雨應聲而作。進高士三品爵，賜虛白先生。牙大刻其篆二曰「弘悟高士」曰「心與道參」，並賜白金楮幣。自是奉命掌理皇壇諸齋醮，輒有異應。歲丁未，入冬京師少雪，詔禱於玉虛善應壇。是夕達旦，雪深三尺。上益寵渥甚，授清微沖

靜葆和凝素崇玄悟法真修養默演範真人，領道教事。禮部鑄以銀章。
大學士褒其華誥，聲動朝野。孝宗踐阼，有妖憑人，詔移檄以袚。
有雷自玄天祠霹至日精門出，妖遂寢。命修醮以謝。賜大金縷冠，
飾以寶石。弘治戊午，詔修金籙齋于欽安殿七晝夜。有白鶴翔空，
紫雲彌室。賜玉帶、白金、法服、冠珮、盂劍及弟子與醮一百三十
餘人，皆賞賚有差。仍賜牙笏二，曰演範真人，曰養素含真。自是，
各鎮冶來進時鮮珍果，諸物之寶，歲無虛月。弘治乙丑，太皇太后
崩逝。上哀慟甚。命修玉籙齋於內庭。焚燎之際有紫雲護昇天台，
冉冉而舉。上視久嗟歎，欲贈以禮部宗伯之職。是歲，龍御上巡，
真人亦解組矣。武宗即位，嘗御便殿詔問治生之道。對曰：「治生無
他，道清靜無為是已」。上悅，賜蟒衣三襲、玉帶、金冠，輝耀倍徒。
遣代祀泰山，建保國裕民大齋，有天樂鳴空鸞鶴藪日，官吏仰視，
咸嘖嘖焉。中貴以聞，宸旒為之喜。勅建靈寶傳度壇於玄天祠。上
親受道，授其弟子為真人者六、高士者一。曰翊教真人劉雲嶂、崇
謙高士錢雲嵨、曰弘教真人鄧雲慶，皆真人襲慶之高第（弟）也。
曰崇正真人楊正璠，為真人之孫，皆先卒。曰敷教真人李雲峪、曰
普教真人楊正坊、曰體道真人穆正增。及加道錄官者，廿有餘人。
鯨鏗鼉答，響應後先，豈非真人庭訓之有方者耶？自我朝開國以來，
玄教於斯為盛。真人喟然歎曰：「功成名遂身退乃天下之道。吾太上
之遺言也，吾豈不體而循之乎？」乃謝世。日與諸門人講道，演法
如玉京山之朝儀。至是，演範之制益驗矣。今上龍飛，嘉其老彌康
而道愈篤。再起仍真人之舊，玉帶銀章，寵渥有加於昔。雖然日益
杜門，頤養天和，上日遣中貴存問，凡元臘之慶，白金珍果之賜無
虛。嘉靖己丑臘月二十五日，盥浴加服橫帶，召門人李雲峪等諭之
曰：「道非法用，無以及物；法非道體，無以存心。道外無法，身外
無將。爾等其識之。吾仙期已及矣。」遂以手作圓像而逝。嗚呼！
珠懷淵而川媚，玉蘊石而崖潤，眉山三蘇生而草木枯。信哉是言也！
真人未賓雲前一日寒雲慘淡，風氣栗烈。宮之樹皆掛白，宮之外餘
伐木俱如故。是豈非真人之正氣泛乎？遼廓者乎？真人生正統戊辰
六月十六日，及是，享年八十有二。前嘉靖甲申，真人鳩工伐石於
城西畏吾村，營建壽藏。至此，嗣徒敷教真人李雲峪等是卜嘉靖九

年二月十一日奉真人冠劍瘞於壽丘。請予文以志之。蓋以予與真人相與善，且久知真人顛末道行之實。予弗辭乃為之銘。銘曰：

天將昌吾道兮，啖公母以巨桃。公將大吾教兮，策上勳以來。天子之崇褒蟠蟠肩兮，而翊四朝之景運，帶懸玉兮而為百世之英豪。福愈集而祿愈厚；德彌邵而年彌高。八十有二，謝時閒勞。天帝有詔，復而仙曹。畏吾之村，維公貞玉之是韜，子孫億劫，振振羽毛。

嗣徒敷教真人李雲嶐等泣血立石

3. 大明故真人昌公墓誌銘

光祿大夫柱國太子太保戶部尚書兼謹身殿大學士知制誥經筵官兼修國史玉牒青齊劉珝撰

光祿大夫柱國太子太保吏部尚書濟南尹旻書

奉天翊衛推誠宣力武臣特進榮祿大夫柱國前徵夷將軍五軍營總兵官掌後軍都督府事太子太保襄城侯歷城李瑾篆

鴻惟我皇上統一寰宇，亨隆景運，百靈扶翊，庶徵協應，凡人有負一才一藝者，罔弗匯晉，俾各得自致祠，其功祀禱，襘禳之事，屬語玄教，亦兼用焉。成化十九年九月十七日，真人昌公卒於大德顯靈宮。上悼惜，至再賜白金綵幣甚厚，遣禮部堂上官諭祭，命太監張公軒、王公琚、李公珍、總理喪事。陳公貴督工部官往都城西香山營葬域，又推贈其考許繼宗為太常寺丞，妣為孫氏安人。東宮亦遣內臣致奠。下及道家者流，咸慟哭弔祭。計其壽才六十有二。以永樂壬寅六月六日生。嗚呼盛哉！是雖死而無遺憾矣。乃高弟高士王應褘、左正一陳應禃、左演法蔡應禎，卜十月五日竟公窀穸之制，徵銘於余。按倪學士狀，公本姓許，幼子於太監昌公盛，遂因之，諱道亨。堅白其號也。滁陽人。為人誠孝，酷慕玄學，八歲辭親，入道師周真人。精勤弗懈，得其秘傳諸法。而於禱祠襘著靈應。正統乙丑，薦為本宮書記。嗣是金籙齋醮科範，公皆總之。成化改元，升道錄司右玄義兼住持。未幾，升右至靈，督造道教諸天聖像。又升左演法，奉旨書符有驗，於便殿奏對愜上意，大荷獎諭。又升左正一，值旱，命公祈禱，公即宮建壇檄召風雷，霖雨如注，遠近沾足。又升清修衍範玄靖高士。明年，上以公效勞歲久，進沖虛淵

然凝神守素翊化演教廣濟普應弘道真人，領道教事。壬寅，建福國裕
民齋醮，殿楹產靈芝一莖，老稚聚觀以為瑞。上聞，詔問之，公對曰：
「臣無他能，惟秉一誠耳」。上益重其不妄。後又有鸞鶴飛繞於醮壇
之上。上悅，賜真人誥命。並前後所賜銀印一、圖書三、玉圭三、寶
冠十二。金玉帶各一、法劍五、水盂五，金綵幣法衣諸物時時賚俞，
官其侄陽為錦衣千戶，校餘二十人從公出入。又特賜公號曰「養素」，
跡公平生遭遇，蓋近代絕無而僅有也。公雖寄跡方外，而孝於二親，
報昌太監之恩無間存沒，事周真人之誠不異所生。至於分內玄教所
行，出於尋常萬萬膺朝暮顧之至，顧無自而然哉。銘曰：

　　於維真人，逢時之隆，結知當寧，丕闡玄風。諸法悉迪，大道
斯從。或陽或雨，克副淵衷。或祈或禳，克致靈通，祝釐有驗。裕
國有功，時人祈慕，羽士攸宗。穹階美號，不忝上公。芳名休聞，
遐匹仙翁。六旬而化，神遊崆峒。天恩浩浩，賚錫重重。香山吉壤，
若堂相對。勒銘泉室，垂耀無窮。

4. 洞微體順凝誠養默致虛守靜光範悟法弘教真人掌道教事大德顯靈宮第二代住持孫公墓誌銘

　　賜進士出身、通議大夫、詹事府詹事兼翰林院學士經筵講官同
修國史安成彭華撰文

　　徵仕郎、中書舍人、直內閣預修國史永嘉黃瓚書丹

　　賜進士翰林院侍講、修國史、經筵官長沙李東陽篆蓋

　　有為老氏之教者，曰孫真人，寓世七十有一年，以成化十七年
十一月十七日辭世。訃聞，朝廷遣太監李珍齎賜白金綵幣、寶鈔香
燭諸物，且敕工部營葬恤典優渥，前此鮮倫。而內之貂璫，外之縉
紳，走弔而祭者無虛日，將以十二月九日葬宛平縣香山鄉靜虛觀之
側。於是弘道昌真人道亨、敷教咸真人道珩、衍法王真人道昌，皆
以兄事真人者，皆相與謀，所以壽其名於不朽。命道錄左正一王應
裪，偕真人從孫右玄義顯宗，請吏部驗封，劉員外淳狀其行，遂介
員外來丐銘於余。余辭不獲，乃序而銘之。序曰：真人諱道玉，別
號順庵，姓孫氏，句容縣崇德鄉巨族。父諱德祥，贈太常寺丞。母
沈氏，贈安人。安人一夕夢龍鳳立左肩，寤而產真人。永樂壬辰十
一月二十二日也。真人自幼言動不凡，不與群兒嬉戲。太常蚤卒，

安人遣從鄉先生學。蓋其天性然也。宣德丙午，有役於京師，從其兄及母俱行。明年，事竣還鄉，感微疾迎醫。醫弗效。得弘道崇教闡法通靈周真人以符水治之，即愈。安人因遣從周真人遊，且曰：「汝幼好道，今非真人幾不生，殆夙緣也。其盡心所學，毋辱前人。」真人佩服，唯謹事師。執弟子禮甚恭。癸丑，得給牒。周真人器重之。悉受以所事仙聖珍藏秘書法訣，真人精心行持不怠，名業已彰彰。宣宗皇帝數召命祈禱，每致奇應。正統壬戌，周真人以老乞休，薦真人於朝，拜道錄右玄義。明年，夏四月不雨。英宗皇帝齋沐袞冕，詣朝天宮祈雨，命真人行法事。翌日，大雨，京畿皆沾足。上喜，賜法衣道服、鶴氅綵段。又明年正月，郊祀。先期命真人詣齋宮祓除。景泰間，累升至左正一。天順丁丑，以慕道者多，別作觀居其徒。賜額曰廣福。庚辰夏五月大旱，詔於御用監建醮，且顧問曰：「旱既甚矣，雨在何時？」真人奏曰：「在今夕」。是夕大雨。明旦，有寶劍之賜。今上嗣位，賜太虛秋月圖書，雷霆寶璽。未幾，賜誥號洞微體順凝誠養默致虛守靜光範悟法弘道真人，掌道教事。成化丁亥郊，特命分獻風雲雷雨。戊子，賜金帶，尋又賜玉帶。甲午，推恩贈其父若母云。真人為人小心謹慎恬淡寡嗜欲，平居衣不過布褐，食不過蔬菜。荷列聖知遇。至今上寵眷益深，位號益隆。而心恒歉然若不足，與人交無問貴賤富貧，無不盡其誠。賓客至款洽終日不厭。治具必豐腆，待童僕有恩，不見其疾言遽色。見人有善行，則稱揚之不置。飢寒窮迫者，往往周恤之唯恐後。遇橋樑傾圮，視力所及修葺之以便行者。至於草木花卉亦未嘗輕折。所得恩賜寶劍，及寶盂寶冠及蔬果品物不可勝計，可珍藏者謹藏之不敢褻。可分惠者，即日給其徒，曰：「我何能獨享耶？」嘗諭諸徒：「吾老矣，無能為朝廷報，願汝曹宅心誠敬。遇事勤謹，上祝國釐，下延民福。庶少罄萬分一。」臨終留語訣別，曰：七十一年如大夢，紛紜世事總成空。於今撒手歸元去，只在先天太極中。觀此可以知其所養矣。銘曰：

　　於維真人，出入帝所。麾叱風庭，雨澤下土。帝曰休哉，駢蕃賜予。七十一年，脫屣塵滓。遨遊八極，神其不□。□遺蛻骨，永藏於此。我銘昭之，百世毋毀。

5. 大明故闡教真人阮公墓表（省略號為因碑文漫漶而無法錄出部分）

　　……翰林院國史修撰、承務郎華亭錢福 撰文

　　……事、提督十二營兼十二營總兵官、太子太保、定西侯蔣琬書丹

　　……山西提刑按察司事、奉敕提督屯田兼守兵備、前刑部員外郎姑蘇鄭正篆額

　　……掌天下道教事道錄司左正一阮公終於大德顯靈宮。訃聞，……命御馬監太監□公齎□□白金綵幣……營葬，仍遣禮部官諭祭。其徒道錄司□□義、于德潤等追念真人。蒙荷聖朝恩寵。……無文以□微言表……其字□號無為子。世家南交。宣德癸丑，隨季父尚膳監太監阮□民至京。太監以公志趣不凡，性好沖澹，命從老氏。教師……蚤夜弗殆，悉以清微靈寶諸階符法混元五雷天罡，秘旨授之。正統間，雲遊方外又得異人授以玄默修養之道……道行益者。天順己卯，眾□□充道錄司掌籍。甲申，充都監。成化丙戌，轉副宮，清修養浩法師，司本宮常住事。甲午，□至內廷修金籙……有驗。乙未，冬十一月，欽升道錄司左玄義。丁酉冬，升右至靈。公善飲水，憲廟一日詢其故，對曰：「……止……能爾。」……庚子冬，升左至靈。壬寅秋，進右正一。癸卯夏，……上因賜靜守谷神圖書。進官左正一。是歲□□雪，守素葆和光範湛虛凝誠闡教真人。甲辰夏，……虛凝誠闡教真人圖書。弘治改元，公謝□□職號止右正一。己酉冬，建金籙大醮……庚戌秋，□福□□齋醮，公亦主之，而致鸞鶴之祥。辛亥夏，……機妙道圖書各一，諸色法服十五，金銀各□道□六，法劍、水盂各一，象笏二、九陽巾一、雷巾一、玉佩……領天下道教事。及是秋八月□亥忽語諸徒曰，□□□□矣。乃呼童具紙筆書一絕曰：「七十二年華清心，樂煙霞天邊」……壬子夏五月，……皇上忽焉追思，□命中貴齎敕白金□□□□敕令修齋三晝夜……恩出於尋常萬萬也。公生平為人醇厚□默，不□貨利，好善樂施。嘗自歎曰：……寵渥其覆載文恩無以報稱，惟日孜孜矻矻，國□以祈聖壽。盡吾職，□之當為而已。眾皆曰：「此其所以報也，復何為哉？」嗣脈高弟道錄司右演法景德……繼□祀事者則道錄司右玄義于德潤、尚德溜。孫徒劉時泉、□時昱、張時良、馬時

昂、陳時□、郭時寬、劉時□、張時欽。曾孫徒□□新、劉自□……表……生□□。庚子十有一月九日，壽七十有二。終之歲十有一日甲申，遵遺命以都城西香山鄉廣源閘，敕賜朝真觀為棲真之所。□公素樂恬澹，議論出入玄范，蘊於□控。清風流於當世。其修養煉度之驗，濟□利物之誠，不可具述。□□□□□□之為。銘曰：於維真人，老氏是遵；□□□隱，□□白銀。□□玄範，□□帝宸；召至□陛，論道貞純。薦升□品，□□惟□；春秋八九，□□□□。訃聞丹陛，哀悼尤頻。□□□□，靈妥朝真。生榮死哀……

弘治五年歲次壬子五月吉日

道非常道：明代中期
周思得道派與明廷關係探微
——明代北京地區出土道士墓誌再研究

　　臺灣學者丁煌先生，早年在其著作中撿得周思得所撰《上清靈寶濟度大成金書》諸卷末題名包含的其門派百餘名「道」字輩三十餘名法徒，並且指出「思得道法之往後傳衍，其枝葉自甚繁滋，惟其詳委，仍待嗣作研究」〔註1〕。但丁先生之後鮮有學者對周思得之後其道派傳衍情況有所論列〔註2〕。特別是該道派與朝廷之間的關係，尚未見更深入的探討〔註3〕。不久前，筆者在根據北京地區早年出土的孫道玉、昌道亨等五名周思得道派道士墓誌拓片開展的研究中，對他們的生平、派字、父母封贈、墓誌書寫等方面做了初步探索〔註4〕。

　　鑒於周思得道派道士具有服務宮廷的「皇家道士」特點，我們還應繼續

〔註1〕《臺北藏明宣德本〈上清靈寶濟度大成金書〉初研》，《成功大學歷史學報》第15期，後收入氏著《漢唐道教論集》，中華書局，2009年，第261～262頁。

〔註2〕陳文龍、鄭衡泌對周思得道派道士派字問題做了一些較為深入的探索，初步梳理出該道派派字分布規律並指出周氏弟子在道錄司任職顯示其道派的巨大影響力。見《周思得道派與明代道錄司》，《世界宗教研究》2015年第4期。

〔註3〕王熹：《明憲宗與道教方士》，《故宮博物院院刊》2012年第1期。主要從文獻入手，僅就成化朝憲宗寵幸方士問題做了探討；陶金《大高玄殿的道士與道場——管窺明清北京宮廷的道教活動》，《故宮學刊》2014年。主要從齋醮儀式角度談嘉靖朝之後的宮廷道場活動。

〔註4〕關於雷法的研究，參見李遠國《神霄雷法——道教神霄派沿革與思想》，四川人民出版社，2003年，第330頁。

立足墓誌這類傳記性質的資料，對孫道玉等人與帝王、宦官、朝臣這些人物的交往、互動以及由此產生的各類宗教與世俗活動進行更深層次的探賾。具體來說，本文欲通過皇帝個人行為的賞賜、封贈、弔祭；朝臣對已故道士們墓誌的撰寫、書丹、篆蓋以及朝臣對道士們的批評與指謫等方面展開討論。基於此，有必要從道士墓誌志文中包含的相關信息出發，結合傳世文獻大抵呈現自明憲宗至世宗時期周思得道派道士在明代政壇上的獨特面貌。為行文方便，凡道士墓誌原文引注內容請參看筆者錄文，本文不再標注出處。

一、墓誌所載齋醮活動以及明代諸帝對高士、真人的封賞

（一）齋醮活動

周思得道派，近年學界基本將之歸為上清靈寶東華派。但也有根據產生時間早晚的關係，周氏一脈應為遠祖北宋末王文卿、林靈素創建並發展而來的神霄派。但不管是神霄派還是東華派，都屬於宋代符籙三宗分衍出的派別，宋元時期主要在華東地區傳播。東華派所奉靈寶法吸收了神霄雷法，即五雷法。以往學者對神霄派雖已有系統研究，但對明初周思得及其嗣後發展傳承關注得有限〔註5〕。習得五雷法，據說可以役鬼神、致雷雨、除害免災。宋代雖然誕生了王靈官信仰，但宋元時期並未廣泛流行開來，靈官信仰實際仰賴於明初道士周思得而弘揚光大〔註6〕。

傳世道教內典中有諸多道士設齋醮，行五雷法招致雷雨的描述。但在出土文獻中則比較鮮見。對墓誌中相關信息的發掘，可彌補以往研究的不足。如陳應褶墓誌載：「歲辛卯，京師旱，詔禱於宮之昭應雷殿，雷雨應聲而作。……孝宗踐阼，有妖憑人，詔移檄以祓。有雷自玄天祠霹至日精門出，妖遂寢。」這些都表明自北宋以來東華派林靈真所傳五雷法，經過南宋到元代的沈寂之後，至明初經周思得發揚，滿足明廷統治者的宗教需求，使其在明代政治場域中復興並盛行。

周思得道派在朝廷授意下所舉行的各類齋醮活動，都屬於明代國家最高等級的宗教行為。周思得道派道士根據地大德顯靈宮，也是與朝天宮、靈濟宮並稱的國家最高等級道場所在。誠如明人徐有貞所言，大德顯靈宮實乃「國之

〔註5〕《明代周思得道派道士派字、墓誌書寫等問題初識》，《中國本土宗教研究》2023年待刊。

〔註6〕參見前揭丁煌先生文章以及李豐楙、李遠國等學者相關論述。

秘祠也」〔註7〕。「國」與「秘」字，不僅彰顯了顯靈宮在皇家道教宮觀系統中
的地位，也透露出在這一宗教場域內活動的道士們針對皇室服務的特殊性。

有學者近年撰文總結了四點關於明孝宗崇道的原因。如受前朝諸帝影
響、受近侍蠱惑等等，但其中也有關於個人需要和家庭因素。陳應褔墓誌對
孝宗皇帝崇道原因中關於家庭成員方面做了一些補充。如太皇太后周氏去世
時設齋醮一事。「弘治乙丑，太皇太后崩逝。上哀慟甚。命修玉籙齋於內庭。
焚燎之際有紫雲護昇天台，冉冉而舉。上視久嗟歎，欲贈以禮部宗伯之職。」
正一派第四十三代天師張宇初在《道門十規》中指出：「金籙惟帝王可建，玉
籙惟后妃可建。」明代中期，自宣宗開始，周思得道派地位不斷得到提升。
齋醮活動也嚴格遵守道門規定。

其實，明代中期，五雷法不僅為道士獨有的方術，而且為了交結統治者，
民間各路挾左道之士往往學習者，不乏其人。而掖庭左近，非道教中人而習此
道術最典型的例子，莫過於李孜省。史稱他「南昌人。……時憲宗好方術，孜
省乃學五雷法，厚結中官梁芳、錢義，以符籙進。」〔註8〕明代中期諸帝命周
思得道派道人舉行齋醮的目的，不外乎以下幾種：

1. 祈雨、祈雪：如《孫道玉墓誌》稱：明年（正統癸亥），夏四月不雨。
英宗皇帝齋沐袞冕，詣朝天宮祈雨，命真人行法事。翌日，大雨，京畿皆沾
足。上喜，賜法衣道服、鶴氅綵段。又明年正月，郊祀。先期命真人詣齋宮
祓除。景泰間，累升至左正一。天順丁丑，以慕道者多，別作觀居其徒。賜
額曰廣福。庚辰夏五月大旱，詔於御用監建醮，且顧問曰：「旱既甚矣，雨在
何時？」真人奏曰：「在今夕」。是夕大雨。

2. 除妖：如《陳應褔墓誌》云：「孝宗踐阼，有妖憑人，詔移檄以祓。有
雷自玄天祠霹至日精門出，妖遂寢。」也是雷法的一種，似乎是借助雷電的產
生來除去妖鬼邪魅。

3. 祭祀名山大川：如《陳應褔墓誌》：「武宗即位，嘗御便殿詔問治生之
道。對曰：『治生無他，道清靜無為是已』。上悅，賜蟒衣三襲、玉帶、金冠，
輝耀倍徙，遣代祀泰山，建保國裕民大齋。」再如《李雲嶸墓誌》云：「（嘉靖）
十一年，欽承簡命，偕皇親太子太保玉田伯蔣榮，往祈嗣於岱宗歸。賜蟒衣表

〔註7〕（明）徐有貞：《贈太常博士顧惟瑾序》，《武功集》卷三，《影印文淵閣四庫全
書》，北京出版社，2012年，第59頁。
〔註8〕《明史》卷三百七《李孜省傳》，中華書局，1974年，第7881頁。

裏及牙印辦理金籙科儀。」

劉興順將遣道士致祭泰山分為「道士參與常規祭祀」與「道士參與非常規祭祀」兩種〔註9〕。但他主要關注神樂觀樂舞生傳遞香帛的情況。周思得道派道士陳應禣、李雲崝等代祀泰山，則與樂舞生參與致祭有所不同。陳、李師徒二人在正德與嘉靖年間的代祀活動時，都已經擔任道錄司的高級職務，地位遠超樂舞生。嘉靖朝的代祀有著較明代其他時期不同的政治意涵。譬如沈德符曾追溯代祀與嘉靖帝佞道的關係：

> 嘉靖十一年二月驚蟄節，當祈穀於圜丘，上命武定侯郭勳代行。時，張永嘉新召還居首揆，夏貴溪新簡命拜宗伯，不聞一言匡正。獨刑部主事趙文華上言，切責而宥之。時，文華登第甫三年，其辭嚴而確，使其末路稍修潔，固儼然一直臣矣。次年十一月，大祀天於南郊，又命郭勳代之，大小臣遂無一人敢諫者。時，上四郊禮甫成，且親定分祭新制，遂已倦勤如此。至中葉，而高拱法官，臣下不得望清光，又何足異。蓋代祀天地自癸巳始，至甲午後，遂不視朝。己亥，幸承天還，途中火災，上僅以身免，因歸功神佑。壬寅宮婢之變，益以為事玄之效，陶仲文日重矣。然邵元節實以嘉靖三年召入，五年遂封清微妙濟守靜修真凝元衍範志默秉誠致一真人。……〔註10〕

可見，代祀乃是嘉靖帝崇玄心態變化的表現。丁煌先生早年研究了自宣德九年（1434）至成化二年（1466）年顯靈宮前身大德觀舉行的齋醮情況〔註11〕。周思得道派道士為皇家所作祈雨雪、除妖以及為亡者祈福的齋醮儀式有不少在宮禁大內中進行，但也因需要分布於京內和京外各地。統計舉行齋醮的地點可以看出孫道玉等神霄派道士具有「皇家道士」的特殊地位。

	主持道士	醮科名稱（設醮原因）	設醮時間	設醮地點
1	孫道玉	祈雨	正統八年	朝天宮
2	孫道玉	郊祀祓除	正統九年	齋宮
3	孫道玉	祈雨	天順四年	御用監
4	昌道亨	祈雨	成化元年	大德宮
5	陳應禣	祈雨	成化七年	大德宮昭應雷殿

〔註9〕 劉興順：《泰山國家祭祀史》，山東人民出版社，2017年，第295～297頁。
〔註10〕 （明）沈德符：《萬曆野獲編》，中華書局，1959年，第50～51頁。
〔註11〕 前揭丁煌《漢唐道教論集》，第268～272頁。

6	阮永清	不詳	成化十年	內廷
7	昌道亨	福國裕民齋醮	成化十八年	不詳
8	陳應褊	祈雪	成化二十三年	玉虛善應壇
9	阮永清	金籙大醮	弘治二年	不詳
10	阮永清	□福□□齋醮	弘治三年	不詳
11	陳應褊	修金籙齋	弘治十一年	欽安殿
12	陳應褊	太皇太后崩，逝修玉籙齋	弘治十八年	內廷
13	陳應褊	代祀泰山，建保國裕民大齋	武宗即位之初	泰山
14	陳應褊	勤建靈寶傳度壇	同上	玄天祠

由於碑石文字漫漶，阮永清墓表中所載設齋建醮信息，多已不詳，殊為可惜。但阮氏參與齋醮次數與規模應不亞於本文所討論的其他道士舉行齋醮的相應情形。我們現在反觀徐有貞在《贈太常博士顧惟謹序》中所云「矧今國家方重祈榮之典，惟謹於是益盛。其為日以贊萬壽祝鴻釐為己事。此所以承上寵而致眾歸者，宜也」〔註12〕。徐氏所言不無溢美成分，但通觀上表整理的孫道玉等人舉齋設醮之頻次，在於「贊萬壽」「祝鴻釐」，迎合上意，所以「承上寵」。

（二）封賞

諸道士墓誌文本中，記述了大量明代諸帝對他們的封賞活動。這種書寫模式為：舉行齋醮（或祈雨、祈雪、代祀）—封賜物品或賜號—道職進階。因周思得道派以東華靈寶派傳承，法術方面多以設齋建醮祈禱行五雷法祈雨雪為主。許多齋醮多設在宮城大內。以陳應褊為例，弘治年間多次在紫禁城內設靈寶十二齋。如弘治十一年（1498）和十八年，分別在欽安殿設金籙齋和玉籙齋。因此，齋儀乃道士們參與國家禮儀活動與秩序的生動體現，同時也是他們以國家道教系統官員參與皇室生活的反映。楊向奎指出，道士墓誌中「過分渲染皇權的稱許，及其物質、權力的賞賜，則揭示出中國的本土宗教屈服於皇權的事實外，給人更多的是過於世俗的感受」〔註13〕。我們不妨根據各道士墓誌文本，對明代中期諸帝封賜道士物品與封號情況略作統計：

〔註12〕前揭徐有貞《武功集》卷三，第 59 頁。
〔註13〕楊向奎《中國古代墓誌義例研究》，中國社會科學出版社，2018 年，第 134 頁。

人　名	英宗 （含代宗）	憲　宗	孝　宗	武　宗	世　宗
孫道玉	（正統八年夏四月），賜法衣道服、鶴氅綵段；（天順四年夏五月）有寶劍之賜	今上即位，賜太虛秋月圖書，雷霆寶璽；未幾，賜誥號洞微體順凝誠養默致虛守敬光範悟法弘道真人；（四年）賜金帶，尋又賜玉帶；（十年）推恩贈其父若母云。			
昌道亨		（成化二年），進沖虛淵然凝神守素翊化演教廣濟普應弘道真人；（成化十八年），賜真人誥命。前後所賜銀印一、圖書三、玉圭三、寶冠十二。金玉帶各一、法劍五、水盂五，金綵幣法衣諸物時時賚俞，官其侄陽為錦衣千戶			
陳應循		（成化七年），進高士三品爵，賜虛白先生。牙大刻其篆二曰「弘悟高士」曰「心與道參」，並賜白金楮幣	（弘治初元），賜大金縷冠，飾以寶石；（弘治十一年），賜玉帶、白金、法服、冠珮、盂劍及弟子與醮一百三十餘人，皆賞賚有差。仍賜牙笏二。曰演範真人。弘治十八年，欲贈禮部宗伯	武宗即位，賜蟒衣三襲、玉帶、金冠	再起仍真人之舊，玉帶銀章，寵渥有加於昔。……凡元臘之慶，白金珍果之賜無虛。
李雲嶸				武宗即位拜真人，賜玉帶銀章。	（嘉靖八年）賜金冠法服；（十一年）賜蟒衣

				……，復賜霞帔寶冠。	表裏及牙印辦理金籙科儀。……賜錦繡四季法服。……日蒙恩禮，凡時鮮珍果，紫薪紈扇之賜無虛月。
阮永清		（成化十九年），上因賜靜守谷神圖書	（弘治四年夏）機妙道圖書各一諸色，法服十五，金銀各□道□六，法劍、水盂各一，象笏二、九陽巾一、雷巾一、玉佩		

　　從上表可以清晰看出，周思得道派道士受到明代帝王封賞，並非全賴於道職的提升。一次特殊的齋醮活動，也可為主持活動的道士帶來可觀的賜物。如果是齋醮舉辦密集的時期，一般會賜予法服；當他們階位較低時，一般不會賜予他們金帶、玉帶等物品，待階位逐漸提高，會賜予蟒衣、寶冠等高等級禮品。道士們晚年，他們會像致仕歸老的老臣一樣，被賜予時蔬鮮果作為慰問品。多數賞賜物品，如法服、法劍、巾帽、冠佩、象笏、水盂、玉圭、圖書、印章並非用於道士們的日常生活，而是將來的齋醮等法事活動中〔註14〕。

　　賜封號是賜物之外又一重要賞賜方式。關於明代高道封號字數問題，當朝官員已經表現出不滿。如《萬曆野獲編》卷二十七「真人封號之異」云：

　　　　太祖封張正常為真人，以嗣龍虎山之業，其號不過十字，宣宗
　　　　寵劉淵然，真人封號至十八字而極矣。此後恩漸殺，惟嘉靖間邵元
　　　　節之封，其真人號亦同淵然，雖一時異數，然兩朝濫典，人以為駭，
　　　　不知憲宗朝亦有之。成化廿三年，詔贈靜一沖元守道清修履和養默
　　　　崇教抱樸安恬真人。王文彬父為太常寺丞，母為安人，蓋亦十八
　　　　字，而世無能記憶者，蓋其時左道雜進，如鄧常恩、趙玉芝輩方橫

〔註14〕黃士珊指出上述儀式道具是道士的一部分，「使他能夠從事特定的儀式，令道的動態威力有形可見」。參見《圖寫真形：傳統中國的道教視覺文化》，浙江大學出版社，2022年，第274頁。

甚，則真人又為恒事矣。至弘治十七年，上命閣臣撰真人杜永祺等誥命，劉健等力諫，以為宗廟諡號不過十六字，而此輩封號乃多至十八字，宜令停止，則濫典亦如成化間矣。若嘉靖末年，陶仲文封伯，加柱國陰璽丞，其真人號遂至二十字，此又當別論。〔註15〕

沈德符在此所論並非專指周思得道派，而是針對整個明代道教界而言。如果說明代前期劉淵然真人封號的字數還算是正常情況，經過中期英、景、憲、孝、武諸朝對道士封號加贈的猥濫現象，士大夫們已經開始有所行動。他們力諫此類超過宗廟諡號十六字的十八字真人封號，像陶仲文之流，登峰造極地將封號加至二十字之多的「濫典」該停止了。

回到本文所論周思得道派道士中，除阮永清墓表漫漶不知其最終所授真人封號外，孫道玉、昌道亨、陳應循、李雲嵂四人俱獲十八字封號。

除了，封號的授予，另一重要的賞賜行文便是授官。關於憲宗朝方技授官猥濫的情況，清代學者早已注意。趙翼指出：「憲宗好方技，初即位，即以道士孫道玉為真人。其後李孜省以符籙進，官至禮部侍郎……羽流加號真人、高士者亦充盈都下。大國師以上金印，真人玉冠、玉帶、玉、銀章。」〔註16〕趙翼此處將道士、方士、西天教的諸位國師並舉，認為都是方技中人，故可以等量齊觀。多數周思得道派道士獲賜為道錄司內的左右至靈、左右演法，未見有官至禮部侍郎如李孜省者。

（三）其他

民國北京檔案中所附《寺廟登記條款總表》中記載正陽門瓮城內的關帝廟「建於明永樂年間，道祖阮永清領地募建」〔註17〕。有學者相信，這條記載表明正陽門關帝廟「賜地建廟出自上意」，並由此推斷「其餘城門內的廟宇也是朝廷派遣道士修建的」〔註18〕。民國檔案出現雖晚，但應係道徒內部綿延相傳而來。以阮永清生卒活動時間來看，所謂「永樂年間」建廟似乎不實。並且募建一詞，表明建廟之事沒有多少官方色彩，而是民間下層行為。

〔註15〕《萬曆野獲編》，第 695～696 頁。

〔註16〕（清）趙翼著，王樹民校正《廿二史箚記校正》卷三十四「成化嘉靖中方技授官之濫」，中華書局，1984 年，第 779 頁。

〔註17〕北京市檔案館，《外一區關帝廟道士劉佑昌登記關帝廟畫像的呈及社會局的批示》，檔號：J002-008-00382。

〔註18〕張雲燕《北京正陽門關帝廟建置沿革考》，《北京文博文叢》2018 年第 1 期。

二、周思得道派道士與宦官關係

1. 宦官與道士勾結的依據

澳大利亞華人學者柳存仁先生指出：「道士的伎倆很多，關係很雜，他們勾通太監，營私舞弊，把持營建巍峨的寺觀及歷次齋醮的巨大利潤，固是一端。他們自己也常常被任命為大官，如李孜省、邵元節、陶仲文，莫不援結權貴，聯絡同鄉，從中央申引他們的勢力到地方，聲勢浩大……」〔註19〕道士不僅從歷次齋醮中獲得巨大利潤，而且還通過下文將闡述的沒收其他姦邪如劉瑾之輩的財產中獲利。如果說委派顯靈宮道士舉行齋醮與封賞都單純是皇帝或皇室家族特有的禁臠，只有大型宗教活動二者才產生直接聯繫的話，那麼宦官與道士們則多通過撫養、弔祭以及其他一些社會關係結成利益共同體。

通過細讀這幾方周思得道派道士墓誌，可知孫道玉、昌道亨、阮永清皆有宦官被皇帝委派參與他們的後事。如孫道玉羽化後「訃聞，朝廷遣太監李珍賷賜白金綵幣、寶鈔香燭諸物，且敕工部營葬恤典優渥，前此鮮倫」。昌道亨的喪事則由憲宗「命太監張公軒、王公琚、李公珍總理喪事。陳公貴督工部官往都城西香山營葬域」。阮永清的後事則由御馬監太監某公負責營葬。其中，李珍既參與了孫道玉的治喪也負責總理昌道亨的喪儀。太監作為皇帝特使，負責朝廷要員，如貴戚勳臣、各級官員的治喪事宜，在明代並不鮮見。但是孫道玉等道士作為方外人士，無論處於何種等級，亦由太監出面董理，說明道士們的喪儀屬於由皇帝親自部署辦理的「欽命」行為，在國家諸層面國事活動中居最高等級。早在宣宗時期，便有太監諭祭道士的記載：

> 諭祭曰：惟兒崇修玄素、志慕清虛……先朝累效勳懇，朕贊成
> 大統……告歸幾日，忽奄長終。訃音來聞，良用悼歎。茲特遣人，
> 賜爾祭葬。〔註20〕

如果說宣德至成化初年，還沒有資料表明宦官與「左道」勾結的跡象。那麼成化晚期的一條材料則提示我們，二者開始「越走越近」：

> 成化十九年正月……是月也，以傳奉得官者十有餘人。而太常
> 寺顧玒得升本寺寺丞。趙玉芝母得賜誥命。（雙行夾住：玒，故大德

〔註19〕柳存仁《和風堂文集》中，上海古籍出版社，1991年，第814頁。

〔註20〕《皇明恩命世錄》卷四，《道藏》第34冊，文物出版社，上海書店，天津古籍
出版社，1988年。

顯靈宮廟祝，自幼扶鸞，假神降言福禍。夤緣中官，以達內庭，遂得幸二子，傳其術，亦皆得官。玉芝初用左道託內臣以進，歷任未及半年，其母遂得賜敕。）〔註21〕

顧玨、趙玉芝加上妖僧繼曉等人依附李孜省，在李的卵翼下「相倚為奸」。大德顯靈宮內的所謂高士、真人們也大多被士大夫們視為「佞倖」或「姦邪」。

2. 宦官對昌道亨、阮永清童年的鞠養

首先，據《昌道亨墓誌》可知，昌道亨本姓許，因自幼為神宮監太監昌盛所鞠養，所以改姓為昌。昌道亨幼沖時被宦官養育的經歷，應該對其日後以宦官為中介加強與宮廷內部聯繫創造了一定條件。

阮永清的諭祭碑與誥封碑以及誥封碑碑陰的墓表內容早已公布。根據阮永清墓表，可知他本是交南人。宣德八年（1433），他追隨叔父尚膳監太監阮某來京〔註22〕。雖然墓表言其「志趣不凡」「性好沖澹」，但他最終皈依道門，似乎主要還是獲得了阮太監的支持。

根據阮永清墓表，阮氏去世後葬於廣源閘朝真觀。朝真觀乃廣西籍的內官監太監韋芳所資助興建。所以，正是緣於這種盤根錯節的關係，宦官總是出現於這些皇家道士生命中的某一階段，並發揮相應的作用〔註23〕。

3. 穆正增、李雲嶸（躧住）案

穆正增奸道案是正德、嘉靖之際發生的一起道士與宦官勾結，出於共同的利益追求，以左道蠱惑嘉靖帝。雖經朝臣夏言、楊廷和等奏彈，但最終不了了之的事件。案情波雲詭譎、曲折反覆。作為禮部尚書的夏言痛陳諸道罪責，奏請嘉靖帝徹底肅清這一夥姦佞。該案主要涉及人員為穆正增、李雲嶸、聶一然（道兒）、馬福受（馬時明）、周伴兒（周一濛）。由於該事件涉及「奸道」、宦官、朝臣三股勢力，姑置於此闡述。

首先，我們來看涉案的「奸道」李雲嶸墓誌情況。通觀墓誌全文，充斥溢美辭藻，幾無任何貶抑之語。志文言「真人為人惇厚簡樸，主於不欺，事

〔註21〕（明）何喬遠：《名山藏》卷十七「典謨記」。

〔註22〕《北京圖書館藏歷代石刻拓本彙編》第53冊，中州古籍出版社，1989年，第15頁。

〔註23〕明代中期與道教存在最密切關係的交南籍宦官大概要算陳瑾了。陳瑾去世，由閽道神樂觀五音都提點前道錄司右演法兼秒樂觀住持吳玄海持狀請銘，這一點頗值得研究者玩味。

上接下，敬而有禮，尤邃於沉默。無為之道，刀圭變化，堅冰淖泥，五色五
倉之術，不學而能」云云。但在夏言、楊廷和等人筆下，李雲崿則有著令人
不堪甚至引人髮指的一面。還有一位「高士」與穆正增案有關，即聶一然。
夏言指出，聶一然又名「聶道兒」，也是在成化、弘治年間拿到度牒，於顯靈
宮出家為道，升至右至靈一職，不守戒規，專一交結權貴〔註24〕。關於宦官
魏彬的劣跡，《明史》中有此人小傳，但信息量較為有限：

> 魏彬，當瑾時，總三千營。瑾誅，代掌司禮監。其年，敘寧夏
> 功，封弟英鎮安伯，馬永成兄山亦封平涼伯。世宗立，彬不自安，
> 為英辭伯爵。詔改都督同知，世襲錦衣指揮使。給事中楊秉義、徐
> 景嵩、吳巖皆言彬附和逆瑾，結姻江彬，宜置極典。帝宥不問。已
> 而御史復論之，始令閒住。〔註25〕

正德五年（1510），劉瑾倒臺後，朱正增「名下抄沒入官田地、房屋侵盜
與人佃種、賃住，遞年共得利銀三千兩，雜糧一千石」，中飽私囊。朱正增為
何有權將劉瑾抄沒的財物作為租佃獲利的手段？我想和八虎之一的魏彬脫
不開干係。根據夏言《參懲詐冒以杜奸萌》中載述：「正德四五等年間，正增
不合，夤緣已故權奸魏彬，誘引進見先帝，投充義子，賜姓朱氏，升體道真
人，職事又不合」〔註26〕。李雲崿墓誌又載：

> 武宗即位，拜真人，賜玉帶、銀章。命扈北狩，真人力辭，復
> 賜霞帔、寶冠。既而謝事。今上改元，崇尚玄教。聞真人名，特復
> 舊職。

李雲崿「特復舊職」恰與《南宮奏稿》所言「司禮監太監張欽奉聖旨，原
舊鎮人李雲崿，著在顯靈宮總領道眾管理，一應齋醮，准復原職。封號、誥命、
印信照舊與他」相呼應。

李雲崿、馬福受等人為了瓜分財物，也產生了內部矛盾。據夏言奏稿，
李雲崿、聶一然、周伴兒三人各自領受賞銀與絲絹，但馬福受揣知前情不合，
要向李雲崿挾分財物，後者不從，馬福受上奏。刑部最後判決李雲崿等三人
「准徒五年」，馬福受擬杖八十，追出度牒、照例還俗。可是，判決並未執行，
李雲崿還住在顯靈宮內。嘉靖初年，給事中鄭一鵬上奏指出，乾清、坤寧諸

〔註24〕（明）夏言：《南宮奏稿》卷二《文淵閣欽定四庫全書·史部六·詔令奏議
　　　　類》。

〔註25〕《明史》卷三百五《宦官傳·魏彬》，中華書局，1974年，第7794頁。

〔註26〕《南宮奏稿》卷二《文淵閣欽定四庫全書·史部六·詔令奏議類》。

宮以及漢經、番經諸廠均建立齋醮，並且一針見血地說，此乃「傷太平之業，失天下之望」，「挾此術者，必皆魏彬、張銳餘黨」〔註27〕。所謂「魏彬、張銳餘黨」，很可能即包含穆正增、聶一然等人。在上述涉案人員中，從措辭輕重看，夏言最為痛恨的是穆正增，指斥他「先朝宿蠹，盛世遺奸」！憤懣之情，溢於言表。最後，夏言憤憤然聲討穆正增等人「神醜其行，天奪其魄」！必須「徑加嚴譴以杜奸萌」！另一位嘉靖朝初年重臣楊廷和指出：

> 臣等竊見道士陳應循（禠）、李雲嶸（嵸），當先朝權姦亂政之時，夤緣依附，蠱惑上心。新政之初，當與番僧人等同加誅戮於時，止將真人封號革去，得保首領已為失刑，而近日以來不知有何夤緣，復圖進用。肆無忌憚，首欲壞亂新政，漸不可長。所以該部據理執奏，臣等擬票欲行拿問。……〔註28〕

但夏、楊等人的努力無疑是失敗的。李雲嶸墓誌稱，嘉靖八年，奉詔祈雨有感；三年後，「欽承簡命」與皇親玉田伯蔣榮代祀泰山。就在李氏去世的嘉靖十四年（1535），他仍然受嘉靖帝派遣，「往迎致一真人於龍虎山」。這些都反映他最終逃脫了刑罰。

此外，北京地區一些宦官碑刻也能反映宦官與道教勢力有密切關係。如正德六年（1511），同為「八虎」中的張永，在今西三環路東，紫竹院公園南建混元靈應宮，李東陽親撰敕建碑文，他死後葬於宮側；嘉靖六年（1527），宦官黃順出資在今大興區西紅門重修昭應觀，2003年重修碑記被發現〔註29〕。正德至嘉靖初期的二十餘年，正是奸道勢力借助皇權逐漸抬升的階段，宦官作為明代帝王的天子家奴，在京修建宮觀，甚至將其作為死後的墳觀，同時順應了這一歷史背景。此外，周思得道派道士們的「根據地」——大德顯靈宮，在從「觀」到「宮」的地位提升過程中，也離不開宦官的加持。如《御製大德顯靈宮碑文》載，憲宗成化年間，大德觀改建為顯靈宮時，「乃命內官監太監崔文，相彌羅閣之後左諏日飭並督工營殿」〔註30〕。

〔註27〕（明）谷應泰：《明史紀事本末》卷五十二「世宗崇道教」，中華書局，2016年，第783～784頁。

〔註28〕（明）楊廷和：《楊文忠公三錄》卷二《請免齋醮疏》，文淵閣四庫全書，第428冊，臺灣商務印書館，第18頁。（明）張萱輯：《西園聞見錄》卷二十七「宰相七」略同，杭州古舊書店，1983年，第1297頁。

〔註29〕佟洵、孫勐《北京道教史》，宗教文化出版社，2013年，第266～268頁。

〔註30〕（明）沈榜：《宛署雜記》卷十八「萬字」，北京出版社，2018年，第199頁。

穆正增、李雲嶠案之所以重要，在於嘉靖初年，反映了勾結宦官的穆正增
等奸道與朝臣之間的拉扯、反覆，以至於朝臣在抑制奸道勢力的失敗，成為日
後嘉靖帝寵幸邵元節、陶仲文等人以惑亂聖聽之先聲。正如田藝蘅之言：「自後
濫觴，而左道興矣。」田藝蘅是《西湖遊覽志餘》作者田汝成之子，且言及乃
父彈劾奸道之語：「先朝宿蠹，盛世遺奸，……依附營求，信國法之難宥。有傷
聖化，自玷宗風。乞正典刑，以杜奸藥。」〔註31〕此語完全是夏言《參懲詐冒
以杜奸萌》中的口吻。可見當時對「左道」的痛恨，非止於夏、楊二臣。

三、朝臣對周思得道派道士的態度

（一）從墓誌撰文、書丹等官員看道士與朝臣關係

考察周思得道派道士與朝臣關係最直接的途徑，就是看哪些臣僚為他們的
墓誌撰文、書丹、篆額。就本文研究的五位道士墓誌中反映的這些世俗官僚，
大體不是勳臣貴戚，即為朝廷要員，可見周思得道派道士在明廷中的交結圈層。

1. 孫道玉墓誌

彭華是孫道玉墓誌的撰寫者。據《明史·萬安傳》所附彭華小傳載：「華，
安福人，大學士時之族弟。舉景泰五年會試第一。深刻多計數，善陰伺人短。
與安、孜省比」〔註32〕。與李孜省這種「左道之徒」混跡在一起的「陰人」，自
然也非清流，易與同被朝臣們視為「左道」的大德顯靈宮諸道相勾結。晚明學者
張岱則說得更為具體：「時江右李孜省亦以小吏能幻術，與其徒鄧常恩俱驟獵顯
貴。安託孜省同鄉學術彭華，復深與相結。」〔註33〕該墓誌書丹和篆額者分別是
預修國史，詩文書畫一流的永嘉黃璨以及大名鼎鼎的內閣首輔長沙李東陽。

2. 昌道亨墓誌

（1）劉珝

昌道亨墓誌的撰寫者是劉珝。據《明史》本傳，此人性格「疏直」，曾
參與憲宗朝奏罷西廠，後來又參與彈劾弄權大璫汪直，粉碎李孜省改換東
宮的陰謀。

〔註31〕（明）田藝蘅著、朱碧蓮點校：《留青日札》卷二十七「朱正增」條，浙江古
籍出版社，2012年，第417頁。

〔註32〕《明史》卷一六八《萬安傳》，第4524頁。

〔註33〕（明）張岱著，商傳、欒保群校點《石匱書》，故宮出版社，2017年，第
1943頁。

（2）尹旻

如果說劉珝看不出有與周思得道派道士交往的跡象，吏部尚書尹旻則有交結「左道」的實據。尹旻是昌道亨墓誌的書丹人。他籍貫為山東濟南，官至吏部尚書、加太子太保。根據查繼佐為其所作小傳，可知此人曾因兒子尹龍坐事被革去宮保之榮銜〔註34〕。《明憲宗實錄》中的一段史料頗能道出他與「左道邪術之人」間的微妙關係：

> 大德顯靈宮道士張道本、王文彬、王應祗、劉應梁……顯靈宮附體神童顧綸與冠帶。時僧道傳奉浸盛，左道邪術之人薦至京師。吏部尚書尹旻等無旬日不赴候接傳奉。每得旨，則次日依例於御前補奏。後內官亦自諱其煩，密諭令勿復補奏。〔註35〕

附體神童，即乩童。顧綸乃前文所述佞倖顧玒之子。儘管《明史》說顧綸「不知何許人」，但顧玒父子很可能是顧惟瑾的後代。看來，顧氏以「左道」進取，乃世代擔任廟祝的家族。儘管這則材料顯示尹旻受到憲宗的委派接應傳奉官，但我們相信，尹氏可能即在這種「無旬日」「候接傳奉」的行動中，日益與持左道邪術的僧道建立起私交關係。此外，廟祝出身的太常少卿顧玒的母親去世，請誥命。尹旻乘機「因請並贈其父」〔註36〕。這也正好佐證尹旻與周思得道派關係密切。

2. 陳應褍墓誌

陳應褍墓誌撰寫者為大名鼎鼎的嘉靖朝「高士」邵元節。嘉靖五年（1526），邵元節統轄朝天、顯靈、靈濟三宮，統領道教。至陳去世時的嘉靖八年（1529）時，作為道教掌門人的邵氏理應熟悉陳氏生平行實。陳應褍墓誌的篆額是惠安伯張偉。

3. 李雲峪墓誌

李雲峪墓誌的撰者為大理寺寺副龔治；書丹人和篆額者皆為定西侯蔣傳。

4. 阮永清墓誌

翰林院修撰錢福撰。錢福是華亭人，字與謙，號鶴灘，天資聰穎，七歲

〔註34〕 （明）查繼佐：《罪惟錄》列傳卷三十《焦芳、尹旻》，浙江古籍出版社，1986年，第2645頁。

〔註35〕 《明憲宗實錄》卷一五九「成化十二年十一月癸卯」，「中研院」歷史語言研究所校印本，1962年，第2905頁。

〔註36〕 《明史》卷三百七《佞倖傳》，第7883頁。

即能作文〔註37〕。弘治三年（1490）狀元。弘治三年剛剛入仕，出任翰林院修撰。兩年後為阮永清撰志。定西侯蔣琬為其書丹。上文提到李雲崍墓誌由定西侯蔣傳書丹與篆額，因此推測定西侯蔣氏家族也許與顯靈宮道士們之間關係不一般。但具體情形如何還需日後再予深察。

（二）弘治至嘉靖年間部分朝官對「左道」的指斥與奏罷

《明史》《明實錄》等史籍中，時常會載錄朝官指斥周思得法裔為「左道」，請求罷免或者驅逐。早在孝宗即位之初，就有朝臣對祀典之外的齋醮活動提出尖銳的反對。如弘治元年（1488），禮科給事中張九功認為朝廷常祭之外，雷神、水官星官、諸天諸帝等「非所以法天下」，禮部尚書更是詳細列出了不在祀典之內，宜應罷祀的各個神仙。時任禮部尚書周洪謨上奏：

> 崇恩真君、隆恩真君者，道家以崇恩姓薩名堅，西蜀人，宋徽
> 宗時嘗從王侍宸、林靈素輩學法有驗。……成化初改顯靈宮。每年
> 換袍服，所費不資。近今祈禱無應，亦當罷免。〔註38〕

弘治年間，朝官們最大的一次參奏陳應褔等顯靈宮道士，是在弘治十三年（1500）五月，因欽天監奏彗星出現，同時雲南發生地震，五府六部等衙門條陳十八事，請孝宗下詔修省，其中第十七條為「黜異端」：

> 頻年以來，崇尚僧道，廣作齋醮，遣真人王應褚齋領銀兩，前
> 去武當山、龍虎山修齋設醮，又顯靈宮因陳應褔廣買地基，修飾一
> 新。〔註39〕

孝宗朱佑樘諒闇期間，陳應褔、西番灌頂大國師那卜堅參祓除，率徒眾入乾清宮。要知道，當時乾清宮還不像嘉靖之後經常舉行齋醮。所以，禮部尚書張昇「置之法」，陳應褔等被奪真人、高士之封號，轟出大內。朝臣則利用奏章請求褫奪「左道」之徒封號。如應天府尹王宸曾奏請番僧那卜堅贊、道士陳應褔，以左道出入掖庭〔註40〕。

禮部尚書夏言雖在《參懲詐冒以杜奸萌》中痛斥李雲崍之流。但作為禮部

〔註37〕何慧明、王健民主編：《松江縣志》卷三十一「人物」，上海人民出版社，1991
　　　　年，第1000頁。
〔註38〕《明史》卷五〇《禮志四》，第1309頁。
〔註39〕《明孝宗實錄》卷一百六十二，弘治十三年五月丁卯，「中研院」歷史語言研
　　　　究所校印本，1962年，第2924頁。
〔註40〕《明武宗實錄》卷一百九十二，「正德十五年冬十月甲寅」，「中研院」歷史語
　　　　言研究所校印本，1962年，第3611頁。

尚書，執掌國家禮制、祭儀的頭號人物，夏言與正統的正一派張天師道士家族之間的關係，則沒有那麼緊張，相反二者還很友善。龍虎山第四十八代天師張彥翀曾作《陪夏桂洲舟遊》：

> 景屬真仙境，波浮上相槎。元調余赤手，顏駐問丹砂。笑語情何洽，煙霞興自賒。摩崖揮彩筆，岩壑倍光華。〔註41〕

從詩文中夏言、張彥翀二人「笑語情何洽」等詞句表明，作為國家日常宗教事務「掌門人」的夏言與龍虎山正統張天師後裔正一派道士交往深厚。看來，夏氏僅僅反對穆正增、李雲峰案中，以左道惑亂聖聰的顯靈宮道士。對於歷代尊奉的正統的龍虎山正一道張天師世家，朝中士大夫則不僅不存在怨憤心理，而且還要對他們時常加以籠絡。此外，像邵元節之流雖然也使帝王過於佞道，但夏言與他同為江西貴溪老鄉，因此二者也相安無事。

四、結語

近年，有道教史學者指出：「北京地區在元明清時期本有大量的遺跡和碑刻，由於北京是帝都的關係，這些遺跡和碑刻往往會和最高統治者或高級官僚有關。從這個角度來說，北京地區的道教碑刻非常值得系統地整理和研究。做好這項工作，不僅對元明清時期北京地區的道教歷史會有重要的推動，而且對今天北京的文化建設也會帶來直接的益處」〔註42〕。我們不得不承認，北京地區元明清道教碑刻研究力度還遠遠不夠。因此，本文從周思德道派道士群體與皇帝、宦官、朝官三個勢力組成的明代官廷結構出發，揭示四者之間存在的不尋常關係就顯得迫切與必要了。

在傳統士大夫看來，道士們的本職在於「修天地百神之祀以為生民祈福祥、彌災厲」〔註43〕。但明成化、弘治之後，隨著帝王對京城設齋立醮活動的熱衷，道士們發現在朝廷越來越有他們活動的「市場」。大概周思德道派道士中，「道」字輩以下受封真人、高士者漸趨猥濫，導致他們行「左道」之心愈發膨脹，為士君子所不齒，甚至深惡痛絕。如果說周思德在世時的成祖至代宗時期，神霄派五雷法尚應用於正常的國家祀典中。那麼在周思德羽化後，經過道字、應字、雲字、正字等輩道士進一步加強與憲宗、孝宗、武宗諸帝

〔註41〕（清）婁近垣編撰，張煒、汪繼東校注：《龍虎山志》卷十《藝文‧詩四》，江西人民出版社，1996年，第246頁。

〔註42〕劉屹：《中國道教史研究入門》，復旦大學出版社，2017年，第144頁。

〔註43〕（明）何孟春：《何文簡公文集》卷十三「重修靜虛觀碑」，萬曆二年刊本。

的關係，至世宗朱厚熜崇道臻於登峰造極的地步，遂為耿介的朝臣大加撻伐。
正常的設醮祈雨、祈福、除妖之舉，演變成通過左道異術達到「非常」的政
治與經濟目的，即由「常道」畸變為「非常之道」。此前的研究者往往將關注
點直接聚焦於嘉靖帝對邵元節、陶仲文等人的佞道之舉。本文揭示了這一過
程並非一蹴而就。沒有英宗至武宗幾朝對「左道異端」之流們的寵幸任用在
量變上的積累，也很難突然出現嘉靖朝佞道的高潮。隆慶帝即位之後，自明
代中期以來的，被傳統士大夫目為「奸道」的勢力被趕出大內。周思得道派
與明廷各方勢力持續百餘年的拉扯關係也便告一段落。

北京二里溝地區幾座明代宦官墳寺鉤沉

近日，筆者在北京市檔案館查閱到該館藏民國十八年（1929）《北平特別市公安局第二科呈請登記朝陽庵廟產顯有糾葛請傳究的函》和民國二十年（1931）《西郊區二里溝朝陽庵僧人滿堂呈請登記朝陽庵廟產及社會局的批示》兩卷民國檔案〔註1〕。兩卷檔案內容主要為當時北平市西郊二里溝村村正王隱等人，與朝陽庵住持滿堂等相關利害關係人，圍繞西郊二里溝朝陽庵屬於公有還是私有，即明確該寺產權的問題發生糾紛，最後訴至司法機關，希求解決。檔案記錄了雙方論辯的過程。經過近兩年的調查、審理，北平地方法院對該案判決的結果為不支持王隱等人的訴求，朝陽庵仍為滿堂所有。

檔案中提到的北平西郊二里溝，1949 年社區以來分為前二里溝和後二里溝，同屬海淀區甘家口街道辦事處管轄。朝陽庵社區，今屬西城區展覽路街道辦事處管轄。表面上看，檔案所記錄信息可以稍稍提供一些明清時期，二里溝一帶與宦官有關寺廟建造、分布的線索，特別是通過分析這些線索可進一步還原一些寺廟與宦官的關係。看似平常的廟產糾紛案，透露並牽出自明代萬曆年間以來，今北京二里溝及其周邊一些明代宦官所建廟宇變遷的史蹟。

晚明身陷囹圄十二載的宦官文學家劉若愚，在其翔實記錄明宮內情的《酌中志》中坦言：「中官最信因果，好佛者眾，其墳必僧寺也」〔註2〕。關於明代宦官與佛教寺院關係的研究，目前已有一定成果。專著以何孝榮、陳玉女為代表，單篇論文則有程恭讓等學者的成果〔註3〕。特別是臺灣學者陳

〔註1〕 檔號分別為：J002-008-00286、J181-021-05384，下文引述檔案內容不另外作注。
〔註2〕 （明）劉若愚《酌中志》卷二十二，北京古籍出版社，1994 年，第 200 頁。
〔註3〕 程恭讓：《明代太監與佛教關係考述》，載《首都師範大學學報》（哲社版）2002

玉女在其論著中，首先使用了「墳寺」這一概念，來概括明代宦官生前建寺，死後在所建寺旁安葬的現象。但這些論著基本停留在宏觀描述上，且多從政治層面出發，不能把明代宦官，特別是中晚明宦官營造墳寺動機置於區域社會變遷的研究中加以考量。宦官墳寺的研究，必須通過將傳統史料、考古發現（地上文物遺跡）〔註4〕、檔案文獻相結合地綜合性分析，才能接近歷史本原。本文願通過稀見資料的解讀，關注今北京海淀區與西城區交界的二里溝地區的幾座宦官廟宇，嘗試打開北京宦官與佛寺關係史的一頁。文中難免有掛一漏萬之處，願在此祈正於方家。

一、朝陽庵

此庵始建時間不詳。明萬曆十三年（1585），掌管特務機構——東廠的大璫張鯨重建。檔案資料顯示上述民國時期訴訟當事人抄錄的重修碑的立碑時間為「萬曆十三年二月十三日」，其餘信息多漫漶不清。檔文稱該庵為三義廟下院。和尚滿堂稱其師祖在道光年間曾經營此庵。大概在光緒年間，該廟經火焚毀。王隱援引重修碑中的內容，隨後稱朝陽庵係明朝太監張鯨出資建蓋。

民國十八年檔案所反映事情起因是，朝陽庵村村正趙玉順、王維章與郝家灣村村正聯合到公安局登記。他們認為，茶館夥計韓慶福與承典人劉啟祥勾結起來，稱朝陽庵是滿堂和尚私有之產。道光年間廣賢和尚在該廟居住，屬於看守性質，並沒有該廟產權。明朝張鯨所建寺之事不虛，但無字據留下。他們還稱張鯨當年除朝陽庵以外，同時建立了吉慶寺、普惠寺（庵）和迎祥寺三廟。

趙玉順等人所言是不實的。吉慶寺萬曆晚年重建於宦官潘朝用之手；普惠庵在二里溝附近，為嘉靖朝宦官高進齋所建，下文將會分析；而迎祥寺歲確實是張鯨所建，但寺旁埋葬的卻是張鯨的「先監」張宏。

年第3期；何孝榮《明代宦官與佛教》，主要內容收入氏著《明代北京佛教寺院修建研究》，南開大學出版社，2007年；齊暢《宮內、朝廷與邊疆：社會史視野下的明代宦官研究》，中國社會科學出版社，2014年。值得一提的是，臺灣學者陳玉女《明代二十四衙門宦官與北京佛教》，將明代宦官與佛教關係的研究引向深入。但陳氏對明代宦官墳寺的關注主要集中於京西西山一帶，對今北京近郊的宦官墳寺情況不見有關照。如聞出版社，2001年，第183~193頁。

〔註4〕 孫勐《北京海淀玲瓏巷宦官墓葬區發掘收穫》，指出以往宦官文化中的「墳寺」問題，鮮有考古發掘資料作為有力支撐。載《2015年中國考古重要發現》，文物出版社，2016年。

　　明萬曆年間，張鯨重修的廟宇是作為門頭溝王平村三義廟下院的朝陽庵。據《京畿重地王平鎮》一書，王平村現仍有三義廟、朝陽庵遺跡。門頭溝的朝陽庵位於安家莊村，東西寬 13 米，南北長 21 米，大部分為新蓋建築。唯有山門一處，門楣磚雕匾額稱該廟「宣德元年重修」〔註5〕。

　　節外生枝的是，這起訴訟案發生前，住持滿堂又將該殘廟出典給一個叫劉啟祥的人，劉啟祥遂與乃父劉江在朝陽庵殘廟內開設並經營茶館。至此，關於廟產糾紛案我們不再過多著墨討論。

　　關於張鯨其人，據《明史·宦官傳》載，他是北直隸新城人，即今河北高碑店人。嘉靖二十六年（1547）入宮，開始投在宦官張宏名下，後來羽翼漸豐，兼掌特務機構東廠和內府帑藏〔註6〕。萬曆初年，張鯨與鴻臚序班尚智、錦衣都督劉守有結為黨羽，史稱「專擅威福，坐當死者八」。《萬曆野獲編》卷五「東廠印」條云：

　　　　內臣關防之最重者為東廠，其威焰不必言，即所給關防文曰：
　　「欽差總督東廠官校辦事太監關防」。〔註7〕

　　這與檔案中提到重修碑中有「欽差總督」字樣可互相印證張鯨對東廠的管控。張鯨不僅掌管東廠事務，而且也兼掌內府庫房的大印。所以，朝廷內外多懼怕張鯨及其黨羽。張鯨權勢的衰侵，是在萬曆八年（1580）以後。萬曆八年十一月，朱翊鈞宣布由司禮監太監張鯨掌東廠，標誌馮保被扳倒了。

　　張鯨等人放縱跋扈，毫無忌憚多年，其黨羽受到的最大打擊，始於御史何出光彈劾張鯨的八大罪狀，以及隨後的吏科給事中李沂上疏。李沂指出，張鯨之惡，主要有「百保而萬坤」「壞法多年」「廣獻金寶，多方請乞」。這份奏疏使神宗朱翊鈞大怒，認為李沂將矛頭對準自己，立即下旨把李沂貶為庶民，終身不得入朝為官。事後，張鯨雖然僥幸免責，但從此失寵，「退廢林下」。據劉若愚稱，他的先監陳矩去世後的第二年，即萬曆三十六年（1608），張鯨亡故後，葬於香山永安寺側〔註8〕。香山永安寺，即現在的香山寺。學界一般根據《金史》記載，認為該寺始建年代可追溯到金代天會年間〔註9〕。

〔註5〕政協北京市門頭溝區學習與文史委員會，北京市門頭溝區王平鎮黨委政府：《京畿重地——王平鎮》，中國博雅出版社，2007年，第34～35頁。

〔註6〕《明史》卷三百四《宦官傳》。

〔註7〕（明）沈德符撰，楊萬里校點《萬曆野獲編》，中華書局，2012年，第114頁。

〔註8〕（明）劉若愚《酌中志》卷五，北京古籍出版社，1994年，第28～29頁。

〔註9〕袁長平《香山永安寺始建年代質疑》，載劉秀晨主編：《京華園林叢考》，北京科學技術出版社，1996年，第350頁。

明代正統時，安南籍宦官范弘重建。范弘受到明英宗的器重，他「（正統）十四年從征，沒於土木，喪歸，葬香山永安寺。弘建也。」〔註10〕筆者懷疑永安寺係范弘生前為自己營造的壽域。

張鯨於萬曆十三年尚未失寵時，為自己謀劃身後之事，希望死後葬於風水尚可的西直門外二里溝，所以就有重修朝陽庵之舉，這與萬曆四十一年（1613）潘朝用重修吉慶寺的初衷可以說是如出一轍。

據《北京寺廟歷史資料》記載，在1936年寺廟登記時，朝陽庵坐落在西郊二里溝朝陽庵十三號，建於道光年，屬於募建。不動產土地三畝，房屋三間，供佛出租〔註11〕。從「供佛出租」四字來看，該廟仍由住持滿堂或其繼承者通過收取租金來苟延香火。結合民國十八年和民國二十年檔案分析，朝陽庵廟產糾紛一案終結，法院判決生效，該寺產權應該繼續由滿堂等僧侶擁有。

登記資料還提到，截至二十世紀三十年代朝陽庵內法物有「神像七位，禮器一件，另有石碑一座，水井兩眼，柳樹、槐樹兩株」〔註12〕。其中石碑，不知是否為1930年代朝陽庵歸屬案中提到的張鯨重修碑。如今的明代朝陽庵所在地已形成居民社區，毫無古代遺跡可尋。通過以上分析可以肯定，根據文獻和檔案中間接得到信息，可以將朝陽庵的歷史上推至萬曆十三年。

二、普惠庵（寺）

民國時，著名金石收藏家、學者周肇祥曾遊歷過普惠庵。他在《琉璃廠雜記》中記載：「……過四道口，北坡上一廢寺普惠庵，明御馬監掌印太監高進齋營壽域於側，建庵祀龍王、關王、藥王。有嘉靖甲寅建庵記。……殿宇圮盡，僅餘破居數間。」〔註13〕案，嘉靖甲寅年為嘉靖三十三年（1554）。從周肇祥的記述中，我們知道該庵為祭祀關帝、龍王和藥王的廟宇。關帝、龍王與藥王並祭的廟宇，是明清時期北方地區民間信仰的一種比較普遍的形式。周肇祥提到的高進齋，實際上是明代正德、嘉靖兩朝的大璫高忠。「進齋」，乃是他的別號。高忠的墓誌2003年8月出土於二里溝五礦集團西側，同時還出土一座墓門。墓誌中沒有提到高忠在自己的墓側曾建有任何寺廟〔註14〕。賈

〔註10〕《明史》卷三百四《宦官傳》。
〔註11〕《北京寺廟歷史資料》，中國檔案出版社，1997年，第519頁。檔號J2-8-286。
〔註12〕《北京寺廟歷史資料》，中國檔案出版社，1997年，第519頁。檔號J2-8-286。
〔註13〕周肇祥《琉璃廠雜記》，北京燕山出版社，1995年，第186頁。
〔註14〕王清林《二里溝出土明朝太監高忠墓誌研究》，載《北京歷史文化論叢》（第一輯）。

瑞宏對高忠的家族墓地予以探討，並注意到普惠庵在祭祀與看護這片墓地的作用。賈瑞宏還提到此地曾陸續出土高忠家族墓誌五盒，所以至少有五位親屬葬於高忠墓側〔註15〕。雖然目前還不能詳細確定普惠庵的地址，但可以肯定該寺1949年以後即已無存。而且，該廟並非如朝陽庵、郝家灣等村村正所言，為張鯨創立，而是嘉靖年間御馬監太監高忠建立。

三、迎祥寺

據北京石刻藝術博物館編纂的《館藏石刻目》，該館收藏有《張宏墓地護敕碑》，螭首無座，存17行387字，立碑時間是萬曆十三年（1585）二月十三日。張鯨等立。碑文大意為張宏是司禮監太監。御賜香山鄉一地，建諭祭碑亭、享堂、祠等。原有迎祥寺一處，及房屋與樹株。慮周圍居民打擾，故立此碑。注者云「張鯨當為其眷屬」，是錯的，應該是其「名下」才是。立碑時間正與《明史・宦官傳》載「宏無過惡，以賢稱，萬曆十二年卒。張鯨代掌司禮監」完全吻合。據《酌中志》載，張宏因「絕食數日而卒」。其墓在「阜成門外迎祥寺側，眷注之隆，居官之美，具在墓碑」〔註16〕，與護敕碑中享堂、碑亭的說法相合。《館藏石刻目》一書作者在注文中說「張鯨當為其眷屬」〔註17〕，誤，張鯨實為張宏的「名下」，張宏是張鯨的「先監」。

在2014年出版的《北京石刻藝術博物館藏石刻拓片編目提要》一書中，也對《張宏墓地護敕碑》予以著錄，但內容卻十分簡單。編者只在按語中提到：

> 碑文載「於阜城關外香山鄉二里溝地方置買墳地一區」，「原有迎祥寺一處」推測碑原址當在現西城區二里溝附近。〔註18〕

筆者因條件所限，尚不能見到《張宏墓地護敕碑》原碑的碑文。但如果編目提要一書編者所錄無誤，那麼民國廟產糾紛檔案中，二里溝村村正的說法起碼有一半是對的。而且，在張鯨葬張宏並為其立「聖恩護敕」碑的時候，迎祥寺就已經存在了，張鯨只是又因下葬張宏而在其寺內立碑。這點正與朝陽庵住持滿堂請求登記朝陽庵廟產的檔案相吻合。

除了大太監張宏外，萬曆年間葬於迎祥寺附近的還有嘉靖三十二年

〔註15〕賈瑞宏《高忠家族墓誌考》，《北京文博》2004年第4期。
〔註16〕（明）劉若愚《酌中志》卷五，北京古籍出版社，1994年，第28頁。
〔註17〕北京石刻藝術博物館：《館藏石刻目》，今日中國出版，1996年，第81頁。
〔註18〕《北京石刻藝術博物館館藏石刻拓片編目提要》，學苑出版社，2014年，第18頁。

（1553）入宮的成敬。此人素尚聲色狗馬之樂,「不甚好讀書」,萬曆三十八年（1610）秋卒,「葬於迎祥寺後」,與張宏卒年相差 26 年。

截至目前,我們還不是很清楚這座阜城門外香山鄉境內的迎祥寺具體位置如何,它存續了多長時間。但其他文獻反映出這所不太著名的佛寺大概至少存在到清嘉慶年間。《清代的旗地》收錄的《掌儀司呈稿》保留了一段關於旗地私有化的史料,庶幾可證迎祥寺香火在清代的延續:

> 住白塔寺東所劉三喇嘛,承種二里溝村南上坡菜園十八畝;住
> 迎祥寺僧人德明,承種二里溝村北上坡地一段二畝五分。〔註19〕

《掌儀司呈稿》中提到迎祥寺,應該位於北京西郊二里溝一帶。因為引文中的白塔寺,應該就是阜成門內的妙應寺;儘管全國以二里溝為地名的村落非獨北京有,但二里溝與白塔寺同時出現者,應該非北京莫屬。且由前引周肇祥的記錄,舊時二里溝存在土坡,但奇怪的是,該寺既不見於 1928 年、1936 年和 1947 年的北平廟宇總登記,也不見於 1950 年代以來的文物普查記錄。所以,我們保守地估計該寺在清代中期還沒有荒廢,且擁有一塊麵積不小的旗地作為廟產。晚清至民國初年該寺徹底破敗,大概已無迹可尋,未列入廟產登記之中。

四、吉慶寺

吉慶寺始建時間不詳,據《館藏石刻目‧北京石刻藝術博物館叢書2》的「作者注」,早在明初該寺已經隳壞,明內官監太監潘朝用於萬曆四十一年（1613）重修,歷時四年多時間,至萬曆四十五年（1617）竣工。《重修吉慶寺碑記》現保留於北京石刻藝術博物館庫房,正書存 104 字,現將其中反映的重要史事有關內容迻錄於下:

> 王都之西,去西直門二里許有寺曰「吉慶」,都城之上刹也。創
> 自李唐,明中貴潘轍重修。構數紉（仞）以居為眾,起百尺以懸鏞
> 鼓。內則廊廡周遭,外則環堵森列。經始於癸丑,成於丁巳。

案,吉慶寺重建者潘朝用是司禮監文書房太監,文化程度較高,是萬曆帝的「筆桿子」。此人在萬曆四十二年（1614）四月擔任天壽山守備太監時,憑藉番役皇差,對百姓進行欺凌,刑科給事中郭尚賓上疏,「立剖潘朝用之誣」。

〔註19〕中國人民大學清史所,中國人民大學檔案係中國政治制度史教研室編:《清代的旗地》下冊,中華書局,1989 年,第 1531 頁。

此人在萬曆年間留下的文物史蹟較多，如昌平十三陵區工部廠村的佛像。另外，他不僅在北京地區修廟刻石，在今南京棲霞區攝山地區，也留下佛像造像記，如萬曆二十七年（1599）佛成道日所重修的佛龕〔註20〕，是南京一處重要的石窟寺文物遺存。《重修吉慶寺碑記》稱吉慶寺創自唐代，這點似乎沒有什麼確鑿根據。潘朝用重修吉慶寺的碑文，由翰林院檢討丘士毅撰文，丘是萬曆三十二年（1604）進士。梁世勳書丹，焦夢熊篆額。焦夢熊為東寧伯，弘光政權官員，南明滅亡後投降清廷。

根據《三晉重修吉慶寺碑記》，西直門之西二里溝有舊剎吉慶寺，漸近頹廢。晉賈出資以為歲時享戚友讌樂之所。初，在寺之佛殿前建關羽殿，後又於殿之南三丈許建佛殿三楹、山門、兩廊、戲樓等〔註21〕。清代乾隆時，吉慶寺第二次重修的主持者為山西太原府、汾州府等地方官紳勢力，已經轉變為義園性質。可見，該廟起初是明代太監復建的一般寺廟，潘朝用應該也是死後欲葬於吉慶寺附近。但從清代重建的情況看，吉慶寺經過明清易代，明代建築似乎已經無存了。而潘墓至今也未被發現，所以潘朝用死後是否葬在吉慶寺，尚不得而知。

吉慶寺在清代以後的確建有戲臺，而且這個戲臺至少一直保留到二十世紀三十年代。已故著名京劇武生演員張世麟，二十世紀三十年代初在京津一帶學戲。他在跟隨其師兄李蘭亭到北京演出時，曾短期住在西直門外後二里溝的吉慶寺，他回憶說廟裏有戲臺，他們師兄弟幾人每日在那裏練功〔註22〕。

1958年普查檔案中，調查者對吉慶寺的登記情況是：吉慶寺（瑪哈嘎拉廟）。其中年代一欄，書為「唐創建，明清二次重修」。創建年代定為唐，大概就本於前引《重修吉慶寺碑記》的說法，但未必是實。檔案稱「東塔院有銅鐘一個，高1.15m，直徑0.65m，大明嘉靖庚戌年造」。嘉靖庚戌年為嘉靖二十九年（1550）。看來該寺歷史還可較潘朝用重建該寺時間上提60多年。1958年普查檔案中，已不見普查者對該寺內原有戲臺的記錄，說明戲臺可能毀於兵燹之禍。

五、結語

1980年11月，海淀區二里溝進出口大樓地區，發現一座明代石券大墓，

〔註20〕向達《唐代長安與西域文明》，重慶出版社，2010年，第356頁。
〔註21〕《館藏石刻目》，第59～60頁。
〔註22〕《天津文史資料選輯》第四十八輯，天津人民出版社，1989年，第185頁。

墓壁均為石仿木構建築。前室門楣上陰刻「提督東營李公隱跡」八字。此外，後室後壁上還刻有「翠真閣」的字樣〔註23〕。按，明代官制中似沒有「提督東營」一職，「東」當是「京」字之誤。京營自景泰元年（1450），京師諸營開始由宦官把持〔註24〕，直到崇禎十四年（1641）九月，周延儒為內閣首輔，還政於朝官。所以，筆者懷疑該墓墓主為宦官，周圍有可能存在墓葬依附的寺宇。但囿於材料所限，目前尚不能獲得更多相關信息。

本文附帶涉及到民國涉及宗教的司法問題。民國以來的寺院管理立法之路頗為曲折。自 1913 年，頒布《寺廟管理暫行規則》以來，北洋政府又於1915 年和 1921 年頒布過相關法律法規，其總的立法宗旨是對寺廟的管理由嚴厲到稍作寬鬆。1929 年 12 月，國民政府廢止了行用不到一年的《寺廟管理條例》，代之以《監督寺廟條例》〔註25〕。該條例規定，地方公共團體沒有支配寺廟財產的權利，而佛教會有權決定財產歸屬。北平地方法院最終判決朝陽庵為滿堂私產，而對王隱等人訴求未予支持，也反映了 1929 年以後，法律對佛教會自身權利的一種認定。

本文由兩件民國司法檔案入手，通過結合正史、筆記資料、金石碑刻、文人遊記、不同時期普查檔案等多種資料互相印證補充。雖然還有不少未能澄清的史實，但也得到些許經驗與新知。首先，運用晚近材料，特別是檔案材料時，必須注意其中可能存在一些問題。比如上文提到，朝陽庵、郝家灣等村村正認為吉慶寺等四廟均為張鯨所建，經筆者上文逐一分析，是不實的。這提醒我們，當研究者利用檔案材料時，不要輕信檔案中出現的當事人所持的某些判斷性說法，應警惕隱藏在字裏行間的「陷阱」。北平特別市政府曾於1928 年進行過寺廟廟產登記，後來又於 1936 年和 1947 年進行過兩次總登記活動。以往研究對這幾次登記信息利用得不是很充分，更不用說利用北平廟宇調查登記信息之外的檔案進行深入的綜合研究了。其次，在研究宦官墳寺問題時，要注意區分兩種情況，一、宦官死後葬於生前預留墳寺內；二、由於某種原因，宦官未能葬入生前所營墳寺的情形。本文中提到的萬曆初年內璫張鯨就是如此。

〔註23〕《北京文物博物館事業紀事（下）》（內部資料），第 17 頁。

〔註24〕《明史》卷七十四《職官志三·宦官》。

〔註25〕黃運喜《民國時期寺廟管理法規的演變》，載《行願大千》，宗教文化出版社，2006 年，第 236 頁。

　　明代文人陶允嘉在其《澤農吟稿》中對當時京西遍地宦官墳冢的現象進行批評：「燕中不乏名勝，大抵皆貴璫墳院，位置一律，殊不雅觀。」〔註26〕北京的海淀、石景山區域內的西山是學者所熟知的集中的宦官埋葬區，位置相對集中。通過本文分析，在明代後期，今西城區和海淀區交界的二里溝地區，即北京西二環至西三環之間，也應存在大面積的宦官「墳寺格局」。這種格局的出現，可看做明代二十四司宦官集團對北京近郊城市布局的一種影響。本文願作為同類研究的「引玉之磚」，相信隨著研究的不斷深入，能夠加深對明代宦官如何影響明北京城城市布局問題的認識。

明萬曆年間重修朝陽庵殘碑的民國時期錄文檔案

〔註26〕（清）于敏中等編纂《日下舊聞考》卷七十九，北京古籍出版社，1983 年，第 1316 頁。陶允嘉，字幼美，號蘭鳳，浙江山陰人，官至福建鹽運司同知。

今天的北京二里溝朝陽庵小區，是明代朝陽庵所在地

2003 年五礦集團西側出土的高
忠墓石門

吉慶寺黑白舊照（來源網絡）

民國二十年（1931）《西郊區二里溝朝陽庵僧人滿堂呈請登
記朝陽庵廟產及社會局的批示》部分內容

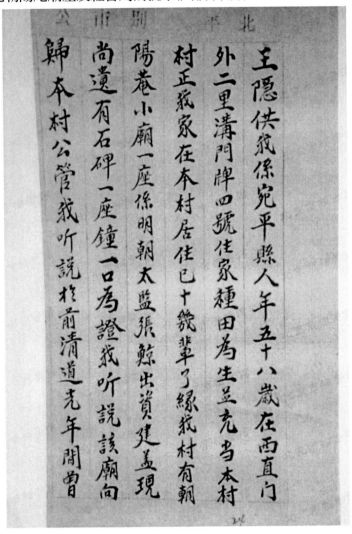

原載《北京文博》，2017 年第 4 期

從上方山永慈寺碑刻看萬曆初年
馮保宦官群體在京的佛事活動

一、研究緣起

　　北京房山區上方山風景區位於韓村河鎮，距離市區約 60 公里。目前，該地已建成集佛寺、溶洞、天然植被為一體的大型國家森林公園。當地文物資源豐富，不少有價值的資料尚待發掘利用。上方山地區保留最多的文物組群，大概要數歷代所建庵寺遺址、塔林。近年出土的永慈寺遺址以及遺址中保存的三方石碑，為我們瞭解萬曆初年，以馮保為首的宦官集團在北京的宗教活動提供了新的材料。前輩學者研究上方山的論著中，多從宏觀上關注上方山的文物與文化資源，但對具體的內涵、建寺背景與歷史人物關係等方面還缺乏深入的分析和揭示。楊亦武《上方山兜率寺》一書，對以兜率寺為核心的七十二禪院、九洞十二峰景點按方位做了介紹性的論述〔註1〕但對於碑刻文字資料蘊含的明代宦官與佛教關係的問題，尚待進一步揭示和闡發。

　　迄今為止，關於萬曆年間佛教與宮廷的研究已引起不少學者關注，但宦官勢力與佛教僧寺建立之間關係的研究則尚不充分。此前研究中，值得借鑒的成果有：陳玉女《明萬曆時期慈聖皇太后的崇佛》〔註2〕、李軍《養老與壽藏：

〔註1〕楊亦武《上方山兜率寺》，華文出版社，2004 年，第 45～109 頁。
〔註2〕原文載《成功大學歷史學報》第 23 號。此據《明代的佛教與社會》，北京大學出版社，2011 年，第 96～146 頁。

明代宦官崇奉佛教的一個側面》〔註3〕。以上研究都是從個別宦官的角度出發，探討宦官崇佛的關係，沒有反映宦官利益集團在諸如建立、修繕庵寺等崇佛活動中所形成的「宦官群像」。因為明代與宦官有關的一些寺廟修建，有時是一個太監所為，有時可能由多名宦官共同參與完成。所以，後一種情況也應引起注意。

談到萬曆初年的宦官與北京佛寺之間關係就不能迴避一個人物——馮保。今天我們所能見到有關馮保的史料大部分保留在《明史》《明神宗實錄》以及王世貞《弇山堂別集·中官考》中。馮保是今河北深州人，嘉靖年間就已供職於司禮監，隆慶年間扶搖直上，又得以提督東廠並兼掌御馬監。穆宗剛剛駕崩，他便與張居正合謀斥逐高拱。馮保巧妙周旋於慈聖李太后、年少的萬曆帝與朝臣之間。正如《明史》中稱萬曆帝賜其「魚水相逢」「風雲際會」牙章的含義那樣，此閹宦在當時政局中得心應手。目前，學界對馮保的研究多集中於他與張居正的合作關係上〔註4〕。然而，欲瞭解馮保及其黨羽在萬曆初年的活動與影響力，就不能不關注他們在京的佛事活動。今北京上方山景區內部分石刻資料提供了研究的入口。筆者對上方山此處遺址的碑文中保留的歷史訊息進行了考察，希望結合其他史料就明代晚期，宮廷宦官與北京佛教發展的一些關係進行些許探討，願就教於方家。

二、永慈寺（永亨庵）簡介、寺名及四至問題

（一）遺址簡介

永慈寺，原稱永亨庵。遺址佔地面積約五六畝，建築坍圮嚴重。整個庵寺背山而建，背南面北，與上方山景區內許多寺院一樣，該寺廟大概也吸取了「負陰抱陽」的選址擇地理念。根據寺內石碑碑文和遺址布局，寺後存有一座藏經樓遺址。寺址共兩進院落。庵前和庵東平地甚廣，其北有一橋橫澗〔註5〕。現存殿基左側與右側各有一座明代石碑。左側碑為萬曆四年（1576）四月初八日馮保《永亨庵頒賜藏經碑記》，交代了馮保頒賜藏經一事；右側

〔註3〕 李軍《養老與壽藏：明代宦官崇奉佛教的一個側面》，《福建論壇》（人文社會科學版）2014 年第 1 期。

〔註4〕 近年關於馮保的研究成果主要有：樊樹志《張居正與馮保——歷史的另一面》，《復旦學報》1999 年第 1 期；常建華《張居正與馮保》，《紫禁城》2010 年第 8 期。

〔註5〕 楊亦武《上方山七十二庵》，《北京文博》2004 年第 3 期。

為萬曆四年同時樹立的「乾清宮管事牌子」碑，列舉乾清宮馮保黨羽諸太監的名諱。

以往學者注意到了永慈寺與馮保造印大藏經的關係。如楊亦武《上方山兜率寺》一書：「在福德庵西，佔地五六畝……正殿前有二明碑……永亨庵落成後，馮保又施明版《大藏經》於庵內，共計五千零四十八函。」〔註 6〕他主要依據《永亨庵頒賜藏經碑記》。該碑碑文稱：「欽差總督東廠官校辦事提督兩司房，掌司禮監事，兼掌御用監印，總提督禮儀房太監馮保施財創建。永亨庵正殿兩廊廡及藏經殿內安櫥櫃八座，藍絹成裹，藏經一藏，計五千四十八函。萬曆四年四月初八日」。

但楊氏並未參考《永慈寺護持碑記》的情況，比較遺憾。其實，永慈寺（永亨庵）共得到皇家的兩次頒賜。《永慈寺護持碑記》出土於正殿殿牆壁間，碑首額題「欽賜護持」四字。碑文如下：

《欽賜永慈寺護敕碑記》：「聖母慈聖宣文明肅皇太后命工刊印續入藏經四十一函，並舊刻藏經六百三十七函，通行頒布本寺。爾等務須莊嚴持誦，尊奉珍藏，不許諸色人等故行褻玩致有遺失、損壞。特賜護持，以垂永久。」

據此，我們知道兩次頒賜的時間。第一次發生在萬曆四年（1576），第二次發生在萬曆十四年（1586）。永慈寺遺址中，除永慈寺護持碑是由於後來殿宇倒塌露出以外，永亨庵頒賜藏經碑、「乾清宮管事牌子」碑，據推測應該是自萬曆四年立碑之後一直佇立在寺內，未曾入土。由於永慈寺正殿倒塌時間不詳，所以護持碑重見天日時間亦不明確。

（二）關於寺名

綜合遺址中尚存的《永亨庵頒賜藏經碑記》與《永慈寺護持碑記》，可以推知萬曆初年的永亨庵與永慈寺是同一寺廟，在不同時間段的兩個不同寺名。這一點也可以在清代和民國時期，文人學者的遊記作品中得到一定程度的反映：

乾隆四十一年（1776），畫家、收藏家查禮遊訪莎題、上方二山。他在自己的著作中詳述了此次遊歷上方山諸庵經過，雖途經永慈寺，但遺憾沒有進入寺內：

　　……過十方院，至福德庵，內猶有一庵，曰積德庵。又北至胡公

〔註 6〕楊亦武《上方山兜率寺》，華文出版社，2004 年，第 91 頁。

庵、因果庵。庵內牡丹甚多，相向為勢。至福吉庵，又至永慈寺。寺有古鼎，因僧出鍵戶不得入。又至松棚庵，即文殊院之淨室也。〔註7〕

　　法國學者蒲意雅（G.Bouillard），民國初年曾到上方山考察。在《記上方山》一文中，蒲氏記述說：

　　　再南，抵大藏庵，庵址頗大，廟貌完整，內供地藏菩薩。……側有分院，為佃戶住所。庵下對方，殘跡映目。自一萬曆石碑中，藉悉為永亨庵之遺跡，正殿塌毀殆盡。有明萬曆四年（一五七六年）碑二，內載是寺之經過。今庵僅存山門及殿，以面積觀之，必當寬大。復東南行，遇福吉庵之殘跡。〔註8〕

　　蒲氏見到的兩方萬曆四年石碑，很有可能即永亨庵頒賜藏經碑與「乾清宮管事牌子」碑。根據查禮、蒲意雅二人記述，乾隆年間永慈寺尚完好，但民國初年便僅存遺址。結合當地諸庵寺之間方位關係，可知永慈寺與永亨庵位置大體相當。據此，筆者推測，在七十餘所庵寺中，稱「寺」者僅兜率寺、永慈寺二家。萬曆四年該寺始興時尚稱「永亨庵」，十年後的萬曆十四年已經易名為「永慈寺」，由庵升寺，大概可與七十二庵的核心——兜率寺的地位相埒。以往學者的著述中在談到這處明代遺址時，要麼只注意永亨庵，要麼只關照永慈寺，沒有考訂二者為同一寺址前後使用過的兩個寺名，遂不能揭示二者關係〔註9〕。

　　此外，距離永亨庵（永慈寺）遺址百多米的地藏殿遺址處，有一塊碎為兩部分的寺額石匾，該匾即從右向左正書「永慈寺」三字。這正與前述永慈寺護持碑碑文可以呼應。該石匾或許就出土於永慈寺遺址附近，具體遷移經過已難知曉。

（三）關於永慈寺四至問題

　　筆者調查永慈寺遺址時，發現新出土的永慈寺護持碑碑陰所鐫文字記錄了永慈寺的四至範圍，即「永慈寺四至界記」。碑文稱該寺「東至正隆、南至真在，西至海江、北至真安，下至塔院」。這種古代寺廟四至界址標注方式令今人十分困惑。因為一般來說，古代寺廟四至範圍為寺廟東、西、南、

〔註7〕（清）查禮《莎題上方二山遊記》，王毓霖《房山遊記彙編》，中原書局，1937年，第25頁。

〔註8〕〔法〕蒲意雅《記上方山》，王毓霖《房山遊記彙編》，中原書局，1937年，第185頁。

〔註9〕劉文江《京華通覽·上方山》，北京出版社，2018年，第69頁。

北相鄰的地名或有關地理的概念、詞語。但「永慈寺四至界記」指向的四個概念，似乎與地理無關。那麼正隆、真在、海江、真安四個詞語和什麼事物有關呢？

首先，正隆是年號嗎？歷史上，金代海陵王時期曾以「正隆」為年號。但建築空間以年號為四至，實在說不通。經過筆者反覆思索並參稽其他資料，認為這四個標注四至界址的詞語似乎為萬曆年間四位上方山僧侶的法號。

根據筆者對上方山現存其他石刻文物的考察，萬曆三十五年（1607）《兜率寺香火院地契碑記》〔註10〕或許能給出對上述問題的答案。這份地契碑文右下端，刻寫有地產糾紛緣起。大致為慈寧宮管事、御馬監太監齊棟分得已故李姓宦官的地產。但這處地產是上方山佛寺區的香火地。僧侶們通過慈寧宮暖殿御用監太監陳儒和姜授，向聖母太后奏稟，出內帑二百二十兩銀子用於償還原價。從此，宦官與僧侶之間，兩不賒欠。難能可貴的是，地契碑記羅列出當時幾乎全部的上方山寺院花名冊，不僅給出了寺廟的名稱，還有各廟住持的法號。在七十餘處寺廟名稱中，不僅赫然出現了本文所研究的「永慈寺」，而且還出現了兩位「永慈寺四至界記」中載有的住持——正隆、海江。

根據地契碑文，「正隆」大概是因果庵的住持；「海江」似乎是松朋庵的住持。另外兩人，「真在」與「真常」雖然沒有在地契碑文中找到對應的庵寺，但碑文中卻有「真大」「真壽」「真祥」「真穩」「真舉」等數位「真」字輩分的僧侶法號出現。這也提示我們「真在」和「真常」應為寺庵住持的法號。

最後，關於「下至塔院」所表達的內涵，筆者考慮到上方山歷史悠久，早在永慈寺建立的萬曆年間以前，就已經形成一定規模的塔院，碑文中的「塔院」可能指自唐遼時期即形成的諸寺塔院。另外，我們在解釋這一問題時，應考慮永慈寺的所在地的地勢問題。現場考察可知，永慈寺傍山而建，較其他諸寺塔院位置地勢要高許多。古人在表達某地四至時，很難精確表示與四鄰的海拔高度，這裡只簡單記一「下」字，表示永慈寺比塔院地勢高。因此，「永慈寺四至界記」中將塔院與僧人法號並列也並不奇怪。

三、關於萬曆年間頒賜《大藏經》

自明代中期開始，明朝帝王就有對各地梵剎頒賜《大藏經》之舉。以北京地區為例，正統十年（1445）今石景山法海寺、崇福寺（法源寺）都得到過明

〔註10〕此碑拓片據國家圖書館網站「碑帖菁華」，館藏信息：北京9394、北京9395。

英宗頒賜的《大藏經》；萬曆三十三年（1605），房山大韓繼的護國香光寺也得到了頒賜。

在頒賜藏經的碑文中，一般要記述頒賜者、頒賜的數量等信息。除了今北京地區外，萬曆年間在全國許多名山著寺都有頒賜大藏經之舉，且頒賜文本幾乎完全一致，下面試舉數例：

1. 周應賓《重修普陀山志》中收錄了萬曆十四年，萬曆帝敕諭普陀山寶陀禪寺的碑文：「茲者聖母慈聖宣文明皇太后命工刊印續入藏經四十一函，並舊刻藏經六百三十七函，通行頒布本寺。」〔註11〕

2. 萬曆十四年《九華山地藏寺敕諭》：「聖母慈聖宣文明肅皇太后命工刊印續入藏經四十一函，並舊刻藏經六百三十七函，通行頒布本寺。」〔註12〕

3. 護國慈慧寺，俗稱倒影廟，廟址位於今阜成門外以北，今已不存。萬曆十九年（1591），《護國慈慧寺頒布大藏經碑記》：「聖母慈聖宣文明肅皇太后命工刊印續入藏經四十一函，並舊刻藏經六百三十七函，通行頒布本寺。」〔註13〕

4. 較晚的還有今遼寧省朝陽市舊城外西北處的廣佑寺中的萬曆二十七年（1599）《廣佑寺請經鑄佛碑記》：「茲者，聖母慈聖宣文明肅皇太后命工刊印續入藏經四十一函，並舊刻藏經六百三十七函，通行頒布本寺。」〔註14〕

在萬曆一朝歷次頒賜藏經活動中，萬曆十四年是比較特殊的年份。該年頒賜規模達到高潮。據《憨山老人年譜》「萬曆十四年」條云：

> 是年頒藏經。先國初刻藏，有此方述撰諸經未入藏者，今上聖母命入刻之。完，皇上敕頒十五藏，散施天下名山，首以四部置四邊境：東海牢山、南海普陀、西蜀峨眉、北屬蘆芽。……〔註15〕

上述所舉四例中，續入藏經函數、行文風格皆與《永慈寺護持碑記》完全一致。今天我們看到的萬曆年間所有名山大寺頒賜的《大藏經》敕諭文本中，「舊刻藏經」即指《永樂北藏》。永亨庵（永慈寺）建造儲經櫥櫃並後續

〔註11〕（明）周應賓《重修普陀山志》卷一「敕諭」，萬曆刊本。

〔註12〕轉引自潘明權《走進佛教文化》，宗教文化出版社，2014年，第213頁。

〔註13〕北京圖書館金石組：《北京圖書館藏中國歷代石刻拓本彙編》第58冊，中州古籍出版社，1991年，第13頁。

〔註14〕遼陽市人民政府地方志辦公室編：《遼陽市志》，遼寧民族出版社，2014年，第396頁。

〔註15〕（明）釋德清《憨山老人夢遊集》卷五十三，載《卍新續藏》第73冊，第838頁中欄。

藏入四十一函萬曆續藏經,通過勒石立碑傳諸後世,說明該寺在庋藏大藏經方面的作用可與普陀山寶陀寺、九華山地藏寺同列。中山大學學者張德偉考察了萬曆間頒賜北藏的時空分布,指出萬曆年間出現過四次頒賜藏經的高峰。顯然,上方山永慈寺頒賜藏經活動即屬於第一次高峰。

四、萬曆初年馮保及其黨羽在京興寺活動

上方山永慈寺內立於殿基遺址右側的「乾清宮管事牌子」碑文,提供了一份馮保黨羽核心成員的名單。碑文如下:

> 司禮監隨堂太監:孫秀、張大受、周海、何忠、王名、姚定、李忠、李友、戚坤、宋朝用內□□善看管工程太監龐倉、孫昇、萬壽、陳昇等,住持覺義、法才助修。萬曆四年四月初八日立

這份名單中出現的宦官名諱,在《明史》等傳世文獻中也有所體現。需要指出的是,這些參與永慈寺營修工程的司禮監隨堂太監中,很多人屬於馮保的黨羽。如張大受、周海、何忠等人。在萬曆十年馮保失勢之前,他們與馮保一榮俱榮,一損俱損。

如《明史》卷305《宦官·馮保傳》:「保性貪,其私人錦衣指揮徐爵、內官張大受,為保、居正交關語言。……大受及其黨周海、何忠等八人,貶小火者,司香孝陵。」〔註16〕

這些人主要活動於萬曆皇帝登基到萬曆十年之前。在此期間,他們在北京地區興建佛寺的實例還有多處,在此僅舉三例:

除上方山永慈寺外,位於今北京朝陽區王四營古塔公園內的延壽寺塔前碑刻,也保存了馮保集團的崇佛史蹟。其中位於延壽寺十方諸佛寶塔東南一座題名碑,參與題名的人士基本為宦官身份。碑額題為「名題寶地」字樣。此碑上部中間處書寫領銜者為:「欽差總督東廠官校辦事,乾清宮帶管事提督兩司房,司禮監掌監事兼掌御用監印太監馮保」。除馮保外,第一排題名從左至右的太監名諱有:何忠、周海、周剴、溫泰、魏朝、孫隆、張誠、吳進姜、李昭、陳輔、鄭真……〔註17〕

根據《北京圖書館藏石刻拓本彙編》中的這幅拓片,結合原碑所刻題名情況,並未發現有石碑的刻立時間。本人以為,該碑刻立時間在萬曆元年(1573)

〔註16〕 (清)張廷玉等修:《明史》,中華書局,1974年,第7802~7803頁。

〔註17〕 此碑現立於北京朝陽區古塔公園延壽寺塔前。

至五年（1577）之間。

為何說這碑的刻立時間是在萬曆五年之前呢？因為題名中有一太監名鄭真。鄭真的墓誌 2010 年底出土於石景山區五里坨隆恩寺東〔註18〕。鄭真在司禮監中的地位僅次於馮保。但萬曆五年七月，鄭真病故。所以，延壽寺十方諸佛寶塔旁邊這處碑刻創立時間不晚於萬曆五年。

另外，北京西城區西直門北大街大后倉胡同的崇興寺，有萬曆八年（1580）的一通《重修天王殿宇碑記》。崇興寺位於西城區北草廠的大后倉胡同內。20 世紀 50 年代，崇興寺被改為西城區黨校，佛像也被遷到附近的永泰寺中。這份重修碑碑體漫漶剝蝕極為嚴重，陰刻題名幾乎不能辨識。但該碑仍透露出馮保黨羽興寺的寶貴信息：

> 有司鑰庫而天財庫□□□□□□□□□□□□之門，……垣
> 墉頹然……萬曆八祀餘月七旬，署□司鑰庫御馬監太監何公諱忠者，
> 乃睹廟而興思，捐己俸，願重新之。〔註19〕

萬曆三年（1575）立於今西城區河槽（舊北溝沿，今趙登禹路）西育教胡同普安寺的葛守禮撰《敕賜普安寺重修碑記》記載了馮保及其黨羽參與的一次興寺活動：

> ……萬曆二年四月初十日奉承懿旨，發帑金，命今總督東廠司
> 禮監掌監太監事太監雙林馮公督委官匠。〔註20〕

以上三例都顯示出明代司禮監在宦官領導的二十四衙門中的核心地位。關於明宦官二十四衙門中司禮監的職能研究，學界研究成果累累。近年則以胡丹的研究為最。他指出，明代司禮監自英宗朝王振當權以來「歸然立於內監的頂峰」，緣於它既是內府庶政部門，同時更是機務衙門，一部分司禮太監參預大政，成為大明國家事務的管理者〔註21〕。王四營延壽寺十方諸佛寶塔旁題名碑中的馮保名銜，恰與本文探討的《永亨庵頒賜藏經碑記》完全一致，亦從側面表明馮保等人在萬曆初年北京地區興寺活動之頻繁。

綜上，筆者通過對上方山永慈寺、朝陽區王四營延壽寺塔碑記、育教胡同普會寺碑記，馮保參與的興寺活動，旨在說明萬曆十年之前，馮保及其黨羽中

〔註18〕 參見苗天娥《明朝大司禮鄭真墓誌考》，《北京文博》2011 年第 2 期。
〔註19〕 《北京圖書館藏中國歷代石刻拓本彙編》第 57 冊，第 91 頁。
〔註20〕 《北京圖書館藏中國歷代石刻拓本彙編》第 57 冊，第 21 頁。
〔註21〕 胡丹《明代宦官制度研究》第二章「明代『內朝』新論，以司禮監為中心」，浙江大學出版社，2018 年，第 57～104 頁。

的核心骨幹成員張大受、何忠、周海等人，無論是內城還是外城，無論是新建抑或重修都在積極參與此類佛事活動。

五、結語

有學者指出，明代正統至天順短短的二三十年間，京城內外建寺就達「二百餘區」〔註22〕。明代中期如此，朱翊鈞即位後的明代晚期亦復如此。明代佛教史專家何孝榮先生曾研究了憨山德清在嶗山活動、真節在南京棲霞寺倡教等晚明高僧大德對佛教復興的貢獻，並由此提出了「晚明佛教復興」的概念〔註23〕。其中就包括萬曆年間宦官在北京內城及京郊地區群體性從事佛事活動，包括寫經、主持修建寺院、參與藏經頒賜等等行為，都體現了他們作為明代宮廷溝通散落在各地寺院的「橋樑紐帶」。一方面，明代統治者如萬曆帝及慈聖太后通過宦官們在各地寺廟從事一系列佛事活動以達到復興佛教的目的；另一方面，宦官作為刑餘之人通過此類宗教功德行動，滿足其畸形的心理需求。本文討論的上方山地區的寺院興建與頒賜藏經問題，也是「晚明佛教復興」在北京西郊山地進行的一例個案〔註24〕。

上方山自古以來作為京西南地區的「幽燕奧室」的地理環境，對佛寺的創建有著得天獨厚的自然條件。本文考訂出了永亨庵、永慈寺為同一佛寺前後相繼的寺廟名稱，且該庵寺是明代北京上方山地區唯一一處頒賜藏經之所。這充分表明，永慈寺之地位遠遠高於其他上方山諸寺。結合據此不遠的上方山主寺——兜率寺大雄寶殿後牆所刻馮保手書《四十二章經》，不僅充分說明了宦官勢力對該地的介入，同時也反映了馮保等高級別宦官具有較高的知識化程度。

佛寺興建與宦官關係的研究是明代北京歷史繞不開的話題，隨著新資料的陸續刊布，相關研究也將會引起越來越多學者的關注與重視，由新材料解讀而引起對舊材料的重新審視與解讀，則推動更多問題的解決，學界對明代「宦官群像」的認識也必將不斷豐富和清晰。

〔註22〕趙超《從北京的廟宇碑刻看明代太監興建廟宇的活動》，《香火新緣》，中信出版集團，2018年，第251～269頁。

〔註23〕何孝榮：《明朝宗教》，南京出版社，2013年，第66～68頁；《明朝佛教史論稿》，宗教文化出版社，2016年，第511～514頁。

〔註24〕何孝榮：《明朝宗教》，南京出版社，2013年，第66～68頁；《明朝佛教史論稿》，宗教文化出版社，2016年，第511～514頁。

上方山永慈寺藏經樓遺址

永慈寺石匾額

萬曆十四年永慈寺護敕碑碑陽

萬曆四年乾清宮管事牌子碑碑陰

萬曆三十五年《兜率寺香火院地契碑記》拓片

永慈寺四至界記

原載《博物院》，2022 年第 2 期

顧太清與道咸時期的北京名勝

　　清貝勒奕繪的側福晉顧太清，原名西林春，又名顧春，號太清，是清代三大女詞人之一。她同時也是我國第一位女性小說家，晚年自號「雲槎外史」。有《天遊閣集》《東海漁歌》等詩詞作品傳世〔註1〕。太清、奕繪二人短暫的十幾年婚姻生活中，在北京城郊留下多處遊跡可以考稽。二人遊蹤多保留在他們互相酬對的作品當中。可以說，聯騎出遊幾乎成為夫婦日常生活不可或缺的內容。即便在奕繪去世後，顧太清仍然與身邊侍女、閨中密友到京師一些名勝地遊賞。他們或觀海棠盛放、或於河湖遊弋、或詣舊邸重訪。我們不妨按時間順序，跟隨詞人的筆觸，領略道咸時期北京風景佳處的旖旎風光。

一、白雲觀

　　如所周知，太清是西林春的號。此號顯然與道教有關。而其夫自號太素，亦是二人崇道的反映。奕繪夫婦在清代道教整體不振的背景下堅持奉道，這在清代宗室中是不多見的。

　　奕繪生前，太清常攜夫赴白雲觀拜會住持張坤鶴。當然，張坤鶴也常到太平湖府邸，與奕繪夫婦會面。夫妻倆幾乎每年都會到白雲觀參訪，特別是在白雲觀舉行重大節慶活動時，詞人夫婦則不會缺席的。

　　二人詞中頗多宗教活動場景的白描。比如，每年正月十九日是丘處機生辰，又稱「煙九」「宴邱」等，是白雲觀最隆重的節日。《臨江仙慢・白雲觀看坤鶴老人受戒》記載了此日張坤鶴授戒的儀式過程：「金鐘低度，玉磬初

〔註1〕盧興基編《顧太清詞新釋輯評》，中國書店，2005年。

敲松蔭下，仙音一派風飄。……張坤鶴，被霞裾翠氅，寶髻雲翹」。原詞中的「受」，當做「授」，意為傳戒給弟子。儀式上，張坤鶴身著道袍，在道教仙樂聲中，進行著授戒活動。這是極為珍貴的清代白雲觀道教授戒儀式的記載，可與今天的道教授戒儀式做比較。

二、京西勝景

1. 大南峪

　　大南峪，在今天的房山區坨里鎮上萬村。明代曾是萬曆帝生母李太后為寶珠禪師所建天台寺。奕繪生前早就為自己訪求塋地，他用別處三倍的土地與天台寺僧交換而來。大南峪別墅開工於道光十四年（1834）秋，經過五年建設，形成楊樹關、第一橋、霏雲館、紅葉庵等十大景觀，房屋規模共 64 間。作為二人生前別墅與卒後陵寢，奕繪、太清詠頌南谷別墅的作品很多。這裡試舉《高山流水　次夫子清風閣落成韻》賞析。清風閣是奕繪在大南峪園寢工程的一部分，是南谷十景之一。

　　作者開頭即以「群山萬壑引長空」的氣勢，歌頌這項二人愛情的傑作。清風閣又是整個系列建築的核心，號稱「高凌霄漢，列岫如童」。將高閣與周圍山勢融為一體來吟詠。大南峪別墅風水甚佳，景色宜人，是不可多得的生前可作別墅，死後可為兆域的寶地。但作者似乎在作品中已經預見，再好的園寢，也是變幻虛空。

　　詠南谷別墅的作品是太清詞中瑰麗的奇葩。《南柯子·中元由金頂山回南谷山中書所見》記錄太清中元節從金頂山遊歷完畢，順路南下祭掃亡夫情形。金頂山，即妙峰山最高峰，因形如蓮花，又稱蓮花金頂。此山北枕燕山，南視灅水。這段路程四十多公里，雖然坐著肩輿行進遲緩，但作者一路欣賞風景，也很愜意。

　　《賀新涼（娘）·雨中曉發南谷，用蔣竹山韻》是記載道光二十九年（1849），五十一歲的顧太清從南谷別墅暫別回城的作品。詞云：「料理行裝催早發，多是崎嶇山道」。女主人秋雨未霽，天未破曉之時，便早早上路了。一路顛簸，一路疾馳。有學者認為這首詞記錄的是太清出太平湖府邸赴南谷別墅，不確。因詞中云：「轉過雲岡回頭望，認依稀離嶺橫天杪。雲又起，四山杳」。過了雲崗，回頭望見身後群山。隨著車輪轉動，山巒已漸行漸遠，快要看不到了。顯然是她從郊區出發向城內府邸行進。雲崗，位於豐臺區西

南部。在今天也是北京市區到房山去的一個重要途徑地。近日，筆者乘坐公交車去大南峪，所經仍是顧太清赴大南峪之路。過了雲崗，進入洛（lao）平村，人煙就變得十分稀少。到了接近大南峪的上萬村，就幾乎只有一些山腳處散落的農戶了。

根據檔案資料，至遲從 1952 年起，昔日風景絕佳的大南峪別墅墓葬區，作為解放軍某部火藥廠使用至今。

2. 昌運宮

道光八年（1828），是顧太清與奕繪貝勒結婚的第四年。這年八月，太清冒雨遊逛了京西昌運宮。留下了一首《戊子八月雨中游城西天禧昌運宮遺址》。明正德六年（1511），宦官張永申請敕建的道教宮觀，初名混元靈運宮，在今紫竹橋南，西三環路附近。初建時，還有敕建碑和李東陽所書碑。萬曆年間，更名天禧昌運宮。據說，張永去世後，便葬於昌運宮後。清初的昌運宮是京城一處觀賞松柏的佳處。清人趙蒙泉《昌運宮看古松記》中，記述了那裏的二十四株古栝子松。自明代開始，昌運宮就是太監公墓。二十世紀初，這裡還存在大量的冢墓，並時有盜賣墳塋石木構件的情況。《北京特別市警察局偵緝隊關於送馬秀盜賣昌運宮太監枚（墓）一案的呈（一）》就反映了1939～1940 年，民人馬秀盜賣昌運宮一帶太監墓地給日本人山琦武夫開辦窰場的情況〔註2〕。

通過太清詞的內容，或許昌運宮還供奉有真武像：「諸天法象認不出，荒草深埋真武堂。」這說明道光八年的昌運宮已經非常衰頹，不比明代宦寺勢力薰蒸的時代。道教在清代日漸民間化、下層化，清代統治者重視佛教，道教式微，正所謂「虛亭老樹更蒼蒼」。

3. 三山五園

首先是清漪園和靜宜園。《浪淘沙·登香山望昆明湖》顧氏詠三山五園風景的詞作不多，這首是此類作品中的代表。詞中云：「三山秀氣為誰鍾？武帝旌旗都不見，盛世難逢。」顧太清不是簡單描述萬壽山昆明湖一帶風景，而是上升到家國盛衰的高度，喟歎自己生不逢盛世，表達了晚清國運日衰的心情。

道光十三年（1833）清明，因夫君奕繪賃居於哨子營一帶，太清踏青遊覽

〔註2〕北京市檔案館藏《關於大南峪火藥廠轉送全部檔案問題給良鄉縣委的函》，檔號：225-001-00553-00062.《北京特別市警察局偵緝隊關於送馬秀盜賣昌運宮太監枚（墓）一案的呈（一）》檔號：J181-026-11093.

了暢春園西宮門外的一座關帝廟——雙橋寺。這裡水產豐富，還種植有京西稻，二人在不遠的六郎莊賒酒吟唱，十分快意。這使她憶起十歲時隨父親到此地的情景。

4. 八大處一帶

奕繪貝勒後人、著名女真學者金啟孮先生曾著有《顧太清與海淀》一書。書中所引錄顧太清在今北京海淀區所作詩詞甚夥。奕繪與顧太清先後遊覽了八大處附近的龍泉庵、秘摩崖、靈光寺、三山庵和長安寺〔註3〕。晚清文士多有吟詠秘摩崖、證果寺等處風景者，如奕訢、翁同龢、宗室寶廷等人。《夜行翠微山麓遂宿龍泉庵》《次日遊秘摩崖》與《歸路過龍泉寺看古藤老槐》三首詞共同構成了這對伉儷在八大處完整的聯騎旅遊。尤其第一首，是不多見的描繪西山地區夜色風光的作品。在滿天星斗和侍從明燈協助下，主人乘坐籃轎在翠微山密林中穿行，但山行並不覺得艱難。1799 年，顧太清即出生於翠微山附近的香山健銳營，所以她對那裏有很深的感情。次日一早，太清與奕繪便迎著朝霞，循石階而上，探訪秘摩崖。在歸途中，二人又在千年古剎靈光寺看到交藤的古檜樹，遊興得以滿足。

5. 潭柘寺、妙峰山與八寶山

顧太清生前多次參訪潭柘寺。《祝英臺近　龍潭柘樹　用吳夢窗韻》寫景比較成功。詞中呈現幾幅生動的風景畫。古松森然、秋風瑟瑟；抬轎輿夫們互相叮囑山路濕滑；古剎鐘磬發出幽然梵音。

至於妙峰山，是今人熟悉的清代至民國北京居民歲時進香活動舉辦地。顧太清雖信奉道教，但也嚮往「清涼蘭若」。《朝妙峰六截句》作於道光二十六年（1846），基本上是寫景與記敘間雜的作品。詩中所記作者肩輿經過雙龍嶺茶棚、仙花古洞等，最後到達「畫棟朱楹」的殿閣——碧霞宮，看到「紛紛男女進香來」，可以說濃縮了幾百年來妙峰山進香的全程。

《金風玉露相逢曲》（中秋後一日，同雲林、湘佩家霞仙雨中游八寶山）是孀居的太清與閨友出遊的一闋充滿傷感的作品。「相期不負雨中游」「臥夕照，殘碑斷碣」。八寶山地區，清道光年間古蹟甚多。那裏不僅有元代塔林，還有明代幾座宦官墓的遺存，如剛炳墓祠。顧太清夕陽中所看到的殘碑斷碣，很有可能就是明代宦官墓的遺存。

〔註3〕金啟孮《顧太清與海淀》，北京出版社，2000 年。

6. 可園

《南鄉子》（上巳前一日，同屏山、雲林、雲姜遊可園，園為宗室崇文別墅）反映了顧太清與閨友的一次普通出遊。這首詞作於道光二十六年（1846）春。按，北京大概有兩處可園。一處位於今東城區帽兒胡同 7 號、9 號和 11 號一帶，園主是滿洲正藍旗人文煜；另一處則在今北京動物園內。據朱家溍先生研究：三貝子花園的正式名稱為可園，乃是康熙帝第三子子，誠隱親王允祉的賜邸〔註4〕。道光二十年（1840），宗室崇文著以筆帖式用。筆者沒有找到宗室崇文與帽兒胡同可園的關係。但這首《南鄉子》中，出現了「行過城西二里溝」一句，這說明太清所到之園應該是今北京動物園西部，首都體育館以東的那處可園。園中有花塢，還說可園「通舟」。可園附近有長河，且在高梁河以南，通舟是沒有問題的。這首詞有助於我們瞭解道光年間，今北京動物園地區的地理風物情況。

三、城南風光

1. 城南尺五莊與三官廟

尺五莊，傳說是明末清初祖大壽的別業，又稱祖氏園。清初柳洲詞派代表人物曹爾堪曾云，右安門外祖家莊，「舊為內中官別墅」。順治、康熙年間，即有王漁洋、龔鼎孳、王式丹等多位名人到此遊玩並留下詩句。王士禎一氣賦詩《過祖氏園庭》八首，將尺五莊「綠蕪紅藥水邊村」「也似江南好風景」的特點描述略盡。後來，清代宗室和旗人貴族如朝鮮裔尚書金簡、和珅的舅舅明保等陸續成為該園的主人。清中期以後，此處夏日池沼園亭怡人的景象仍存。顧太清也多次到尺五莊遊訪，並留下絕妙詞句。道光十五年（1835）六月二十六日，顧太清來此處遊賞。看到「蛛網紗窗，草迷幽徑，破板紅橋誰換」，一派蕭條的景象。有學者認為，這是園子主人祖大壽順治年間去世後，「即漸荒圮」。其實，對嘉道時期京師南城水患有所瞭解的話，就清楚這主要是嘉慶六年（1801）京師大水後，城南受災嚴重，當時的園主及後來的繼有者沒能對其進行精心經營，使這所城南名園逐漸淪為幽宮墳冢。

2. 草橋、萬柳堂與菜花營

草橋的萬柳堂自元代以來即聞名京師。但這處萬柳堂並非元代廉希憲所建之園林，應是清初大學士馮溥的別業，大概建於康熙初年。菜花營，即今

〔註4〕朱家溍《「樂善園」和「三貝子花園」的有關史料》，《文物》1957 年第 6 期。

天西城區西南部的菜戶營。清代以來，不少學者如勵宗萬、李慈銘都將元代的萬柳堂與馮溥的萬柳堂別業誤混為一處。

道光十九年（1839），太清帶著幼子載釗到萬柳堂拈花寺遊賞，歸程路過廣渠門外的夕照寺。萬柳堂因為馮溥而知名，那麼拈花寺呢？據有關文獻，此處的拈花寺也建於清康熙年間。此園後來歸於倉場侍郎石文桂名下，石氏遂建拈花寺，寺中有大悲閣、關帝殿等建築，景致也大不如前〔註5〕。清代文人高鶚曾作《過萬柳堂拈花寺》云「萬柳堂前柳，蕭條剩幾株」來反映改寺後的萬柳堂衰相畢現。

《南柯子‧九日城南看菊》與《風蝶令‧春日遊草橋　過菜花營看竹》是太清晚期的作品。二詞集中反映了顧太清在時令節氣，城南賞花的別樣旅程。一春一秋，春竹而秋菊，草橋一帶是城南最著名的賞花地，素有「花鄉」之稱。從元代開始，草橋一帶就陸續形成一些重要的名園。其中以廉希憲萬柳堂為代表。顧太清一生最鍾愛兩種花卉，一是海棠，另一就是菊花。他到憫忠寺訪菊，到龍爪槐觀菊，也不能錯過草橋怒放的秋菊，所謂「問菊城南路」。清代的菜花營。時人以花卉種植為業，也是都人遊覽草橋需要經過的地方，風景尚佳。

3. 龍泉寺（龍樹院）

《鵲橋仙‧初冬雲林邀同家霞仙龍爪槐看菊，過陶然亭望西山》是秋冬之際，顧太清到龍樹院賞菊所作之詞。龍爪槐，是城南陶然亭附近龍泉寺（又稱龍樹院）內的一棵古槐，清乾隆時就已近三百年樹齡〔註6〕。道光十五年（1835），林則徐作《龍爪槐雅集記》，該記是作者與許邦光、徐寶森等京官集會的實錄。龍樹院內的景物，有僧月亭，左右兩小樓，可直接登高眺望西山，東望陶然亭內的建築，南瞰一碧無際的蒹葭。因此吸引大批文士、朝官造訪。顧太清這次出遊一定也是與林則徐等人一樣登樓遠眺西山。

太清提到除陶然亭外，尚有一蒹葭閣。這所蒹葭閣，又稱蒹葭簃，也是清中期文人聚會之地，位於龍樹院內。道咸年間，多有關於蒹葭閣的資料記述。如咸豐九年（1859），何兆瀛《龍樹寺蒹葭閣題壁詩》即是代表。

〔註5〕 燕莉《京城兩處拈花寺》、劉仲孝《萬柳堂與拈花寺》，載蘇天鈞主編《北京考古集成》8，北京出版社，2000年，第1182～1183頁。
〔註6〕 陶然亭公園志編纂委員會編：《陶然亭公園志》，中國林業出版社，1999年。

4. 法源寺（憫忠寺）

《滿江紅‧九日屏山、湘佩招遊憫忠寺》記錄了顧太清咸豐元年（1851）重陽節的出行。憫忠寺，始建於唐初，明代稱崇福寺，清雍正十一年（1733）才稱法源寺。顧太清時年五十二歲。

這次「招遊」隨行的還有才趣相投的閨友項屏山和沈湘佩。二人是江南人士，與太清組成婦女詩社。特別是項屏山，是道光時兵部侍郎許乃普（文恪）的繼室。早在奕繪在世的道光十五年（1835），這些富於詩才的官宦夫婦就曾來到法源寺觀賞海棠。可以說，法源寺聚會是顧太清的詩詞生涯從夫妻二人世界到融入集體酬唱的轉捩點。十五年後，太清再次攜酒朋詩侶來訪菊，摩挲著憫忠寺古碑的滄桑，忠君報國情愫的滲入，加上今昔情景對比使得詞作的氣勢進一步昇華，所以詞人終於「臨風自歎」，無比欣悅，與密友相約明年再來同遊。

四、京東攬勝

《定風波‧城東泛舟》應該指東便門附近二閘秋遊的景象。此次泛舟，逢雨後初晴，詞人心情甚佳。城東泛舟，乃是清代都人最常參與的出遊活動之一。《燕都遊覽志》載：「出東便門，有大通橋水從玉河中出，波流演迤，帆檣往來，可達通州。二三園亭依澗臨水，小舫從几案前過，林間桔槔相續，大類山莊」。太清作為詞人，如果沒有園林佳景得以寓目，便難有佳句名篇傳世。太清從幼年起，就常有泛舟大通橋一帶的記憶。

筆者隨機掇取了十幾首顧太清的紀遊詞作品，雖沒有全部搜盡，但我們仍可以大致勾勒出太清一生在京城熱衷遊覽的活動範圍。首先，顧太清常以西山山麓縱向巡遊，或參訪古剎，或欣賞山色，或參與進香；京城南部多在春、秋時節以草橋、法源寺及其他園林為主要目的地，賞花觀景留下傳世名作；城東東便門外二閘，偶有夏日大通河泛舟活動，但並非經常之舉。此外，在奕繪生前，由於太平湖府邸距離西便門外白雲觀甚邇，道光十九年之前，夫妻同赴白雲觀，此後，則幾乎很少能夠看到太清與白雲觀有關的文獻。

顧太清詞作中的北京名勝，如昌運宮、龍樹院兼葭莩、尺五莊三官廟、萬柳堂拈花寺等均已不存，有些園林名勝，如三山五園的一些面貌也已今非昔比，所以這些詞作中的描寫就有極高的史料價值與檔案價值，值得今人挖掘、探賾。

原載《北京檔案》，2018 年第 3 期

清代北京右安門外尺五莊沿革初探

　　北京自金代建都以後，隨著城市各種功能的強化，園林別業大為發展。但起初，園林的種類仍以金章宗等帝王經營的皇家園林為主。以南城為例，元代草橋地區的廉園、玩芳亭為代表的私家園林開始出現〔註1〕。明代，豐臺十八村發展為「花鄉」。經過元明兩代的開發培育，右安門外所處的今豐臺北部地區園林別業，在清代又進一步得到發展〔註2〕。

　　但不管是元代還是明代，這些名園屬於私有，幾乎沒有向社會開放。但是清代以後，豐臺園林的私有屬性逐漸被打破，以致在宣南及今豐臺區近郊發展出一些公共園林形態。這種變化究其原因，是與清代的官場文化分不開的。特別是從清中期開始，文人雅士，在風和日麗、天朗氣清之日，三五相聚在城南的風景名園中，享受宦海之外的一份恬適。右安門外尺五莊，就是清代公共園林之一。

　　以往學者，如李瑚先生、趙光華先生、吳文濤女史及李臨淮先生，都在自己關於北京地區園林的綜合性研究中，對尺五莊略有指陳。除了上述前賢的研究成果外，鞠熙最近在研究民國初年北京公園所代表的公共空間轉型問題時，談到嘉慶京師洪水對尺五莊的浩劫〔註3〕。但他們在談到尺五莊時，多浮光掠影，點到為止，未能釐清該園的沿革、歸屬與變遷問題〔註4〕。本

〔註1〕孟繁清：《元大都廉園主人考述——兼析貫雲石著〈孝經直解〉的思想淵源》，《元史論叢》第十一輯，天津古籍出版社，2009年。
〔註2〕范軍、周峰：《元明清北京花鄉的形成與發展》，《北京文博》2008年第3期。
〔註3〕鞠熙：《民初北京公園理念與傳統公共空間轉型——以1914～1915年北京城市改造為例》，《北京師範大學學報》（哲學社會科學版）2016年第4期。
〔註4〕李瑚：《魏源在北京》，載《古都藝海擷英》，北京燕山出版社，1996年；李瑚：

文鑒於上述研究的不足，將尺五莊視為一個公共園林的個案，探討這處城南遊覽地的沿革變遷過程，揭示有清一代皇家園林以外的士人宴遊、聚會與修禊之所隨國運興衰起伏的歷史，從而展現以尺五莊為代表的園林別業從最初的私家別墅到都中勝境的娛情佳地，再到淪為荒地，以至於徹底融入京師城南平民社區的歷史脈絡。

一、從祖氏園到尺五莊

（一）尺五莊的得名與位置

尺五莊這所小型園林最早如何得名，已難詳知。但很顯然，應該和它與右安門的距離無關。筆者以為其得名應該源自唐代杜詩所用典故。杜甫《贈韋七贊善詩》稱：「城南韋杜，去天尺五」。由於韋氏、杜氏兩家雖位於長安城南，但門第甚高，地位與天子很近。右安門外的尺五莊也在北京城南面，清人將其比附韋、杜二曲而來。

因尺五莊今已不存，所以關於它的方位，沒有直接的文獻幫助我們鎖定。但是陶然亭的位置可以作為參照。張際亮《金臺殘淚記》載：「右安門俗曰『南西門』，陶然亭在門內一里許，康熙間江某所建。尺五莊在門外一里許，乾隆間旗員所建。」〔註5〕

尺五莊與陶然亭呈中心對稱分布。陶然亭位於右安門的東北方一里左右，康熙年間，工部郎中江藻建立；尺五莊則位於右安門西南方一里左右，也就是說陶然亭與尺五莊以右安門為中心，各相距右安門一里。

清初詩人王漁洋在《過祖氏園亭》詩中云「記得城南天尺五，綠蕪紅藥水邊村」。王漁洋卒於康熙五十年（1711），也就是說至少在康熙年間，祖氏園就已經與尺五莊同指一處園林。看來尺五莊可能與祖氏園有關。但是迄今為止，似乎還沒有研究者對尺五莊與祖氏園或祖氏園亭的關係做過探究。右安門外祖氏園，最早因祖大壽而得名。祖大壽這所園囿景致與方位如何？明清之際的著名史學家談遷曾遊歷過該園：

《北京的河水與園林》，載《北京史苑》第二輯，北京出版社，1985 年；趙光華：《北京地區園林史略》，分別在《古建園林技術》1985 年第 4 期、1986 年第 1 期、第 2 期上分三部分連載，但幾乎沒有談及尺五莊；吳文濤：《北京豐臺古代園林考索》，載《史苑擷萃：紀念北京史研究會成立三十週年文集》，經濟科學出版社，2011 年，第 41～52 頁；李臨淮：《北京古典園林史》，中國林業出版社，2016 年，第 81 頁。

〔註5〕張次溪：《清代燕都梨園史料》，中國戲劇出版社，1988 年，第 253 頁。

甲戌，午出右安門，度石橋，稻田菜畦，大似江南。西二里，故
祖都督大壽園。池柳臺館，掩映籬落，亦城南杜曲矣。又西里許，中頂
華濟宮，祀碧霞元君，氣象鉅麗，其東南別殿外池，可百餘畝。〔註6〕

　　根據談遷的記述，若祖大壽園在今天的草橋，那麼應該位於右安門正南二
里，所以，筆者懷疑引文「西二里」中的「西」應作「南」。因為引文中提到
「又西里許，中頂華濟宮」，那麼據今天所存的古蹟位置來判斷，從草橋向西
一里左右（又西里許），大約就是中頂廟所在。清末的蒙古族女史巴里克杏芬
也在《京師地名對》（續）記述：「祖氏園，右安門外草橋，水石亭林，擅一時
之勝，漁洋有《宿祖將軍園詩》。」至於張際亮所言尺五莊在「門外一里」與
談遷所記二里有出入，筆者以為，祖氏園範圍應該比較大，或許尺五莊只相當
於祖氏園的一部分。總之，尺五莊、祖氏園都位於同一地區——草橋。

（二）乾隆年間的尺五莊

　　乾隆年間成書的《帝京歲時紀勝》記載：「六月朔日，各行鋪戶攢聚香會，
於右安門外中頂進香。回集祖家莊回香亭，一路荷池賞蓮，蕭鼓鉉歌，喧呼
竟日。」〔註7〕農曆六月，也是城南諸園花木繁盛、亭沼秀麗的時節。如今
的右安門外仍有一座祖家莊小區，與本文中的祖氏園不是一回事，可能另有
所指〔註8〕。潘榮陛筆下反映的是乾隆初年的情況，而刊刻於嘉慶初年的《藤
陰雜記》，引用多首名句對祖氏園的風景與人居進行描繪，如嚴我斯《遊祖氏
園》：「蘆花圍野岸，楊柳幾人家」〔註9〕。可見，舊園是與居民住宅相為一
體的。《藤陰雜記》作者戴璐生活在乾隆年間，他表示彼時就已經對祖氏園的
來歷難究其源，所以後世幾乎沒有對其來歷再有措意。此外，還有龔鼎孳《九
月十九日夏臯均招同姜與可綺季劉玉少曹次岳赴豐臺看菊以輿人失道不果留
飲九蓮寺歸經祖園小憩晚集松筠庵》，龔鼎孳這首極長的詩題中，共提到了豐
臺（大概為草橋）、九蓮（菩薩）寺、祖氏園、松筠庵這四處重要的清初北京
名勝，順序由南至北。《宸垣識略》的作者吳長元認為祖氏園：「乾隆初年，

〔註6〕 （清）談遷撰，江北平點校：《北遊錄》，中華書局，1960年，第85頁。

〔註7〕 （清）潘榮陛：《帝京歲時紀勝》，北京古籍出版社，1981年，第25頁。

〔註8〕 有人認為，今右安門外的祖家莊為祖大壽家族墓地。但據前文談遷《北遊錄》
　　　　中內容，可知那裏更可能與祖大壽所建園林有關，而非塋地。此外，目前可能
　　　　的祖大壽家族葬地：一在其桑梓遼寧省興城；一在今北京清河永泰村，都與右
　　　　安門外祖家莊關係不大。

〔註9〕 （清）戴璐：《藤陰雜記》卷十一，上海古籍出版社，1985年，第131頁。

歸於王氏」。沈德潛《看豐臺芍藥過王氏園詩》，其中有「路入花源柳半遮，亭臺舊是故侯家」，說的都是王氏園內的景觀。但王氏園究竟是否就是後來的尺五莊，還需要日後再挖掘材料加以詳考。

根據一些文獻，果親王允禮似乎是王氏之後的尺五莊主人。但果親王的賜園為暢春園北的承澤園以及圓明園西南牆外的自得園。說尺五莊曾一度屬于果親王，目前尚無直接證據，俟日後再考。此外，李瑚先生及一些學者徑直將尺五莊視為尚書金簡的別墅。有何根據呢？

金簡，字可亭，賜姓金佳氏，是乾隆朝重臣，曾手創武英殿聚珍版程式，官至吏部尚書。金簡雖出身於朝鮮，但是已經歸順清朝，隸屬滿洲正黃旗，所以稱旗員也沒有問題。但是筆者沒有找到尺五莊與金簡有關的直接記載。《清史稿》中提到，金簡的父親名「三保」，為武備卿。其妹，為乾隆帝的貴妃，死後與乾隆帝合葬〔註10〕。清人楊懋建（掌生）在《京塵雜錄》中提到：

> 惟陶然亭、小有餘芳二處有酒家。……小有餘芳，則遲入夏乃開園。其地為尚書郎三君（三寶）尺五莊別苑。尺五莊有馬鬣封，三君爪髮藏焉。過小橋出園，即為小有餘芳。〔註11〕

筆者猜測，這也許是後世將金簡別墅與尺五莊聯繫起來之嚆矢，引文中所言尚書郎三君（三寶）明顯與金簡有關。因為他在乾隆四十八年（1783）官至工部尚書，且寶可通「保」。《京塵雜錄》中所謂的「三君馬鬣封」，也許是說尺五莊此前已經成為尚書金簡或其父的墓地。但其父似乎並沒有任尚書郎一職。李瑚先生《北京的河水與園林》及後來一些介紹北京園林的書籍中提到尺五莊作為金簡別墅，其根據很可能就來自《京塵雜錄》這條記載。

二、清中期士大夫遊宴勝地

（一）嘉慶時期的尺五莊

1. 嘉慶六年大水與尺五莊

嘉慶六年（1801）京師大水，城南受災嚴重。關於這場大水對右安門一帶的影響，京官李慈銘在《郇學齋日記》中，對每日的情況變化都有詳細記錄。如「（六月）初八日丙午，聞右安門外豐臺一帶，村落皆盡，村民盡避入

〔註10〕《清史稿》卷三百二十一《金簡傳》。

〔註11〕（清）楊懋建：《京塵雜錄》，《筆記小說大觀》第十八冊，江蘇廣陵古籍刻印社，1984年，第369～370頁。

都城」〔註12〕。此外，《嘉慶道光兩朝上諭檔》記載了右安門外的洪災形勢和中頂廟在救災中發揮的作用：

> 步軍統領，順天府衙門奏稱：右安門外關廂內各廟宇存留被水
> 難民四百七十餘名口，並聞中頂廟內存男婦千餘名口。〔註13〕

大水肆虐之時，該園正處於柏氏的經營之中。姚元之《竹葉亭雜記》詳細記載了這場大水對尺五莊的破壞性：

> 後乃歸之柏氏。柏氏不恤其村人，嘉慶六年大水，近園居民競
> 相蹂躪，高樓則拆毀之，大木則伐戕之，林竹池荷鞠為茂草。柏氏
> 不能有，乃鬻於明氏，尺五莊乃分於多氏。

事實上，嘉慶六年水災並未使尺五莊完全衰落。從嘉慶後期到道光年間，仍有不少文人官宦到彼遊走的情況看，應該還有不錯的景致。

2. 明保與尺五莊

明保是乾隆朝權臣和珅的舅舅。此人與和珅的人格很像，都善於投機鑽營。明保雖沒有什麼學識、才幹，但通過結交權貴，擔任過杭州太守、漢陽知府。據《清仁宗實錄》：

> 又諭倭什布奏漢陽府知府明保與伊兒女姻親應請迴避一摺：
> 明保係和珅母族姻戚，平日倚恃和珅勢焰，在任聲名甚屬平常。從
> 前引見知府時，即蒙皇考鑒其人甚庸陋。查伊出身履歷，經和珅朦
> 混具奏、亦未令伊遞摺請訓。徑赴知府之任。皆朕之所深知。本年
> 曾有人密摺將明保參奏，未列實跡。朕因不為已甚，且彼時大員中
> 如景安、秦承恩等，尚皆未經查辦，何暇責及明保？今既與倭什布
> 係屬姻親。明保才具本不勝外任，著即來京，以部員照例對品補
> 用。〔註14〕

本條實錄發生的時間為嘉慶四年（1799）五月。彼時，嘉慶帝正在肅清和珅餘黨。所以，明保佔有尺五莊的時間應該在嘉慶四年五月明保來京之後。明保被嘉慶帝調回北京後，似乎沒有受到和珅貪腐案的株連。嘉慶帝只是「以部員照例對品補用」。此前，明保為漢陽府知府，按照乾隆十八年（1753）以後的官制規定，屬於從四品。所以，嘉慶六年京師水災以後，明保仍然有

〔註12〕（清）李慈銘：《郇學齋日記》（後甲集之下），北京燕山出版社，1988年。
〔註13〕《嘉慶道光兩朝上諭檔》第六冊，廣西師範大學出版社，2000年，第207頁。
〔註14〕《清仁宗實錄》卷四四，中華書局，1986年。

購買私園的實力。關於明保對園林亭臺的喜好，袁枚《隨園詩話》一段文字可見一斑：

> 明保係和珅繼母之堂弟，原係漕督嘉謨之子，滿洲正紅旗人。善於謀利，江南及口外，皆有其買賣。在杭州太守任內，養美姬十數人，專為應酬權貴之用。與張朝縉、蔣賜棨同。然為人卻通脫風雅，以事落職家居，園亭歌舞，無一不精絕。所畜蘇州戲班名「迎福」，歿後數年，今亦一敗塗地矣。〔註15〕

明保購買尺五莊的準確時間已難確考。但是，以明保「善於謀利」，而又「園亭歌舞，無一不精絕」的生活做派，他在嘉慶六年後購買尺五莊一事應該不是沒有可能的。

清代宗室昭槤所撰《嘯亭雜錄》對尺五莊與明保的關係有明確介紹：

> ……又右安門外，有尺五莊，為祖氏園亭，後為某部曹所售。清池一泓，茅簷數椽。水木明瑟，地頗雅潔，又名「小有餘芳」，春夏間多為遊人宴賞。其南王氏園亭，向多爽塏，多池館林木之盛。嘉慶辛酉，為水所沖圯。明太守保售之，力為構葺修繕，未終，太守遽卒。池館尚未黝畫，半委於荒煙蔓草之中，殊可惜也。〔註16〕

《竹葉亭雜記》對明保經營尺五莊的情形記述說：「明太守豐於財，乃購料庀材，欲復其舊而更壯之。費資萬餘，材甫粗備，未及修而沒。」昭槤和姚元之對此時的尺五莊情況記述得都很清楚，明保擁有尺五莊的時間很短，在他去世後，尺五莊也就荒蕪了。

3. 嘉慶年間的尺五莊詩會

前文徵引昭槤書中提到，尺五莊是士人春夏間宴賞佳地。嘉慶年間的文人宣南集會修禊活動，主要是舉辦詩會。如清人潘曾沂的《功甫小集》，刊於嘉慶戊寅年，即嘉慶二十三年（1818）。該書卷八收有朱綬《宣南詩會圖記》，其中述及文士互相邀飲於尺五莊，醉後題詩於園中牆壁上〔註17〕。嘉慶年間，尺五莊的詩會活動雖然不及道光年間的修禊活動，但也算規模可觀了。另外，《京

〔註15〕（清）袁枚著，王英志校點：《隨園詩話》，江蘇古籍出版社，2006年，第644頁。

〔註16〕（清）昭槤：《嘯亭雜錄》卷九「京師園亭」條，中華書局，1980年，第295頁。

〔註17〕（清）朱綬：《宣南詩會圖記》，收入潘曾沂《功甫小集》卷八，嘉慶二十三年刻本。

都竹枝詞》是清嘉慶間人得輿所著一部收錄百餘首詩詞的文集，其中頗多反映當時市井民俗內容，如：「右安門外少見塵，人影衣香早稻新。小有餘芳開市後，坐看中頂進香人」。可見，小有餘芳的開市與中頂廟進香活動有著緊密聯繫。

（二）道光時期的尺五莊與士人宴遊

前文提到嘉慶六年大水對尺五莊的嚴重破壞，從此尺五莊的主人地位開始下移。對此，姚元之如是說：

> 尺五莊在南西門外里許，都人士夏日遊玩之所也。有亭沼荷池，竹林花圃，可藉以酌酒娛賓。其西北為柏家花園，有長河，可以泛舟。有高樓，可以遠眺。茂林修竹，曲榭亭臺，都中一勝景也。尺五莊乃其附庸也。其初，俱為王氏之園，繼為果親王府所有。後乃歸之柏氏。柏氏不恤其村人，嘉慶六年大水，近園居民競相蹂躪，高樓則拆毀之，大木則伐戕之，林竹池荷鞠為茂草。柏氏不能有，乃鬻於明氏，尺五莊乃分於多氏。〔註18〕

引文中的「南西門」即指右安門。「附庸」二字，體現出柏家花園的規模要遠大於尺五莊。柏氏具體指何人，翻檢各種材料，已經幾乎不可考了。但這裡的柏氏，應該和金簡一樣，似為朝鮮籍的旗人〔註19〕。從柏氏到明保再到後來的一些尺五莊主人，地位已經不能和果親王、金簡等高官權貴相比，明顯轉為地方官或者一般下級官吏。值得一提的是，姚元之所說的王氏，大概是指前文所說乾隆以前尺五莊南面的王氏園。據《嘯亭雜錄》「其南王氏園亭，向頗爽塏」。王氏具體為何人，已難確考。但這座園林和尺五莊一樣，在嘉慶六年大水中受到重創。

前文指出明保未及修繕尺五莊時而身故。但荒蕪的園亭很快轉到特通阿手中。姚元之稱特通阿「初守河南之汝寧，洊擢為陝西廉訪。……未幾卒，公子乃於此地營窀穸焉」。近人鄧之誠先生也在其讀書筆記中，援引清代文登士人于克襄《鐵槎山房見聞錄》一書，簡述尺五莊陝西廉訪使特通阿收購尺五莊的情況。按照鄧先生給出的線索，本人將該書有關內容迻錄於此：

〔註18〕（清）姚元之：《竹葉亭雜記》，《清代筆記小說大觀》，上海古籍出版社，第4823～4824頁。

〔註19〕趙力主編：《滿族姓氏尋根辭典》第二部分「滿族老姓全錄」，遼寧民族出版社，2012年，第187頁。

京都南西門外尺五莊，房僚曲折，花木芬芳，處處引人入勝。
每當春三二月，遊人麕集，夏間綠荷滿池，芙蓉吐豔，紅白相間，
尤足移情。旁有小有餘芳，好事者開設野茶館。數株楊柳，臨水垂
陰，十丈紅塵，真不可多得之境。京官退食之暇，往往三五良朋宴
集於此。予亦屢次往遊，後為特廉訪通阿所購，適廉訪沒於署，其
子遂卜葬於莊內。柳畦花徑變為墓道幽宮，遊者輒有焚琴煮鶴之歎。
所存者，唯小有餘芳數間，竹籬茅舍，煮茗清談，提壺小酌，藉以
息遊蹤而洗塵俗。蓋尺五莊近隔一牆，不勝咫尺天涯之感矣。〔註20〕

「廉訪沒於署」，即指特通阿死在陝西任上，其屍首可能最終由其子運
回北京，並葬於尺五莊內。這說明，特通阿赴任陝西，並沒有改變他是尺五
莊園主的身份。清代乾嘉道時期，以特通阿為名的滿族權貴不止一人，比較
著名的還有家住甘石橋的輔國公特通鄂。但是此人生於乾隆元年（1736），
逝世於乾隆三十四年（1769），僅活了三十四歲，應該與尺五莊主人的特通
阿不是一人。既然特通阿卒於陝西觀察使任上，那麼他必定在赴任之前就擁
有了這所風景名園。

關於特通阿的生平，文獻記載很少。魏秀梅編《清季職官表（附人物錄）》
考證出特通阿卒於道光元年（1821）〔註21〕。所以，他任陝西按察使的時間，
應該在道光元年之前。

前文說到，尺五莊的景色「大似江南」，道光間張際亮有《金臺殘淚記》
詳述京城梨園風情。其中說尺五莊內的小有餘芳「水榭竹籬，頗似江南郊落」。
「每於東風三月，游絲送燕，碧荷一雨，返照傳蟬，使人渺然有天涯之感」。
顧太清曾追記攜夫同遊尺五莊。她的丈夫奕繪貝勒也有《金明池‧過尺五莊》
傳世。同時期的林則徐在日記中記述說，嘉慶二十一年（1816）六月初九日，
出南西門（右安門）到尺五莊「坐花行酒」，稍後又到三官廟看花。

尺五莊不僅是在京常駐官員經常修禊之所，而且也吸引了一些外地來京
辦事的官員。道光十六年（1836），官員李鈞由河南府太守暫署河南糧鹽道
〔註22〕。從這年九月迄於次年六月，李鈞通過日記形式記述自己督管漕運的

〔註20〕（清）于克襄：《鐵槎山房見聞錄》卷二「尺五莊」條，道光二十九年刻本，
　　　　第7頁。
〔註21〕魏秀梅：《清季職官表（附人物錄）》，《中央研究院近代史研究所史料叢刊》，
　　　　1977年。
〔註22〕糧鹽道，始設於雍正年間，掌管糧儲及鹽法。唯有河南設立，其餘省份不設。

情況，最後彙集成《轉漕日記》一書。道光十七年（1837）五月，在京逗留期間，李鈞邀約了三五友人，遊逛了許多京城名勝。初七這日，他們來到尺五莊遊覽。書中記道：

> 午刻，右安門外玉泉營翟舒堂茂才（錦聯壁門人）招飲於尺五山莊。……莊本貴家園亭，賃直為宴遊之地。前歸德府恒心農太守（豫）愛其風景，買作墓田。而割其一角為小有餘芳，以供遊宴。其內時加扃閉，非相識者不能入也。〔註23〕

恒心農，名不見經傳，文獻中對此人的生平交代甚少。「心農」估計是恒豫的字。從文中可知，道光中期的尺五莊，已開放為宴遊地，但必須與主人相識才能入內。

清人梁章鉅，平時頗留意收羅各地楹聯，纂成《楹聯叢話》及續集、《楹聯三話》等作品。其中《楹聯三話》一書也提到了關於尺五莊的楹聯。書中述及他人贈送太守恆豫對聯的事情：「京師城南之尺五莊，風景頗似南中。地主為恒心農太守，亦頗風雅。興化鄭子研有聯贈之云：『何處無明月清風，半郭半村裴綠野，此地有茂林修竹，宜詩宜畫謝青山』。主人得之甚喜。」據《楹聯三話》書前序言，此書竣於道光丁未嘉平，作者七十三歲於福建東甌郡署中撰成〔註24〕。道光丁未，即道光二十七年（1847）。我們從相對年代來估計，在此之前，尺五莊的主人應為恒豫（心農）。我們還可從中知道，恒豫成為尺五莊主人後，對入園者身份進行了限制，所謂「非相識者不能入」。但這也不影響尺五莊依舊保持公共園林的性質。關於恒豫的族屬和身份，根據《欽定八旗通志》，知原滿洲恒吉哩氏，後改為恒氏。《轉漕日記》中說得很明確，恒心農購買尺五莊的目的，就是要將其作為死後的墳塋。小有餘芳成為茶社和飯莊，大概也始於這段時期。因為前朝已經有明保、特通阿所打下的基礎，所以尺五莊作為墓田也就理所應當了。

此外，謝國楨先生《江浙訪書記》中，曾介紹過清中期一部不著撰人的《花語閣日記》。該書稿本曾經藏於四川省圖書館內。書中記述作者曾與張際亮等人，春天聚會於右安門外尺五莊餞春。日記起於道光十九年（1839）四月初一，止於是年十一月七日。謝先生分析認為，包括尺五莊集會在內的

〔註23〕（清）李鈞：《轉漕日記》十七，收入王錫祺所編《小方壺齋輿地叢鈔》第五秩，杭州古籍書店，1985年，第59頁。

〔註24〕（清）梁章鉅編，白化文、李如鸞點校：《楹聯叢話》，中華書局，1987年，第287頁及序言。

文人詩賦創作活動，是道光以來，政治日益腐敗，文人不得志會發洩憤懣，以見志趣〔註25〕的表現。就筆者目前能力所及，《花語閣日記》已不易閱到，但該書對道光年間尺五莊文人宴遊活動的記錄，反映了道光年間宣南文化的興盛。

（三）道光以後的尺五莊

上文提到，文登人于克襄用「焚琴煮鶴」來說明，恒豫以後的尺五莊園林景象，可謂今不如昔。完顏麟慶《鴻雪因緣圖記》「豐臺賦芍」中對中頂廟、尺五莊等風物亦有提及：

> 碧霞元君，俗稱中頂，俗稱三官廟，即古花之寺。曾賓谷鹽使
> （名燠，江西進士）題額尚存。左為尺五莊，別名小有餘芳，恒介
> 石太守（名豫，滿洲舉人）丙舍；右頤園鄰萬泉寺，誠樹堂都護（名
> 端，滿洲生員）別墅。……〔註26〕

恒介石，與前文提到的恒心農都應該指河南商丘歸德府的長官恒豫。曾燠，清代著名駢文家。他道光十一年（1831）卒於北京，自道光六年（1826）從兩淮鹽政召回京後再未離開。題匾大概作於這段時間。誠端，滿洲鑲黃旗人，道光十年（1830）由盛京工部侍郎調任和闐領隊大臣，次年任葉爾羌幫辦大臣。所以，這裡稱都護。這條記載也再次證實了清代尺五莊位於今草橋地區。以中頂廟為中心，向左（東）即尺五莊所在，向右（西）為萬泉寺。草橋恰恰就位於中頂廟之左。

關於道光之後的尺五莊，幾乎沒有直接的文獻資料來反映。《天咫偶聞》中寫道：「城南諸園，零落殆盡，竟無一存。惟小有餘芳遺址，為吏胥所得。改建全類人家住房式。荷池半畝，砌為正方。又造屋三間，支以葦棚，環以土坐，仿村茶社式為之。過客不禁動憑弔之慨矣。」這應該描述的是恒豫之後的尺五莊變遷情形。此時的尺五莊，以小有餘芳為招牌，經營一些餐飲方面的活動，這和此前的士大夫「天堂」大相逕庭。

走筆至此，我們借助史料分析得出的尺五莊主人沿革情況，試暫列於此：

王氏→果親王→金簡（尚書郎三寶）→柏氏→明保→特通阿→恒豫……→某吏胥

〔註25〕謝國楨：《江浙訪書記》，三聯書店，2008年，第162頁。
〔註26〕（清）完顏麟慶：《凝香室鴻雪因緣圖記》第三集「豐臺賦芍」，道光二十七年刻本。

　　以上這個序列，應該能幫助我們知道尺五莊從康熙年間到道光年間的沿革過程。尺五莊，經過果親王、金簡、柏某、明保、特通阿、恒豫等人的經營，說明此園主要在滿族旗員中間流轉，屬於清代北京滿族園林〔註27〕。道光之後的尺五莊，隨著旗人貴族的沒落而盛期不再。從那時起，到1949年之前近百年的時間，文獻鮮有提及，但總體衰落的趨勢是可以估計的。

　　民國初年，由於距離三官廟很近，筆者推測尺五莊很可能淪為三官廟的廟產。1928年北平特別市寺廟登記中，對右安門外三官廟的廟產有詳細記載：

> 附屬土地廟南有荒草葦地一塊計六十九畝四分，廟外有空地二段，共二十五畝五分九釐，廟西南有塔院地一段東西四十七弓，南北十六弓。〔註28〕

　　清代作為士人公共園林的尺五莊也許就湮沒於上述廟產中的荒草葦地、空地之中。當然，其精確的位置需要日後搜羅更加微觀的資料加以佐證。

三、餘論

　　與生命體一樣，每座園林都有其自身的生命歷程。本文所研究的尺五莊，與三山五園等皇家御園的規模、形制不可同日而語，此類北京南城的小型私家園林與公共園林，小巧別致，鬧中取靜，是清代士大夫暫離官場、怡情暢敘之佳地。本文寫作不可避免地運用不少清人筆記，雖然筆記資料對尺五莊的記載，有時存在舛訛、矛盾之處，但這並不妨礙我們對史料進行辨析，從中去偽存真，得出新的認識。目前筆者所掌握的尺五莊文獻，主要集中於嘉慶、道光時期。由於相關史料的闕如，本文距徹底釐清尺五莊的發展線索，或許還有一段距離。關於尺五莊的歷史沿革仍然有許多問題，需要日後繼續發掘、探索才能解答。

　　清末旗人震鈞在《宸垣識略》中，總結園林興廢規律說：「蓋自古園亭，最難久立，子孫不肖，尺木不立」。當然，這是講的人為因素，自然因素也不能忽視。如前文提到的嘉慶、光緒年間京師永定河決口所帶來的大潦。所以，城市園林盛衰原因要從人文與自然兩個維度來考量。最後，我們期待日後能夠在史料方面有新的發現，考察更多像尺五莊這種公共園林所催生的清代士大夫宴遊文化。

〔註27〕張佳生：《滿族文化史》第十五章《薈萃南北的滿族園林》，遼寧民族出版社，1999年，第628頁。

〔註28〕《北京寺廟歷史資料》，中國檔案出版社，1997年，第131頁。

今右安門外中頂廟山門

《凝香室鴻雪因緣圖記》中的「豐臺賦芍」篇插圖

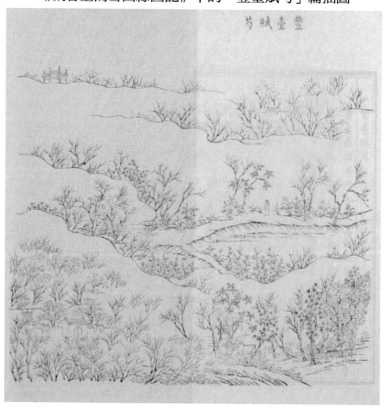

原載《北京文博》，2019 年第 3 期

從治安檔案看民國初期北京的印度人

民國初年的北京，革命力量、復辟勢力與前清遺老、遺孤各懷鬼胎，整個政治氛圍波雲詭譎。但在北京舊城的市井民間，活躍著一些來京討活計的印度人。民初北京檔案資料中，保留了不少來京印度人生活的信息。北京市檔案館藏民初印度人涉及民事和刑事糾紛的檔案資料，為研究考察當時印度人在京生活情態提供了一手資料。為行文方便起見，本文擬按職業將這些材料分類加以解讀、分析，以期提煉出這類被邊緣化的社會群體在京職業特點、活動區域分布、社會地位等信息。由於檔案資料流於零散、繁雜，這裡只揀選一些典型或比較有特點的例子，案件偵辦過程則扼要敘述，重點在突出印度人身份、活動情況。

一、在洋行、公司工作者

當時，北京印度商人開辦的最著名的商鋪，大概要數王府井大街的力古綢緞洋行（以下簡稱力古洋行）了。據《北京文史資料精選》（東城卷）、張雙林《老北京的商市》等資料，該洋行位於霞公府與東長安街之間，是一棟三層紅樓。經營者為一對印度夫婦。周圍居民都稱這二人為「黑婆兒、黑爺們兒」[註1]。《城南舊事》的作者林海音，與報社同事夏承楹婚禮上用的頭紗就是從印度人經營的力古洋行買的。「一二·九運動」期間，據當事人回憶愛國學生曾被警察按在力古洋行門前毒打。[註2]據說，二十世紀五六十年代，

〔註1〕冰厚《沒造化》，載《世象隨譚》，上海書店出版社，1997年。

〔註2〕朱泯《文化城裏所見》，載孫敦恒編《一二九運動資料》（第1輯），人民出版社，1981年。

力古洋行一直存在，且每逢印度國慶，洋行職工均掛旗慶祝。力古洋行大概停業於文革時期。

除了在王府井經營外，力古洋行還在崇文門開設了分部，也銷售綢緞。如民國八年（1919）八月，力古洋行曾經丟失綢緞。民國初年的力古洋行，經常丟失商品，是偷盜者經常光顧的對象。民國八年，在力古洋行做司賬（會計）的婁卜，控告四十歲的中國人常德山偷竊綢子一案。常德山的妻子也被傳訊到警局，供稱沒有見到其丈夫回家時手裏拿了綢緞。

北平汽水業始於光緒三十年（1904）日本人和印度人開辦的汽水企業。印度這家企業稱力古汽水公司。在該企業充當廚役的宋春山，民國二年十二月早九點，他趁東家力古睡覺之機，竊得保險箱鑰匙，遂開箱竊取匯票五張共計五十元現洋，四十六元小洋。宋春山遂逃往天津分贓，後來因贓款花完，不料回京即被捕。類似的事件還有民國七年（1918）中國人李崇明偷竊力古洋行貨物一案。這些例子表明印商時常成為當時中國人行竊的對象。

民國二年（1913），北京人李天澤在米市大街開辦天德號桌椅鋪，而在東交民巷永昌洋行（名為英商，實際經營者為英籍印度人，該行在天津等地開有分行）做事的印度人品德某日在李天澤所開鋪子裏定做寫字臺。但後來品德對桌椅鋪定做的寫字臺不滿意，堅決不予付款，雙方發生了糾紛。

民國三年（1914）五月，發生了印度人明大聲控告黃包車夫譚增祿的事件，稱其拉載他的途中弄丟其手杖。該事件原委是：一日，在白紙坊機器局工作的明大聲酒醉，從王府井叫了一輛洋車，告訴車夫譚某拉他去白紙坊美國人開辦的機器局上班。早年，白紙坊地區有清政府開辦的火藥局。但庚子年之後轉由美國軍隊管理。宣統末年，美方在其故址開辦印刷局，內有美國過版機保留至今，筆者懷疑明大聲工作的機器局即指印刷局。

二、看門人

1915 年，洛克菲勒集團通過購買豫王府舊址而成立了協和醫院。民國八年（1919）北平協和醫學院的上級機構羅氏駐華醫社（又稱美國中華醫學基金會，於 1914 年成立）看門的印度人枷森，將巡長喜林毆傷，後者被送至同仁醫院。傷人者因為是印度人，要向殖民地宗主國英國在華公使館發函告知。公使館副使特爾納接到來函，請將該印度人依法懲辦。最後，中方做出枷森拘留十四天，罰金二十元並賠付受傷巡長醫藥費的判決。

　　類似的還有發生於 1930 年的平安電影院鬥毆事件。平安電影院創辦於1905 年，位於東長安街 63 號，與王府井大街毗鄰。該影院所在地現已成為東方新天地購物中心。民國十九年（1930），52 歲的印度人馬科模在平安電影院看門。而 22 歲的北平順義人劉占鼇在王府井大街 28 號的吳宅專職拉車。這年一月的一天，他拉著吳家小姐去平安電影院看電影。看門的馬科模見劉占鼇是下人打扮，遂不許其入院，於是，二人互毆造成重傷。

　　說起當時這種大型娛樂、社交場所的停車問題，檔案反映東交民巷的六國飯店門前，為一停車場，大批人力車夫在此等候接送外國遊客。他們在此逗留，必須取得黃銅扁圓牌子一枚，釘於車板上，即獲得在飯店門口接客的權利。

三、士兵

　　除了在電影院、飯店看門人以外，年輕的印度人還在英國使館當衛兵服役。1918 年，在英國使館當衛兵的巴爾戛森與印度同伴萊斯特・穆斯來爾到前門外遊逛，突然遇見中國人楊德山對他謾罵，於是二人打將起來。萊斯特・穆斯來爾遂將楊德山頭部打成重傷。

　　需要指出，我們還可從文獻檔案中窺知，民國初年北洋政府在治安問題處理上的特點。因當時印度為英國殖民地，清末民初的印度人與中國人發生矛盾或者印度人之間發生糾紛，要經過英國駐華使館調查處理。如 1912 年，崇文門附近的孝順胡同（今南、北曉順胡同）有兩名印度人發生口舌之爭，經隊官、巡兵調解未果，二人還到英國使館申辯。這件事說明英國使館在處理涉及印度人刑事或民事案件中的重要作用。

四、小結

　　大體說來，從民國初建到 20 世紀 20 年代末，在北京（北平）活動的印度人群體存在以下幾種特點：一、從空間分布角度講，他們基本上集中在今北京東城區偏西地區，具體為今王府井大街、前門、東交民巷、米市大街、崇文門一帶；二、就社會地位而言，在商行或者銀行做事的印度人，社會地位相對較高，平日裏對社會底層的中國人，比較蠻橫。三、不少印度人似乎已融入中國文化或北京文化之中。這點從在京生活的印度人的名字來看比較明顯。雖然有些人未改為中文名，如看門的枷森，力古綢緞行的老闆力古、永昌洋行的品德以及在英國使館當衛兵的巴爾戛森、力古洋行司賬卜妻等

等；但有些印度人則改為中文名字，如前面提到的明大聲、孫達興等印度人；第四，從職業來講，民國初年的在京印度人所從事的職業門類比較單一，這些印度人主要分為兩種：一種是以經商為主，開辦商號或在某商行做工，這類人在來京印度人中屬地位較高者；一種是純粹的下層勞力，例如在娛樂場所、機關政府看門，負責安全保衛工作。

檔案所見部分民國初年北京地區印度人情況信息表 〔註3〕：

時　間	印人姓名	活動區域	單　位	職　業	檔案號
1913 年	力古	王府井、崇文門	力古汽水公司	老闆	J181-019-00157
1913 年	品德	東交民巷	永昌洋行	工作人員	J181-019-01959
1914 年	明大聲	王府井、白紙坊	白紙坊印刷局	工作人員	J181-109-03929
1915 年	王達僧	王府井	力古洋行	工作人員	J181-019-10252
1918 年	巴爾戞森、萊斯特穆斯來爾	前門	英國使館	衛兵	J181-019-20953
1919 年	枷森	王府井	羅氏駐華醫社	看門人	J181-018-10308
1921 年	婁孟新	崇文門內	文綵洋行	老闆	J181-019-30364
1930 年	馬科模	王府井	平安電影院	看門人	J181-021-08819

力古洋行的 logo

〔註 3〕本表中所列印度人信息，並不都見於前文所述。

力古印度汽水公司商標

《安特生遠東相冊》中民國初年在京巡邏的印度兵

原載《北京檔案》，2016 年第 9 期

漫話已消失的北京西城區邱祖胡同

　　二十世紀九十年代，隨著北京現代化城市建設進程的加快，明清時期存在於西長安街南側的邱祖胡同，隨著平房院落的全部拆除，被銀行、保險公司等金融機構取代。這條胡同是老北京比較長的胡同之一，地處四九城內，1949年後又北臨長安街，見證了新舊兩個世界的變遷。

　　邱祖，使人容易想到金元之際著名道士丘處機。但據本人查考，歷史文獻中幾乎找不到丘處機和這條胡同有關的記載。在成書於明代嘉靖三十九年（1560）的《京師五城坊巷胡同集》中，這條胡同還被稱作「曲子胡同」〔註1〕。然而到了明末，某些文士的筆記中已將此胡同名稱改為「邱字胡同」。明清易代之際的浙江海寧籍史學家談遷，在其筆記體著作《金陵對泣錄》〔註2〕中也記載了這個胡同：話說李自成攻入紫禁城，崇禎帝自縊之後，兵部主事劉養貞等為他草草發喪。當時，大順軍先頭部隊由李友等人率領，李友把包括劉養貞、高弘商在內的前明官員擄掠到自己家，自己則霸佔了邱字胡同的一個姓許的錦衣衛的家。他年五十多，性格兇悍，允許官員的家人送飯，但是必須在臉上烙印才行〔註3〕。同為海寧人的查慎行，在《人海記》中對這段史事也有相同記載。該書號稱全錄自《金陵對泣錄》。

　　到了清代前期，這條胡同可能稱作秋子胡同。繪製於乾隆十五年（1750）

〔註1〕　（明）張爵《京師五城坊巷衚衕集》，北京古籍出版社，1982年，第12頁。
〔註2〕　《金玲對泣錄》根據明末官僚高弘商口述得來，收入《棗林雜俎》。
〔註3〕　（清）談遷《棗林雜俎》，中華書局，2006年，第95頁。

的《乾隆京師全圖》明確繪出了該胡同的街道走向並標注了名稱，這可能是該胡同首次見於地圖資料。

但清代關於這條胡同的記載並不多。曹雪芹的好朋友敦誠在《山月對酒有懷子明先生》中，注記說其兄敦敏家於「槐園太平湖側」〔註4〕。據學者馮其利考證，距離敦誠家不遠的邱祖胡同西部，建有敦誠居住的「西園」。此外，也有學者將西園園址考證為明清華嘉寺，即今華嘉小區一帶。但華嘉寺始建於明嘉靖年間，道光十三年（1833）在頹圮的舊址上重修，今有重修碑留存。還有學者認為西園應該在西城區原松鶴胡同。筆者傾向於馮先生的觀點。因為敦誠在自傳中說：「傍城有荒園數畝，半為菜畦。」園中還有叫控鶴嶺的土山以及薰風谷等景觀。曹雪芹等人詩文中常將敦敏的槐園稱作「南園」，所以，將西園定在槐園略偏北，應大致不誤。而且，從《乾隆京城全圖》上看，秋子胡同西端有一大片空白，或許和敦誠的西園有關〔註5〕。這片空白應為原復興門內大街156號、158號一帶。熟悉清代掌故的已故北京文史專家石繼昌先生曾說，（20世紀90年代之前）奮鬥小學本校和這些院落合為清末福州將軍、宗室崇善的住所。石先生說的是90年代奮鬥小學等單位拆遷前的情況。這幾個院落距離當時的明北京城西城牆僅百餘米，符合「傍城」的特點。再者，敦敏、敦誠是親兄弟，他們的住所之間應不會相隔太遠。

大致在敦誠生活時代相近的乾隆時期，有地圖資料顯示了該胡同的走向。如繪製於乾隆十五年（1750）的《乾隆京城全圖》，將該胡同標注為「秋子胡同」。一幅據傳是乾隆時期的老地圖中，將邱祖（秋子）胡同標為南北向街道，且位置偏西，不知何據。

民國九年（1920），國學大師陳寅恪的兄長、著名書畫家、詩人陳衡恪曾搬到邱祖胡同西端的庫資胡同三號短暫居住。庫資胡同已經在20世紀90年代中期被拆除，化作泰康大廈前的廣場綠地。陳衡恪，江西義寧人，又名陳師曾。陳家喬遷之時，陳衡恪作《移居》詩一首。其中有「西極西城過客稀」「靜院但聞禽語細，終朝不見馬塵飛」「隨意翻書新睡足，晚涼吹雨對霏微」〔註6〕。我們從詩句中可領略到詩人在胡同小院獨居的愜意。

〔註4〕（清）愛新覺羅·敦敏《懋齋詩抄四松堂集》卷一，上海古籍出版社，1984年。
〔註5〕北京古代建築研究所，北京市文物局圖書資料中心《加摹乾隆京城全圖》，北京燕山出版社，1996年。
〔註6〕龔產興：《陳師曾年表》，上海書畫出版社，1984年。

1924年下半年，革命家李大釗曾在邱祖胡同短暫居住，具體門牌號不詳。當時，李大釗在京進行革命宣傳活動，因受到反動勢力迫害，不斷搬家遷徙。從邱祖胡同搬出後，李大釗搬到府右街西側的朝陽里暫居。

民國著名清官，曾任廣東梅州平遠縣縣長的朱浩懷，1926年婚後，他曾居住在邱祖胡同5號的岳父母家中。朱浩懷早年畢業於民國大學經濟系，學識淵博，他離任時，不帶走任何公家財物，為百姓稱頌〔註7〕。

著名古典文獻專家、語言學家劉盼遂，曾於二十世紀三十年代在邱祖胡同太和里居住。顧頡剛曾在1931年11月12日的日記提到自己到那裏串門〔註8〕。劉盼遂的《顏氏家訓校箋》及補正、《論衡集解》等學術成果即在邱祖胡同太和里寓所完成，二書的序言落款中注明了寫作地點。

民國時期的邱祖胡同不單有居民區，還有一些企業。比如日偽時期，北平邱祖胡同47號為三山煤廠〔註9〕。

建國後，邱祖胡同西端的嘉祥里、庫資胡同一帶曾居住過開國上將郭天民以及傅崇碧、劉福、呂展等老將軍；東側則基本為普通百姓的住宅。其中主要單位有中央廣播電視大學出版社、奮鬥小學後門等等。著名地質學家李四光先生曾於1955年秋至1958年秋，居住於嘉祥里；地質部副部長何長工居住於東嘉祥里7號，二人可能離得不遠。

著名相聲表演藝術家丁廣泉，小時候大概就住在邱祖胡同47號附近。丁先生在《往事應該回首》一文中，回憶自己13歲時在邱祖胡同家門口玩耍，忽然看到侯寶林大師從東往西走，跟在其後，快到復興門城牆時被侯寶林發現，從此丁廣泉便與相聲結緣〔註10〕。

邱祖胡同拆遷的肇端，並不始於1990年代。早在建國之初的1956～1957年間，由於展擴西長安街的需要，邱祖胡同北側便已拆遷。「文革」後期，邱祖胡同居民戶籍簿上的地址名稱為「復興門內大街」所取代。至此，邱祖胡同正式退出歷史舞臺，只停留在了人們的記憶裏。

〔註7〕 馮懷德《朱浩懷傳》，香港天馬出版有限公司，2009年。
〔註8〕 顧頡剛《顧頡剛日記》，聯經出版事業公司，2007年。
〔註9〕 許晚成《戰後上海暨全國各大工廠調查錄》，1940年。
〔註10〕 侯珍、談寶森《侯寶林和他的兒女們》，大眾文藝出版社，1996年。

二十世紀六十年代的北京西長安街

邱祖胡同

融入復內大街的邱祖胡同西部

摘自景山樵夫的博客，拍攝時間為 1990 年代。在此向拍攝者表示謝忱！

1750 年《乾隆京城全圖》局部

清代北京內城西城牆　　邱祖胡同

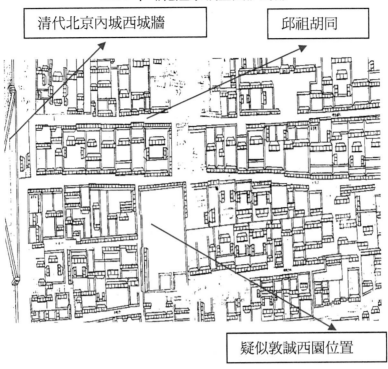

疑似敦誠西園位置

乾隆年間地圖中的「秋子胡同」

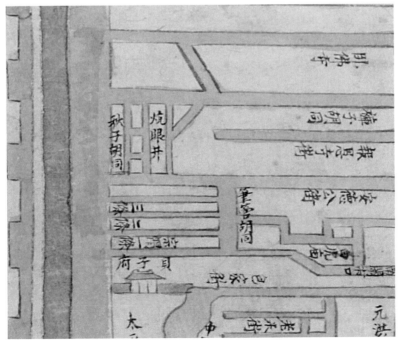

老北京的邱祖胡同已被金融機構和綠地取代

原載《北京檔案》，2017 年第 3 期

菱角坑與荷香茶社

　　大家知道，清代北京的士大夫喜歡去宣南地區聚會、修禊。特別是到了嘉慶、道光年間以後，宣南地區遊覽的熱度漸趨高漲，吸引了林則徐、龔自珍、顧太清等一大批文士的到訪。但是，宣南郊遊文化仍只限於社會中上層士人，一些小型園林別墅仍是權貴的禁臠，在那裏活動的不是文學名家就是朝中要員，普通百姓則不多見。

　　清末至民國初年，北京城東南的二閘和朝陽門外的菱角坑，則是面向各色人等開放的夏季娛樂休閒之地。筆者通過翻檢清末民初資料，發現菱角坑出現的頻率似乎也不亞於二閘。所以，當時北京民間曾流傳著「南二閘，北菱角坑」的說法。

　　菱角坑主要分為東西兩個區域，三面環水，西部連接陸地，東部形似小洲。那裏盛產蓮蓬、薏米，茨實。夏日午後，蜻蜓、蝴蝶飛舞，小河蝦也是京城一絕，不少人拿著小蝦簍來捕蝦。夏季的蓮花是婦孺比較喜愛觀賞的。著名文史大家、晚清遺老許寶蘅 1917 年 8 月 5 日與西洋史學者傅岳棻、遺老左笏卿午後同出朝陽門。早有湖北荊州籍藏書家田伏侯等候在那裏。日記說池邊有荷香館，想必就是荷香茶社了。田伏侯還備有酒菜，大家一起小酌了幾杯。傅岳棻還和別人對弈到下午五點，好不盡興。

　　民國初年，由北平步軍統領衙門左翼總兵申振林建立荷香茶社，增添了戲園、雜耍等娛樂項目。著名語言學家趙元任的堂兄趙元成 1918 年寫成的《戊午日記》中記述頗詳：「入門為荷香茶社，有臺與之對峙。臺上演各種雜劇及幻術」。幻術，就是今天我們說的變戲法、變魔術。演出開始時，男女依次落座，古箏、笙簫等樂器聲起，旁邊還種植了竹篁、芭蕉、石榴等作物。

過了小橋，還有不少高樓廣廈，有匾額曰「荷花深處」，應該就是茶社了。在荷香茶社欣賞荷塘佳景，看荷風吹攏衣裾，大有江南水鄉之美。清末舉人，曾在長春任地方官的孟憲彝在日記中指出，菱角坑的景致與中央公園不同，所謂「別饒清遠之致」。日本留學生加藤鎌三郎《北京風俗問答》刊於大正十三年（1924）。該書第十九章「荷香茶社」中，介紹了荷香茶館開辦的緣起，起初由馮某人苦撐，但經常被當地地痞無賴騷擾。後來由申振林接手，菱角坑的經營逐漸有了起色。誰家要請客做東，和申總兵打聲招呼，他就會差人招待。據說看戲票價很低廉，才八個銅子兒，如果有五毛大洋的話，點心、戲票、車錢就都包括了。

每年七夕節左右，是菱角坑一年中風景最勝之時。清末重要政治人物那桐在 1922 年七月初七的日記裏寫到他的幾個兒女及孫輩到那裏遊賞：「荷花兩池，小房數間，尚清雅」。

菱角坑每年人氣最旺的時期是從端午節到中元節。每年這個時候，都會有一些戲班來到菱角坑旁邊的茶樓搭臺唱戲。要知道，菱角坑地區不是那種大戲班，而是八角鼓、什不閒兒之類的短劇、小劇。原因是，進入民國以後，婦孺不喜歡看大戲了，反而覺得那些小班戲比較有意思。今天的人們有所不知，民國初年，北平各娛樂場所，多數都受到過地痞無賴滋事騷擾。由於菱角坑主人申振林是負責地方治安的長官，所以他接手後的菱角坑，用金受申先生的話說「安靜異常」，而京城士女「喜其既無地痞滋事，又離城太近，及劇情合乎脾味，乃趨之若鶩也。」（參見金受申《北平歷史上平民遊覽地紀略》）

金受申先生認為，菱角坑衰落的原因，乃是由於國都南遷，即 1928 年，北京改為北平。金先生分析得有道理。從如今留下的民國日記來看，大部分描寫菱角坑勝景的文字集中於民國初建至 20 年代初。民國《益世報》中也對菱角坑有生動描述：「那兒有洗澡的、釣魚的、捉青蛙的、釣蝦米的，熱鬧極了，從這裡一直往東可以一直通到現在的六里屯」。

1949 年以後，菱角坑被填平，隨後成立了木箱廠、起重機械廠、朝陽螺絲釘廠等企業。進入二十世紀八九十年代以後，這裡建起了文化部宿舍和文化部辦公大樓。但菱角坑給民國北京的生態環境和市民業餘生活帶來過紅利，它應該永遠留在老北京人的記憶裏。

在菱角坑用蝦簍撈蝦的情景

選自梅蒐《益世餘譚——民國初年北京生活百態》

原載《北京日報・古都版》,2018 年 6 月 14 日

不該被遺忘的北京西城青龍橋塋地

今北京西城區育民小學分校（原青龍橋小學），坐落於濱河之畔。學校附近有濱河公園，從早到晚都有遊人駐足休憩、娛樂，公園周圍現代建築林立。但很少有人知道，這一帶地區在 1950 年代之前，曾為天主教會墓地。

該墓地至少在明代天啟四年（1624）就已存在。然而，最早葬於這裡的人並非教徒，而是一個葡萄牙士兵。根據《欽恤忠順西洋報效若翰哥利亞墓碑》（何喬遠《鏡山全集》第三冊）碑文記載，事情還要從天啟元年（1621）說起，這年，太僕少卿李之藻奉命負責戰車和火器的製造，招聘西洋人在廣東香山縣製作，並與張燾、孫學詩等率領二十四名族人，將火器畫成圖紙，送到北京上呈明熹宗過目。後來，奉天啟皇帝詔，六名葡萄牙炮兵從澳門來到北京，在草場教明朝士兵怎樣用炮。若翰哥里亞就是教習炮法的葡萄牙籍士兵之一。這種紅夷大炮發炮不費力，射程很遠。但試驗第五天，哥里亞不幸被炮誤傷，不久去世。明熹宗哀恤哥里亞，命葬於西便門外青龍橋。碑文由福建晉江文豪何喬遠撰寫。何氏與意大利人艾儒略等西方傳教士有接觸，他是晚明文士中對西方科技、文化也比較瞭解的一位。

另一位葬於青龍橋墓區的名人是清代康熙年間因湯若望教案犧牲的李祖白。李祖白是湯若望的學生，康熙初年出任欽天監夏官正。他在湯若望授意下著有《天學傳概》，針對安徽歙縣人楊光先等人對天主教的發難，為湯若望辯護，指出天主教的合理合法性。但楊光先先後撰寫了《破邪論》等文章，矛頭直指湯若望及其黨羽，指斥天主教為邪教。這起案件直接的導火索是榮親王葬地選擇問題，沒有用正五行，而是用《尚書》裏的洪範五行。1664 年 4 月，楊光先呈禮部《請誅邪教狀》，給李祖白等人定了三大罪名。《顯親王富綬等題

為議處李祖白等五人以死刑等事密本》（參見安雙成《清初西洋傳教士滿文檔案譯本》）中，參加議政王大臣會議的議政王、貝勒、九卿、科道官員等最終於康熙四年（1665）建議，李祖白與春官宋可成、秋官宋發、冬官朱光賢、中官劉有泰等五人被處斬；親屬責打流徙寧古塔。康熙帝的批紅基本按照顯親王等人的決定。李祖白的處死，對當時西方科學在華的傳播也是一個損失。天啟年間，李祖白還與湯若望合著《遠鏡說》一書，傳播光學望遠鏡知識。這批人參與欽天監的天文曆法研究工作，嘔心瀝血長達二三十年，卻不能善終。

據《李公祖白遷葬記》，民國二十九年（1940），重修青龍橋墓地時，李祖白墓碑碑首露於地面，下掘七尺，才得見全碑。當時發現朽爛的黃柏木，或許是其簡易棺木，下有骨骸一具。因當時正值陰雨，重修人員沒有準備新棺，只用兩個缸盆盛以骨殖，重新葬殮。並豎立一石，紀頌李祖白的生平事蹟。20世紀，著名天主教士、歷史學家方豪神父在其《中西交通史》和《中國天主教人物傳》兩書中，均提到過青龍橋這處墓地。方豪本人在1946年寄寓北平期間，也曾親自考察過青龍橋墓區。此時距離重修工程已經過去六年。方豪看見了鑴有「康熙元年孝男祖白」的墓碑。李祖白本人墓碑中刻「皇清敕贈承德郎欽天監夏官正李公祖白之墓」。右刻「康熙十年七月十三日」，左刻「男式立」。實際上，康熙八年（1669）六月，南懷仁等便通過禮部呈奏恩賜為湯若望昭雪，其中有「照原官恩恤李祖白，流徙家屬取回京，有職者各還原職」。所以才有康熙十年（1671）其子李式為李祖白立碑之事。

除了以上兩人在中西交流史當中比較著名外，大部分是一般的天主教徒及其女眷。從天啟到光緒年間，碑碣數量如下：天啟2碑、崇禎4碑、順治6碑、康熙22碑、乾隆8碑、嘉慶3碑、道光9碑、咸豐7碑、同治5碑、光緒8碑，共計74碑。天啟年間的兩碑，除上述哥里亞墓碑外，還有一位本篤老人的墓碑。

本篤老人，名不見經傳，但據說是利瑪竇到北京後第一個施洗的信徒，時年八十四歲。利瑪竇去世後，每逢瞻禮日，老人必去利瑪竇墓前叩首。這些老人去世後，教友把他葬於葡萄牙炮兵哥里亞墓之側。

荒蕪多年之後的青龍橋塋地，在1940年重修後，由當時的南堂神父，北京市天主教愛國會副主席的李蔭桃撰寫了《重修青龍橋塋地記序》，吳德輝撰寫了《重修青龍橋塋地記》，記述重修工程始末。明清以來，北京地區除了滕公柵欄、正福寺安葬天主教名人外，一般教士、教友的墳冢，還有阜成門南河

沿三角地、車道溝、核桃園等幾處。但當時墳冢數量最多，保存程度最好的當屬青龍橋的天主墳。

火炮、望遠鏡與西方天文曆法等西方新知識、新技術，在明清西學東漸的過程中起到了非常重要的作用。徐光啟引進的紅衣大炮，曾用於明朝與後金的寧遠之戰中。湯若望參與編定的《崇禎曆書》，使中國天文學與世界天文學接軌。青龍橋雖然沒有葬入這些技術的直接發明者，但是哥里亞、李祖白等人起到過一定作用。民國時期對北京青龍橋天主墳的重修，無疑是對明清之際西方科學精神的一種紀念。

謹以此文紀念中國科學技術史和天主教史上逝去的一頁。

李祖白墓碑　　　　　　　　1940 年的青龍橋天主教墳區外景

欽恤西洋忠順哥里亞石坊

若翰哥裡亞墓碑 （1940）

原青龍橋小學

1907年德國駐紮天津測量部製《北京城郊地圖》中的西便門、白雲觀與青龍橋地區

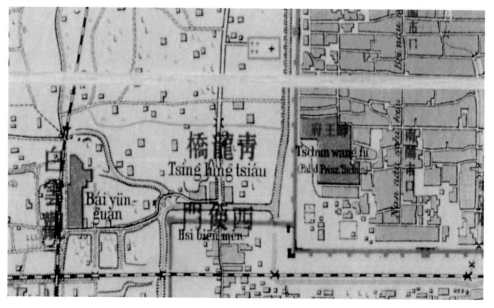

原載《北京文物》報，2017年第6期第4版

蕭軍與北京文物二三事

　　著名作家蕭軍先生曾在 1950 年代（1952 年 7 月～1954 年 8 月）在北京短暫從事過文物保護、調查和考古挖掘工作。蕭軍參與的文物調查與考古工作，既比不上像定陵考古那樣具有里程碑意義的大型工程，在數量上也和科班出身的考古工作者無法相埒。但蕭軍從事文物工作的時間點十分重要，因為當時尚未開展此起彼伏的政治運動和首都大規模的城市建設。他所留下的文物調查資料，其中涉及的一些文物，後來可能被毀，或者已經流散至別處。

　　著名考古學家、首都博物館原館長趙其昌先生曾撰有一篇《蕭軍與文物》的文章。筆者近日翻閱了牛津大學出版的《蕭軍日記補遺》，掩卷之餘，不揣淺陋，在趙先生前文基礎上尋繹當時蕭軍從事文物工作的一些寶貴的歷史片段，嘗試勾勒出一個作為文博人的蕭軍形象。

一、「戀上」古玩

　　1951 年春天，蕭軍搬進位於鼓樓西大街的鴉兒胡同 6 號，取名為「蝸蝸居」。在蕭軍的生命長河中，短暫投身於文物工作不是偶然的，是他內心興趣使然，也是他居所周邊的社會環境促成的。當時，在德勝門和安定門的曉市有古玩舊貨市場，而他所居住的鴉兒胡同 6 號，步行到曉市用不了多長時間。用蕭軍自己的話說，他住在鴉兒胡同每月可以省掉四十萬元。

　　他在 1951 年 9 月 19 日的日記中寫道：「我近來對一些小古董、書畫之類甚感興趣，頗自陶情，亦一好事」。1951 年 10 月，蕭軍發現自己「幾乎瘋狂地愛著一些小藝術品及字帖畫類」。比如，蕭軍買了「美人抱琴圖」「卻扇圖」等書畫後，不忘題上幾句閒詩。如《題美人卻扇圖》：「芭蕉綠了櫻桃紅，

閒向空庭卻扇行。不見還巢雙燕子，小開羅裾怨春風」。據蕭軍夫人王德芬在
《我和蕭軍五十年》書中回憶說：「蕭軍雖然囊中羞澀，省吃儉用，每天都去
逛『曉市』，選購真品。他不忍心看著那些文物被遺落，收集到不少名家的篆
刻、書畫、古硯等。」「晚飯時心情很鬱塞，主要是看了賣古玩的張××開給
我的賬單，有些東西太貴了些，覺得不愉快，但此輩小販殊不易，此後少買
些便是，不必計較」。誠如蕭夫人所說，直到他進入北京市政府文物處之前，
基本很少購買這種大花銷的對象了。可惜在文革開始後，蕭家被抄七次，即
便是落實政策以後，蕭軍當年蒐集的很多東西都未退回。

二、參加洪承疇墓發掘與工作感念

　　1952 年夏，蕭軍給時任北京市市長的彭真寫信，以一名普通市民的身份，
請求市長給安排工作。不久，蕭軍便如願以償，自 1952 年 7 月 11 日，他開始
到北京市政府文物處參加首都文物工作，時年 45 歲。在七百多日的文物工作
中，蕭軍認真地將自己對文物調查的意見寫入私人日記中。從 1952 年 9 月 10
日到 17 日，也就是蕭軍從事文物工作僅僅兩個月之際，他參與了為期一周的
對北京西直門外車道溝洪承疇墓進行挖掘。

　　洪承疇墓是家族墓地，除洪承疇本人外，還葬有其妻李氏、長子洪畏軒等
人。每天七時開工，下午三時至五時收工，一共挖掘了一號至五號墓地。蕭軍
詳細記錄了探坑的相關數據，出土器物大多都被盜擾，死者骨殖凌亂，但墓誌
誌石還比較完整。作為剛剛踏入考古門檻的工作者，蕭軍與工人打成一片，他
給工人開會，教育他們科學挖掘的目的不是為了「金銀財寶」，而是為了「文
化資料」，是個很「接地氣」的文物研究員。

　　這次考古經歷對蕭軍的勞動觀念轉變影響很大。譬如，蕭軍看到一個自稱
北村營造建築工會主席的人，「亂指揮」，「耍骨頭」，蕭軍嚴厲批評了他。他在
日記中頌揚一位老工人表現出吃苦耐勞的優秀品質，而逐漸發現一些知識分
子相形之下顯得虛驕而卑俗。蕭軍在日記中誠懇地總結了挖掘洪承疇墓的感
悟。他說：「當別人在工作時不要亂提意見，首先應當尊重當事工作者的意見，
不要發號施令，做技術上的干涉。工人有勞動的智慧，英勇、堅強，這是最美
好的品質」。這次考古工作對處於知識分子改造運動中的蕭軍是一次切身的教
育。

三、參與首都地上文物調查與保護

短短兩年內，蕭軍調查了德勝門外七條村清代乾隆年間費赫齋爾紀功碑、北藥王廟小學內佛像、弓弦胡同延禧寺廢廟內遺物、到孔廟鑒定陸區、宣外白紙坊千佛寺鑒定佛像事、在南新華街小學鑒定和保護漢畫像石刻等分散在西城、東城、宣武等地的地上文物。日記中，這些經歷雖然一般作為「流水賬」記錄，但仍是當年文物工作的吉光片羽。

蕭軍對待自己文物工作的態度是誠懇的。他在 1953 年 12 月，由吳晗主持召開的「關於首都古文物建築處理問題座談會」上發表了自己的看法。他認為，新中國成立後，新社會、新政府、新人民要消滅的是封建制度，封建社會所遺留的建築物不應完全消滅，因為這些古物從物質資料和勞動力來講，如果毀掉這些古物，就等於毀掉了人們的勞動和智慧。要對它們加以批判和選擇，使其服從新城市的規劃，成為城市的有機組成部分。接著，他又以地安門和東、西四牌樓為例，主張文物首先要考慮其歷史和藝術價值，然後再考慮其位置是否妨礙城市規劃。在那個文物工作篳路藍縷的年代，這種認識是比較難得的。

關於西四、西交民巷等處牌樓的去留，雖然拆除決議在會議上獲得通過，但是蕭軍是多少有些違心的。蕭軍認為，影響行車速度和發生事故的理由、證據不充分。後來北京部分舊有牌樓的復建，也說明蕭軍對古建牌樓與城市交通的關係的判斷是正確的。

蕭軍在 1949 年以前，一直從事文學創作，雖然人在左翼，但對於坐班的文物研究工作，多少給人留下了自由散漫的負面印象，他的考勤並不理想。在 1952 年度考勤考績和工作總結中，他給自己做出的鑒定是：「對業務外行，難免粗疏，耐心不足，對工作勉力而為，有點是按期完成工作，凡下論斷必有依據。」無論是從蕭軍個人總結還是從領導評語來看，蕭軍都是踏實肯幹，務實、追求效率，反對浮誇走形式的人。蕭軍的個人總結和大家的意見中，一致地認為他存在「個人英雄主義」。

在一次文代會上，蕭軍發言時曾幽默地說：「我叫蕭軍，是個出土文物」。這樣詼諧而倔強的開場白，不僅顯示了他文學上剛勁不阿的風骨，也含有幾分嗜古成癖的情節，因為不僅在文學創作上，而且在僅僅兩年的文物工作生涯中他都保持著一股子樸拙的精神。蕭軍就是這樣一個純粹的人。

鼓樓西大街鴉兒胡同 6 號院牆內的蕭軍故居

牛津大學出版社出版的《蕭軍日記補遺》書影

原載《中國文物報》，2017 年 5 月 26 日第 3 版